中国地质大学（北京）珠宝学院推荐教材

普通高等教育规划教材
教育部教研教改项目规划教材

中国玉器概论

Introduction to Chinese Jadeware

白　峰　编著

化学工业出版社

·北京·

《中国玉器概论》是介绍中国传统玉器文化知识的专业教材，内容丰富，对中国玉器文化知识的阐述专业、系统、全面。主要内容包括玉器的基本知识（概念、起源、功能、评价及雕琢技法等）、玉器的形制及纹饰、玉器的发展史（原始社会至现代玉器的特征及发展情况）、玉器的沁色及作伪辨伪、玉器的加工工艺技术（设备、雕琢工序等）、玉器的主要材质（翡翠、软玉、独山玉、绿松石玉、蛇纹石玉、石英质玉石、青金石）等。本书是集玉器专业知识、玉器鉴赏及玉文化等多方面知识于一体的专业图书。

《中国玉器概论》可作为高等院校宝石学、设计艺术学等专业学生的教材使用，也可供珠宝玉器文物相关从业人员及爱好者参考使用。

图书在版编目（CIP）数据

中国玉器概论/白峰编著．—北京：化学工业出版社，2017.9（2024.9重印）
普通高等教育规划教材　教育部教研教改项目规划教材
ISBN 978-7-122-30373-8

Ⅰ.①中…　Ⅱ.①白…　Ⅲ.①古玉器-中国-高等学校-教材　Ⅳ.①K876.8

中国版本图书馆CIP数据核字（2017）第188950号

责任编辑：窦　臻　林　媛　　　　　　　　　　装帧设计：关　飞
责任校对：宋　玮

出版发行：化学工业出版社（北京市东城区青年湖南街13号　邮政编码100011）
印　　装：北京瑞禾彩色印刷有限公司
787mm×1092mm　1/16　印张19¾　字数492千字　2024年9月北京第1版第7次印刷

购书咨询：010-64518888　　　　　　　　　售后服务：010-64518899
网　　址：http://www.cip.com.cn
凡购买本书，如有缺损质量问题，本社销售中心负责调换。

定　　价：79.00元　　　　　　　　　　　　　　　　　　　版权所有　违者必究

前 言

中国是一个历史悠久、文明灿烂的古国，中国珍贵的文物丰富多彩，中国的历史文化源远流长。代表中国历史传统文化"东方艺术"的中国玉器，经过近万年的持续发展演化，经过无数能工巧匠的精雕细琢，经过历代统治者和鉴赏家的使用赏玩，经过礼学家的诠释美化，闪耀着迷人的光辉。在中国古代艺术宝库中，自新石器时代绵延万年经久不衰者，是玉器；与人们生活息息相关者，是玉器。玉已深深地融合在中国传统文化与礼俗之中，充当着特殊的角色，发挥着其他工艺美术品所不能替代的作用，并打上了与政治、宗教、伦理、道德、风尚、习俗、艺术、审美等社会现象密切相关的烙印，蒙上了一层神秘的面纱。

在用玉历史、碾琢技艺和用途等方面，无论是日本古玉、新西兰毛利族玉器、印第安人玉器，还是阿拉伯玉器、西伯利亚古玉、欧洲古玉，都无法与中国玉器相提并论，它们或是昙花一现，或渊源无绪，或玉质粗劣，或碾琢草率，或种类单调，或用途狭隘。中国玉器在世界琢玉工艺史上占有绝对优势。中国既是产玉大国，又是琢玉大国。琢玉技艺的高超，纹饰的繁缛，文化意义的深远，是任何国家都无法比拟的。中国玉器在世界文化宝库中独树一帜，为我们留下了极其丰厚的文化艺术遗产，我们要在新的时代把中华传统的玉文化发扬光大。

本书涉及内容广泛，系统地介绍了玉器的基本知识（概念、起源、功能、评价、雕琢技法等）、玉器的形制及纹饰、玉器的发展史（原始社会至现代玉器的特征及发展情况）、玉器的加工工艺技术（设备、雕琢工序等）、玉器的沁色及作伪辨伪、玉器的主要材质（翡翠、软玉、独山玉、绿松石玉、蛇纹石玉、石英质玉石、青金石）等内容。本书既是一部集玉器鉴赏及玉文化等多方面知识于一体的专业图书，也是适用于高等教育宝石学、设计艺术学等专业学生的教材及玉器文物爱好者的参考用书。本书的编著，旨在使读者了解玉器万年的光辉历史，弘扬中华民族传统玉文化，提高对玉器的鉴赏能力；使中国的"东方艺术"继续名扬海外；使每一位炎黄子孙都能提高对国家文物的保护意识。

本书是笔者在近二十年的玉器文化授课基础上编写而成，希望它能对读者有所助益。由于水平有限，在编写过程中难免出现不妥之处，望同仁不吝赐教。

作者

2017年6月于北京

目 录

第一章　玉器概述 / 001

一、玉器概念 / 002

二、中国玉器的起源 / 004

三、玉器的价值和功能 / 005

四、玉器的评价 / 010

五、玉器的雕琢技法 / 016

第二章　玉器的形制和纹饰 / 022

第一节　玉器的形制 / 023

一、礼乐器 / 023

二、仪仗器 / 032

三、丧葬玉 / 034

四、佩饰玉 / 037

五、生产工具 / 047

六、生活用器 / 049

七、陈设品 / 056

八、杂器 / 062

第二节　玉器的纹饰 / 068

一、几何纹饰 / 068

二、动物纹饰 / 073

三、人物纹饰 / 081

四、植物花卉纹饰 / 084

第三章　玉器发展史 / 085

第一节　远古史前时期——石器时代玉器
　　　　特点 / 086
　一、玉器的萌芽阶段——旧石器时代晚期 / 086
　二、玉器的创立阶段——新石器时代 / 087

第二节　上古三代时期——夏、商、周时代
　　　　玉器特点 / 098
　一、夏代 / 100
　二、商代 / 101
　三、西周时代 / 106
　四、春秋时期 / 108

第三节　中古、近古时期——秦汉—明清时
　　　　代玉器特点 / 111
　一、战国时代 / 111
　二、秦代 / 117
　三、汉代 / 118

　四、三国、两晋、南北朝 / 128
　五、隋、唐、五代十国 / 131
　六、宋代 / 136
　七、辽、金、元代 / 139
　八、明代 / 146
　九、清代 / 153

第四节　近代和现代玉器特点 / 166
　一、近代（公元1840~1949年）/ 166
　二、现代（公元1949年至现在）/ 167

第四章　古玉器的沁色及作伪辨伪方法 / 176

第一节　古玉器的沁色 / 177
　一、出土古玉器的沁色 / 177
　二、传世古玉器的沁色 / 183

第二节　古玉器沁色的作伪及辨伪方法 / 183
　一、古玉沁色的作伪 / 183
　二、古玉器的辨伪方法 / 184

第五章　玉器的加工工艺 / 187

第一节　古玉器的雕琢工艺 / 188
　一、古玉器的雕琢工具 / 188
　二、古玉器的雕琢工序 / 192

第二节　现代玉器的雕琢工艺 / 195
　一、现代玉器的雕琢设备 / 195
　二、现代玉器的雕琢工序 / 200

第六章　玉器的主要材质 / 208

第一节　翡翠 / 209
　一、翡翠的基本性质 / 209
　二、翡翠的A货、B货和C货 / 214
　三、翡翠与相似玉石及赝品的区别 / 218
　四、翡翠的原石特征 / 221
　五、翡翠的产地特征 / 224
　六、翡翠的选用与制作 / 227
　七、翡翠的评价 / 233
　八、翡翠国宝精品鉴赏 / 234

第二节　软玉（和田玉）/ 236
　一、软玉的基本性质 / 236
　二、软玉的分类 / 238
　三、软玉的评价和等级划分 / 239
　四、软玉的设计与制作 / 241
　五、软玉的产地 / 244

第三节　独山玉（南阳玉）/ 247
　一、独山玉的基本性质 / 247
　二、独山玉的分类及特征 / 249
　三、独山玉的形成 / 250
　四、独山玉与相似玉石的区别 / 250
　五、独山玉的工艺分级及评价 / 251
　六、独山玉的制作 / 251

第四节　绿松石玉 / 252
    一、绿松石的基本性质 / 252
    二、"合成"绿松石 / 254
    三、绿松石的优化处理方法 / 254
    四、绿松石及仿制品的鉴别 / 256
    五、绿松石的质量评价 / 259
    六、绿松石的矿床特点 / 260
    七、绿松石的选用与制作 / 262

第五节　蛇纹石质玉（岫岩玉）/ 263
    一、蛇纹石质玉的基本性质 / 263
    二、蛇纹石质玉的分类 / 265
    三、蛇纹石质玉的鉴别 / 265
    四、蛇纹石质玉的开采利用历史 / 266
    五、蛇纹石质玉的质量评价 / 266
    六、蛇纹石质玉的制作 / 266
    七、玉石王简介 / 266

第六节　石英质玉石 / 268
    一、石英单晶类 / 269
    二、显晶质-微晶质石英岩类 / 272
    三、隐晶质石英类 / 275
    四、石英交代类 / 284

第七节　青金石 / 286
    一、青金石的基本性质 / 286
    二、青金石的质量评价 / 287
    三、青金石的产状及产地 / 288

附录　实验室教学用仿古（作伪）玉器标本 / 289

参考文献 / 307

第一章

玉器概述

一、玉器概念

关于玉器的概念，各家说法不一，至今没有一个统一的定义。造成这样的原因在于对玉的理解有所不同。许慎在其《说文解字》中认为："玉，石之美者。"《辞海》里称：玉是"温润而有光泽的美石"。这种文字上的解释显然不够确切。在崇尚和田玉的古人眼里，"玉"有专指，专指产于新疆的和田玉，即软玉集合体。但现代人所指的玉，就不只是软玉一种，还包括缅甸产的翡翠，即硬玉集合体，这也只是玉的狭义定义。而广义上的玉除上述两种材质以外，还包括南阳独山玉、辽宁岫岩玉等其他传统的玉石。但考虑到出土的文物当中，玉器除用玉石做成的外，还有用宝石雕琢而成的。为了便于理解，本书对玉器的定义为：凡以玉石、部分宝石雕琢成的具有一定造型的制品，统称为玉器。

这个定义包括两方面的含义。其一说明了玉器的原料为玉石、部分宝石。在古代的墓葬中出土的玉器，除传统的玉石之外，也有很多由宝石（单晶体）雕琢而成。并且这些原料比一般的岩石要坚硬得多，加工的时候既不是用刀子刻的，也不是用凿子凿的，而是用相应的铁制工具带动比玉料更坚硬的磨料，进行研磨切削，所以玉器的加工不叫雕刻，而叫琢磨，原因就在于此。其他的石制品，不叫玉器，而叫石雕，因不具备玉石和宝石美丽、坚硬、稀少的性质，因此不能混为一谈。在古代，有君子佩玉，而石却没有这样的待遇。如图1-1~图1-4所示，这些都统称为玉器。

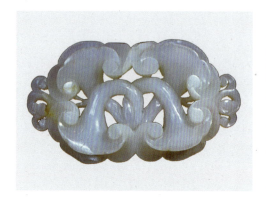

图1-1　元代白玉凌霄花嵌饰

图1-2　现代翡翠"独钓"山子

图1-3　清中期玛瑙凤首觥

图1-4　现代烟晶卧牛镇纸

其二是具有一定的造型。宝玉石加工制作上分为两种造型：艺术造型和几何造型。艺术造型强调造型美，是传统玉器的制作追求。这种造型包括两大类玉器：第一类是雕琢有花纹和形象的玉器，如佩饰、花件、器皿等，古玉器中多属此类（如图1-5、图1-6）。第二类是雕琢后经过组装形成的造型艺术品玉器，如盆景花卉、玉屏风、玉船等（如图1-7、图1-8）。这一类玉器造型繁缛，技艺精湛，有巧夺天工之美。

图1-5　商代晚期青玉鹅

图1-6　现代翡翠"五子闹佛"

图1-7　现代玛瑙盆景花卉

图1-8　现代岫玉船

几何造型强调内在美，主要是显示宝石、玉石质色之美，多以人身装饰品玉器为主。如戒面石、串珠、片饰、戒指等（如图1-9、图1-10）。传统的玉器多为古代墓葬中出土的墓主佩戴之物，也表现出一定的时代风格和美的追求。

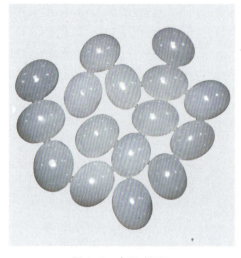
图1-9　白玉戒面石

图1-10　翡翠珠链

从以上两方面的含义可以清楚理解，玉器的原料必须经过雕琢后产生具有各种形态的人工产品，才能称为玉器，也正是因为玉器原料经过劳动人民勤劳的双手，才能使其更具有玉的灵性，更加美丽，更加灿烂辉煌，成为人民劳动智慧的结晶。

二、中国玉器的起源

从考古挖掘的资料来看，中国玉器的起源可以追溯到原始社会的旧石器时代晚期。迄今发现最早的透闪石玉旧石器，是出土于距今万余年的辽宁海城东南45km处的小孤山仙人洞旧石器时代晚期遗址中的用岫岩产的透闪石玉打制的三件砍砍器（如图1-11）。

图1-11　旧石器时代透闪石玉砍砍器

之后，距今8000年左右的新石器时代早期，同样在这小孤山的遗址内出土了一件斧形器，可以说是迄今为止所见于世面的最早的中国玉器。这件玉器呈条形扁状，长13.8cm，最宽6.1cm，厚3.3cm，两端呈弧凸形，较宽的一端有两面琢磨的刃（如图1-12）。刃部所带缺口是使用后留下的痕迹。其材质为青色岫岩玉，从这件玉斧上可以看出已经完全是磨制而成，其器形规整、磨制精致，刃部锋利，可以说是一件几乎完美的磨制玉器。

距今8000年左右的兴隆洼文化的玉玦，查海文化的玉玦、玉匕、玉珠等玉器出土了，这是迄今为止所知最古老的玉器。其工艺既有先进性，又有原始性。新石器时代的河姆渡文化、马家浜文化、崧泽文化，后期的红山文化、良渚文化、龙山文化、大汶口文化、齐家文化等遗址出土了大量玉器，证明在新石器时代中晚期，已大量使用玉器，在中国的玉器发展历程上经历了第一次的制玉高潮期。

图1-12　新石器时代早期玉斧

从打制的砍斫器到磨制的斧形器、玦等各种玉器，说明中国的玉器最早和石器一样是从打制到磨制再到琢磨逐渐形成而来。玉器的出现说明在1万多年以前的旧石器时代，中国的大地上已经出现了玉、石共用的年代。就是在这个漫长的过程中，人们发现了玉的特性——温润细腻的质地和坚韧耐久的品质，被先人们不断筛选，最终把玉从以石为主的材质中剥离出来，成为一种珍贵的材质并制作出特定的器具，赋予特定的文化涵义，永远地流传下来，为后世留下了光辉灿烂、瑰丽无比的玉器文化。

三、玉器的价值和功能

玉器已伴随中华民族走过了万年的历史，在这漫长的岁月中，玉器作为一种罕有的器物，具有异常旺盛的生命力。它与历史上的许多其他器物（如新石器时代的陶器、石器，商周时期的青铜器，魏晋以后的瓷器等）不一样，由于人类的进步和文化的嬗变，渐渐衰落或被其他东西所取代而退出历史舞台。中国人对玉有着特殊的偏爱，许多人从未接触过玉器，第一次看到玉，不管这块玉的质量如何，都会从内心深处产生一种特殊的情感，玉器能为不同文化、不同民族和不同时期的人们所接受，可见其魅力所在。玉器的价值和功能主要表现在以下几个方面：

1. 政治身价

玉器刚刚出现之时，只是作为生产工具和原始装饰品（原始社会）。随着生产力的发展，产生了贫富分化，导致了阶级的产生和国家的出现，等级观念也随之产生，慢慢地这种产量稀少、美丽、耐久的玉器就成为统治阶级专门享有的器物，并赋予了特殊的意义，作为政治等级制度的规范。在春秋战国时期就有了详细的记载，如"六瑞"的使用规定为：王执镇圭，公执桓圭，侯执信圭，伯执躬圭，子执谷璧，男执蒲璧。这些规范是以玉器的形制和尺寸来区分的，镇圭最大，桓圭次之，信圭再次之……地位最低的男爵则用具有蒲纹的璧形玉器。

玉器兴起初期的新石器时代中期，一些氏族首领的墓葬中就出土了许多精美的玉器。到晚期，这种现象更加明显，如良渚文化的一些大型墓葬中，出土的玉器既多又大，可见只有他们才有权占有这些玉器（如图1-13）。进入商周时代，情况更加普遍，如"柄形饰"（如图1-14），都只出现在大型的墓葬中。

图1-13　良渚文化玉琮

图1-14　商代晚期柄形饰

秦以后，玉玺成了君权的象征。关于和氏璧的传说就是一例，据说秦始皇用和氏璧制成了一枚传国玺，作为皇权的象征。得到此玺，才是真龙天子，以后各朝代为争夺此玺，不惜发动战争。到汉以后，还专门规定了什么级别的人才能使用什么形制的玉玺。以玉为玺的制度，一直沿袭到清代，乾隆皇帝的宝玺，大多为玉制（如图1-15）。

和玉玺一样，玉带也有级别规定，唐代就明确规定了官员用玉带的制度。《新唐书·车服志》中记载了"以紫为三品之服，金玉带銙十三；绯为四品之服，金带銙十一；浅绯为五品之服，金带銙十……。"据宋程大昌《演繁露》中记载："唐制五品以上皆金带，至三品则兼玉带（如图1-16）。"《左传》中也明确说："匹夫无罪，怀璧其罪。"可见，从原始社会末期至清代，某些玉器一直是作为政治等级制度的重要标志器物。

图1-15　清代乾隆玉玺

图1-16　唐代玉带

2. 道德赋予

玉文化从产生之时，就用玉赋予了道德观，对玉进行人格化。玉的道德内涵在西周初年就已产生，从那时起，发展了一整套用玉道德观，用以规范人们的行为。在春秋早期，政治家管仲便提出玉有"九德"。即"温润以泽，仁也；邻以理者，智也；坚而不蹙，义也；廉而不刿，行也；鲜而不垢，洁也；折而不挠，勇也；瑕适皆见，精也；藏华光泽并能而不相陵，容也；叩之，其声清团彻远，纯而不杀，辞也。""仁、智、义、行、洁、勇、精、容、辞"九字，几乎涵盖了"玉"的所有特性特质。春秋晚期儒家宗师孔子创立儒家学说以后，将玉德理念化、系统化，并把玉德的观点推向高潮，儒家将人的品德与和田玉的自然特征相对应，提倡以玉德规范人们的社会行为。孔子提出玉的"十一德"："玉，温润而泽，仁也；缜密以栗，知也；廉而不刿，义也；垂之如坠，礼也；叩之，其声清越以长，其终诎然，乐也；瑕不掩瑜，瑜不掩瑕，忠也；孚尹旁达，信也；气如白虹，天也；精神贯于山川，地也；圭璋特达，德也；天下莫不贵者，道也。"孔子把君子与玉紧密地联系起来，君子比德于玉，要求君子要像玉一样具备十一德；君子佩玉说明玉是君子的化身，君子要佩玉，君子无故玉不去身，时刻提醒君子要像玉一样有德，从而促进了玉文化的发展（如图1-17）。

到了东汉时期，儒家的玉德观发生了变化，许慎在其《说文解字》书中对玉进行诠释，继承孔子的玉德观，并适应时代潮流，对孔子的"十一德"进行高度概括和精炼，提出玉有"五德"："玉，石之美者，有五德：润泽以温，仁之方也；䚡理自外，可以知中，义之方也；其声舒扬，专以远闻，智之方也；不挠而折，勇之方也；锐廉而不忮，絜之方也。"这不仅说明了玉与人的品行密切相关,而且"仁、义、智、勇、洁"体现了和田玉的典型物理特征,这种"抽绎玉之属性,赋以哲学思想而道德化"的观念被全社会所接受,成为我国玉器经久不衰的精神支柱(如图1-18)。

图1-17　战国玉龙首璜

图1-18　汉代玉镂空龙凤纹珮

在中国的文字当中,就有很多古代劳动人民创造出来与玉有关的字,多表示美好、崇高的意思,如珣、玗、琪、琳、琅、瑶、琨、璞、琼、玖等。在成语中,有冰清玉洁、冰肌玉骨、冰清玉润、不吝金玉、堆金积玉、粉妆玉琢、怀瑾握瑜、金玉满堂、金枝玉叶、蓝田玉生、美如冠玉、璞玉浑金、抛砖引玉、珠圆玉润、亭亭玉立、琼楼玉宇、金玉良言、金相玉质、金友玉昆、玉树临风、化干戈为玉帛、宁为玉碎等用来表达高尚、美丽、圣洁、宝贵、吉祥、美好。中华民族对玉的偏爱、宣传、推崇,又被思想家理念化后,具有顽强的生命力,历代统治阶级都加以利用。玉的道德化和人格化,广泛被民众所接受,是玉器长盛不衰的一个重要原因。

3. 经济价值

玉器的经济价值是不言而喻的。在古代,玉器作为财富的标志,早在原始社会的良渚文化、红山文化中就有表现。大型的墓葬中,作为陪葬的玉器就有几十件甚至上百件,可见墓主是有权有势、财富万贯的首领。到奴隶社会,这种现象更加明显,著名的安阳殷墟妇好墓、江西新干大墓等商代贵族和方国墓葬中,葬玉更是丰富,表明大的奴隶主贵族拥有着贵重的玉器(如图1-19)。到汉代,葬玉之风更加兴盛,著名的汉代金缕玉衣、银缕玉衣、铜缕玉衣就出于此。另外最能表明玉器的经济价值的是商代的玉币(如图1-20),用玉作成贝形币,作为商品交换的凭证,同时也有用玉进行直接交换甚至成为进贡的礼品。到了明清以后,买卖交易玉器商品已成为一种行业。

图1-19　商代玉鸟形柄

图1-20　商代玉币

4. 礼仪功能

礼仪用玉一直占中国玉器的主流，从新石器时代晚期起，许多玉器如琮、璜、璧等（如图1-21），就一直被人们作为礼仪用器。早在五千年前，中国刚跨入文明门槛时，玉器的礼仪功能就已表现出来。良渚文化成组的玉璧（如图1-22），龙山文化的人面纹玉铲，二里头文化中的牙璋，都是纯粹的礼仪用器。在稍晚的时代，一些玉兵器也作为仪仗用器。对玉器作为礼仪用器的规定最为系统化的莫过于《周礼》《仪礼》两书。《周礼》一书，根据自商代以来的礼仪用玉情况，并加上儒家的充分想象和发挥写成。如有名的"六瑞"，既是政治等级制度的标志，又是礼制的具体体现。"以苍璧礼天，以黄琮礼地，以青圭礼东方，以赤璋礼南方，以白琥礼西方，以玄璜礼北方"，其中的璧、琮、圭、璋、琥、璜合称为六器。六瑞和六器是封建社会礼仪用玉的主干。直到元代，皇宫举行祭祀大典时，还用了苍璧、黄琮、青圭、赤璋、白琥、玄璜，明代帝王陵十三陵中也出土有圭等礼器。在山西侯马的春秋盟誓遗址中，发现了大量的圭、璜一类器物，应该是在行结盟仪式时用的礼器。

图1-21　新石器时代玉琮

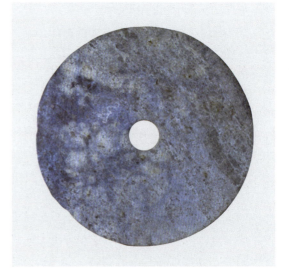

图1-22　良渚文化玉璧

5. 宗教用器

新石器时代的原始宗教中，玉器成为沟通神和人的法器。当时由于生产力水平低下，人们征服自然和疾病的能力很弱，对自然界许多怪现象无法理解，于是对自然界许多现象和生与死有了超越人生、社会和自然的理解，产生了崇拜祖先的图腾文化，如崇拜母性的女性崇拜，崇拜生育的生殖崇拜等。红山文化中的玉龙和龙块就是该部落的图腾形象（如图1-23）；良渚文化中的人兽图案，也属于部落图腾（如图1-24）。中国的道家用玉作为法器也不乏记载。佛教传入中国以后，玉造佛像在唐宋以后一直颇为流行。今天，在北京、四川等地的著名寺院都还供奉着清代从缅甸传来的玉佛像，有的还成了镇宅之宝。

图1-23　红山文化玉龙玦

图1-24　良渚文化人兽图案

6. 佩饰和玩赏

玉器最广泛的用途便是佩饰和玩赏，这也是玉器最初的功能之一。"古之君子必佩玉""君子无故，玉不去身"。在古代，它不仅是简单的装饰，还表明了身份、风气，可以起到感情和语言交流的作用。从新石器时代起，东北的新乐文化、华北的裴李岗文化、江南的河姆渡文化中，都发现有玉制饰件，如玦、环、坠等。商代国王武丁配偶妇好之墓出土的七百多件玉器，相当部分是佩饰用的穿孔玉器。春秋时，君子佩玉，年轻女子佩玉之风十分盛行，青年男女还互赠佩玉作为信物（如图1-25）。佩玉成为一种社会时尚，历数千年而不衰。隋唐之后，作为佩饰的玉器在品种上有了大的变化，主要作为耳、腕、手和头饰（图1-26）。作为观赏玩物的玉器，商周以来就有许多，小的圆雕作品大多为玩赏品（图1-27）。唐宋以后，作为陈列的玩赏玉器，如仿古玉礼器、瓶、炉、壶、山子、人物、动物等，占据了玉器的主要地位（如图1-28）。

图1-25　春秋时期玉兽面纹梳

图1-26　唐代玉佩饰

图1-27　商代玉怪鸟

图1-28　清代玉异兽形瓶

玉的价值和功能不是以上几个方面可以概括的，集中体现中华民族审美情趣、道德观念、文化内涵、东方艺术的中国古玉器是无价的。作为文物的玉器，它还是历史的载体和见证人，有不可复制的唯一性，更为当今世人所器重。玉器从简单的生产工具到美化生活的装饰品，融进了各种礼制内容、伦理道德，成为财富的象征、宗教图腾的崇拜……这些折射出中华民族喜玉爱玉的心理。

四、玉器的评价

1. 古玉与新玉的划分原则

关于古玉与新玉的划分原则各家说法不一，有些考古学家和玩玉行家眼里，只有三代玉才算古玉（夏、商、周），汉玉勉强可算，唐宋玉、明清玉都不入眼。中国玉文化有着7000年以上的历史，明清两代不过550年，能称得上古玉吗？但很多爱收藏玉器的人的眼里，不要说明清玉，就是民国玉，也都称为"老玉"，是可遇而不可求的。

笔者认为，古玉与新玉的划分应参照历史时代的划分方法，把下限定在公元1911年清代结束那一年，即清代以前琢制的玉器都统称为古玉，而清代以后至1949年中华人民共和国成立这段时间，中国处于半殖民地半封建社会，可以把这段时期琢制的玉器称做清末民初玉或近代玉。古玉可具体按年代划分为史前玉（原始社会）、三代玉（夏、商、周）、汉代玉、唐宋玉、明清玉等，这样古玉就有了具体的归宿（如图1-29、图1-30）。

另外，古玉按存在世间的形式，可分为"出土古"和"传世古"两种，入过土又再传世的，当列入"传世古"之列。无论是出土古还是传世古，其价值都远远高过现在的新玉。把玩一块古玉与把玩一块新玉，感觉是不一样的，入过土的古玉由于水土的长年浸蚀，会出现各种沁色，色彩斑斓，天趣无穷；而传世的古玉由于前贤的长期把玩，精光内蕴，温润圆融，不仅让人心旷神怡，眼亮目明，而且令人无限遐思，抚摸它就如抚摸一段人生和历史。正是由于古玉有着新玉所不能替代的历史文化内涵和文化价值，古玉与新玉的区分才显得格外重要。

图1-29　商代晚期凤羽冠人形玉珮

图1-30　西汉前期玉连体双龙珮

2. 玉器的评价要素

古玉器具有丰富的文化内涵和文物价值，具有不可复制的唯一性，那么对它的评价就成为非常重要的方面。

（1）古玉年代的远近　即古玉所制作年代的久远程度，这首先应该对古玉进行断代。一块三代玉或史前玉，由于长年浸蚀，其质地可能已部分风化剥落，但由于其悠久而丰富的历史文化积淀，其价值远要高过一块温润的明清玉。同样，一块质地尚可的明清玉，其价值又要高过现在的新玉。可见古玉其年代越久远，价值就越高（如图1-31、图1-32）。

图1-31　红山文化玉勾云形器

图1-32　清代玉双童洗象饰

（2）历史上所占地位的大小　也就是古玉在历史上所扮演的角色大小。这一要素更显示出了玉器文物的重要性。在历史上，它与政治、经济、文化、道德、宗教等都有着密切的关系。确定古玉的历史地位，需要广泛的历史知识与文化修养，需要对玉文化有很深入的了解才能判定。如商代晚期的青玉矛铜骸，骸作铜质蛇头衔矛形，蛇头蛇身均由绿松石碎块镶嵌而成，蛇鳞纹隐约可见。工艺精湛，设计奇巧。这件世所罕见的铜骸玉矛，属于商王专用玉器，是象征主人威严与权力的礼仪仪仗器，用木杆插装玉矛，应是商王出征前或凯旋后庆功祭祖时所用的玉兵。地位之重要，价值无疑更高（如图1-33）。西周的青玉鸟形珮，在西周出土较常见，造型上是鱼嘴鸟身，是鸟与鱼的合体造型（如图1-34），是周人基于生产劳动而幻想出来的艺术形象，但作为一般的玉珮，其价值远不及承载重要历史意义的玉器。

图1-33　商代晚期青玉矛铜骸

图1-34　西周青玉鸟形珮

（3）是否是出土的遗物　这说明出土古玉比传世古玉价值要高。出土古玉埋入土中，受地下水土的浸蚀，会产生各种颜色的沁色。根据沁色之千差万别，可判断入土时间、地点以及墓葬者的文化背景、历史事件等。可见出土古玉包括的历史信息量是非常大的，而传世古玉则比出土古玉要逊色得多（如图1-35、图1-36）。

图1-35　红山文化出土玉鸮

图1-36　红山文化传世玉鹰

（4）品种及同品种所存有的数量　物以稀为贵，古玉也一样，在发现的古玉当中，无论是出土古还是传世古，只要是品种发现得少，它的价值就高。同样，在相同品种的古玉器中，如果年代、形制、纹饰一样，它的价值就相对来说要低一些。而形制相同，纹饰及年代不一样，它的价值就会高。例如，同为璧，如果发现标准形制的璧很多，那么价值会降低，而出廓璧只发现仅几件，它的价值会很高（如图1-37、图1-38）。

图1-37　汉代玉"宜子孙"出廓璧

图1-38　汉代玉"长乐"出廓璧

（5）工艺水平、制作的精细程度　表现在玉器的雕琢加工方面，是不是做得精细逼真，也就是现在的雕工优劣。玉器主要是强调它的造型美和工艺美，很大程度上，工艺水平影响着它的价值（如图1-39、图1-40）。

图1-39　元代青玉婴戏坠

图1-40　元代青玉莲托坐龙

（6）艺术水平　表现在玉器形制上的纹饰、图案，体现一定的主题，代表不同时期的时代风格和文化，这种风格是断代的重要依据。同时艺术水平与工艺水平的结合是否珠联璧合、无可挑剔，阴刻、阳刻、浮雕、镂雕、圆雕是否恰如其分，比例协调，这些都是评价玉器的重要因素（如图1-41、图1-42）。古代肖生玉的艺术表现手法多以神似为审美主流，而现代肖生玉多以形似为主要艺术表现手法。

图1-41　西周玉牛

图1-42　清代玉鸭

（7）器物的完好性　无论是古玉还是新玉，出土古还是传世古，它们见于世面的完好性是非常重要的。一件完好无损的玉器会给人以美的享受，残缺不全或遭受损坏的玉器其价值会大打折扣，甚至变得一文不值。这体现了在挖掘出土文物及保存文物时，保护玉器完好无损的重要性（如图1-43、图1-44）。

图1-43　春秋玉璜

图1-44　春秋玉兽面纹饰

（8）玉料质地的好坏　在玉器评价中，玉料质地并不是第一位的，如果一块很好的玉，雕工极差，它的价值也不会显示出来。但对同一种玉料来说，玉质越好，其价值就越高。当然，好的设计水平也是不容忽视的（如图1-45、图1-46）。

图1-45　金代青玉荷叶鱼坠

图1-46　清代白玉狗

（9）器物的大小、重量　这方面列为评价要素之一，有它独特的含义。一般说来，器物太大与太小都是不好设计与雕琢的，器物的大小、重量，能够体现某个年代工艺技术水平的高低与优劣。如战国晚期的玉鼓形珮，高3.4cm，宽3.2cm，厚0.4cm，1979~1980年河南省淮阳县平粮台十六号楚墓出土，河南省文物研究所藏。玉料呈茶墨色，体扁，两面饰纹相同。玉珮上部呈环形，环饰乳钉纹，两侧各立一鸟，呈对称状。环下饰连体双兽为座。通体形如一鼓置于架上，故名玉鼓形珮。此器形式新颖，设计巧妙，在战国玉器中首次发现。器上有圆孔，器座略宽，可佩系，亦可立放（如图1-47）。如此小巧的玉器，纹饰复杂，说明当时的制作工艺是何等高超！清代的青金石观瀑图山子，大型的玉器，雕琢出山石、瀑布、松树翠柏、凉亭及观瀑者，这种大型的玉雕作品，利用玉料的天然形态和颜色特点，设计巧妙，把观瀑的图画刻画得栩栩如生，不能不佩服设计者和雕琢者的水平与审美（如图1-48）。

图1-47　战国玉鼓形珮

图1-48　清代青金石观瀑图山子

新玉器的评价比古玉器要简单得多，古玉器评价中的后五条即可概括。归纳起来，主要是玉质和雕工，即玉料的优劣，雕工技术水平的高低。玉器重在强调其造型艺术，其价值很大程度取决于工艺水平。

五、玉器的雕琢技法

我国古代的琢玉技法博大精深，反映了古代劳动人民的聪明才智。随着生产力的发展，玉器的雕琢技术也不断发展。每种技法都反映了不同时期人民对玉器的雕琢水平。这些智慧的结晶，为玉器文化的传承奠定了坚实的工艺基础。

1. 阴刻、阳刻

阴刻即凹线条，阳刻即凸线条（如图1-49、图1-50）。此种技法出现最早，大约在新石器时代晚期就已形成较正规的技法。汉代以前的阴线段大多极浮浅，由一段段短线连接而成，若断若续，这是砣具旋转轻起轻落形成的，一般称为"入刀浅""跳刀""短阴刻线"。

图1-49　商代玉鹅（阴刻）

图1-50　西汉玉双联璧（阳刻谷纹）

阴刻和阳刻是所有雕琢技法的基础。随着时代的发展，阴刻和阳刻在实际运用上还有多种表现，如单阴刻、双阴刻、减地突雕、浮雕等。

2. 双勾线轧法

双勾线轧法也称双勾阴线或拟阳线。具体做法是勾出平行双阴线，浅轧外棱或磨去内线边使其形成阳线的效果。这种技法比单阴线更为突出和有立体感，是商代重要的琢玉技法（如图1-51）。

3. 减地突雕

减地突雕也称为撞地浮雕法或撞地起花，是由阳刻发展而来的一种技法。具体做法是先将欲雕的纹饰大致凸起，然后再将四周的地子减低，最后再精琢纹饰和细磨地子。此法出现于新石器时代晚期，以后各代均有沿用（如图1-52）。

图1-51　商代晚期青玉双鹦鹉　　　　　　　图1-52　战国玉镂空龙形珮

4. 浮雕

浮雕与减地突雕类似，凸起的纹饰高于器表，立体感更强。浮雕有浅浮雕和高浮雕。浅浮雕出现的时代较早，商代时，浅浮雕已广泛使用。之后随着工艺上的进步，浅浮雕逐渐发展为高浮雕，至明清时期，浮雕技法同其他技法一起，被综合运用到玉器的雕琢上（如图1-53）。

5. 圆雕

圆雕即立体雕，是指玉雕不附在任何背景上，可以四面欣赏，完全立体的一种雕琢技法。大约出现于新石器时代晚期，如玉鸟、玉人等（如图1-54）。

图1-53　明代玉竹筒形杯　　　　　　　　　图1-54　商代晚期青玉鸮

6. 勾撤雕

勾撤雕也称"一面坡"，是周代大量运用的一种琢玉技法。其特点是纹饰有并行的一粗、一细两条阴线构成，其中粗线是内倾的上浅下深的大斜坡状，不仅富有立体感，还给纹饰增添一种美与力的韵味。勾撤雕的运用时间不长，大约自商代晚期出现，经过周代的盛行和春秋战国时期的沿用，汉代以后已基本看不到（如图1-55）。

7. 剪影雕

剪影雕即所雕出的人物或动物采用正侧面剪影的手法，如同剪纸一样，抓住主要的特征，用熟练而准确的轮廓线勾勒出生动的艺术形象（如图1-56）。

图1-55　西周青玉鸟形珮

图1-56　春秋玉虎形饰

8. 镂空雕

镂空雕简称镂雕，也称为透雕，纹饰是通过镂空的方法表现出来。分为单层镂雕和多层镂雕。又称透雕，在穿孔的基础上加以发展，最早见于良渚文化镂空的玉冠状饰。镂空雕的程序是先在纹饰外廓等距的地方钻管打孔，再用线锯连接形成槽线。商代时镂空玉凤的镂孔剖面很平滑，说明当时镂孔对接技术已非常娴熟。宋元时期的镂雕技术有了新的发展，透雕的玉炉顶，荷花芦叶穿插多达三四层，十分玲珑剔透。镂雕发展至明、清时期，工艺上达到了顶峰，单层和多层镂雕均达到了出神入化的境界（如图1-57）。

9. 出廓雕

此法盛行于春秋战国至汉代，多在玉璧等环形玉器上施用。具体做法是在整个玉璧的外沿或两侧，或上部，以镂空的形式单琢出纹饰，称为"出廓"（如图1-58）。

图1-57　西汉玉龙纹环

图1-58　西汉玉透雕龙凤纹出廓璧

10. 双钩碾法

双钩碾法也称为游丝雕或丝雕，是汉代著名的琢玉技法。此法是指纹饰刻画似头发，宛转流动，线条流畅，细如游丝。这种技法雕琢的纹饰细腻形象，动感强烈。汉代的双钩碾法虽然精妙，但因过于纤细，故很难保证在所有玉器上的纹饰都表现为流畅、没有滞痕，所以在汉代的一些玉璧上的双钩碾法多有"跑刀"的痕迹，这也是汉代玉雕的一个显著特点。如西汉中期南越王赵眜墓出土的直径达33.4cm的玉璧（是目前所知出土玉璧中最大的一件）上雕琢的精美纹饰就是用双钩碾法雕琢出来的（如图1-59）。

11. 汉八刀

汉八刀是汉代的重要琢玉技法，是指刀法简练有力，只用几刀就能雕琢出形象来，不是指刚好八刀。多出现于肖生玉器上，如翁仲、猪、羊、蝉等（如图1-60）。

图1-59　西汉玉兽面纹璧

图1-60　西汉玉蝉

12. 金错玉

金错玉也称压丝或金镂玉，利用传统的金错工艺技术，在制成的玉器阴刻纹饰上，将金丝或银丝等贵金属压嵌在玉器的表面，然后再经过磨错，使金丝或银丝与玉在同一个平面上，并且无间隙，使作品浑然一体。金错玉器在清代的北京和苏州玉器中心都有制作（如图1-61）。

13. 压丝嵌宝

压丝嵌宝是在金错玉的基础上再镶嵌上宝石，使宝石和金银丝在玉器表面上组成美丽的花纹。压丝嵌宝是用金、银、宝石装饰玉，金银丝在玉器上呈金银错效果（如图1-62）。压丝嵌宝是清代的重要工艺技术，与春秋战国出现的金镶玉完全不同，金镶玉是镶嵌技术。

图1-61　现代金错玉碧玉手镯

14. 薄胎

此法是把玉器胎体琢得很薄，也称为痕都斯坦[1]做工或痕玉，是清代引进的高水平的工艺技术。它与压丝嵌宝结合，在同一个器物上施用，是清代很盛行的一种工艺技术。薄胎玉器多以盘、碗、杯、瓶、壶等容器类玉器为多（如图1-63）。现代薄胎工艺称为"水上漂"。

图1-62　现代压丝嵌宝白玉碗　　　　　　　图1-63　现代薄胎青玉碗

15. 两面造

此法出现于清代中期。此法是指玉雕的两面透明，通常在扁平的玉片上施用。其雕法是在玉片的正反两面，各透雕出完全不同的纹饰，两层的中间全部透开，只以图案的纹路和四周边缘相连，从而结为一体。纹饰镂空，正反相错，互为掩映，巧妙奇特。此法雕琢构思和设计难度高（如图1-64）。

16. 俏色

俏色是利用玉质本身不同的颜色，巧妙地设计，使颜色利用恰如其分、惟妙惟肖，从而提高玉器价值（如图1-65）。俏色最早见于商代，如商代的玉鳖。清代出现了"留皮雕"，是

图1-64　现代两面造龙凤方牌

把玉料的原色皮留下来，巧妙设计成作品的一部分，使琢成的图案带有天然的皮色。

17. 活环链

利用镂空的方法在玉器上雕琢出环或链子，环和链子均能活动，并且环或链子和玉器主体是不可分割的一块料雕成。此法最早出现于商代，如商代彩石羽人脑后的活环链子（图1-66）。

---

[1] 痕都斯坦为地名，在今印度北部克什米尔地区。

图1-65 现代俏色翡翠雕件

图1-66 商代晚期彩石羽人

18. 套料制作

套料制作是把小料做成大件的工艺。在制作器皿或其他镂空的玉器时，把中间掏出的余料再利用起来，做成这件玉器的其他部分，通过拼接的方法，把这些部件连接起来。这样在外观上，玉器成品比原料的体积要大几倍（如图1-67）。

图1-67 现代套料制作翡翠花薰

第二章

玉器的形制和纹饰

第一节　玉器的形制 / 023
第二节　玉器的纹饰 / 068

第一节　玉器的形制

玉器的形制即玉器的器型。形制在不同时代具有不同的特点，反映了生产力的发展水平。中国古代玉器的形制从单一的生产工具类发展到几乎涉及人们生活各个方面的用器类，按用途大致可分为礼乐器、仪仗器、丧葬玉、佩饰玉、生产工具、生活用器、陈设品、杂器等八大类器型。在漫长的人类历史长河中，玉器的形制和用途并不是一成不变的，而是随着时代的嬗变而演变，并且在产生、发展、消失的时间上也有长有短。

一、礼乐器

礼乐器主要用于祭祀、朝享、交聘、军旅等活动中，这些器物被赋予了特殊意义，成为礼制的体现，即"藏礼于器"。青铜器是奴隶社会时期重要的礼器，但随着青铜器的消失，一些玉器直到封建社会末期仍是重要的礼器。例如周代著名的六器：璧、琮、圭、璋、琥、璜就是非常传统的礼器代表。

1. 玉璧

基本造型为圆形片状，中有圆孔。其定义为"肉倍好，谓之璧"。意思是肉为好的两倍，叫作璧。所谓肉即边，好即孔。实际上，边径为孔径两倍的璧并不多见。璧是古代最重要的礼器，其使用年代之长，出土地域之广，数量之多，是其他玉器所无法比拟的。始用于新石器时代，盛行于汉代。

新石器时代的玉璧多用玉、石相间的材料制成，以青灰色居多。制作古拙，不甚规整。璧体往往薄厚不均，璧面虽经抛光但仍凹凸不平，璧面留有切割琢磨的痕迹。打孔的孔壁常有错位偏斜现象。璧形较简单，光素无纹（如图2-1）。

商周时期，璧基本用玉制成，以青绿色为主，也有棕色、黄褐色的，制作比较规整。璧体、璧孔边缘的厚度基本相等，璧面琢磨较平洁光滑，开始出现纹饰。春秋玉璧，颜色绿中闪黄，璧面开始出现用双钩阴线勾出对称的花纹。战国时期玉璧制作精美，璧体圆度精确，打磨光亮，花纹装饰题材广泛，造型变化繁多，出现了勾云纹、谷纹、兽纹、卧蚕纹等纹饰，并开始出现出廓雕、镂空的透雕等手法（如图2-2）。

图2-1　新石器时代良渚文化玉璧

图2-2　战国玉透雕龙凤纹璧

汉代玉璧基本沿袭战国时期的风格和特点，但璧形较战国大，小型璧相应减少，并在璧面边缘留出一个宽带。除用阴线刻画细部轮廓外，透雕装饰较为常见。许多玉璧玉质晶莹洁白，正反面均刻花纹，周缘起棱，上端有透雕的动物纹饰，出廓雕常见。汉代玉璧，无论雕工还是艺术风格都已达到了创作的顶峰（如图2-3）。

汉代以后玉璧不再有发展创新，宋元时期玉璧少见（如图2-4）。明清时期，出现仿古玉璧，多仿战国秦汉作品，制作较精细，纹饰以浮雕纹为主。但此时的玉璧已基本失去礼器的性质。

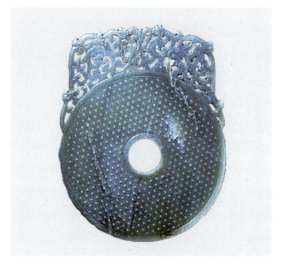

图2-3　汉代玉镂雕螭纹出廓璧

图2-4　宋代浮雕螭龙纹玉璧

璧的最主要用途是作为礼器。《周礼》中"以苍璧礼天"，说明璧是祭天的礼器，天子在祭天用的是大璧。周代六瑞中"子执谷璧，男执蒲璧"，说的是子执谷纹璧，取养人之意；男执蒲纹璧，取安人之意。其次是作为馈赠亲朋好友的礼物，以及用做佩饰玉（这种璧一般较小）和随葬品。大量的古代墓葬出土的玉器当中，有相当部分随葬品是玉璧。

2. 玉琮

基本造型为外方内圆，是一种中部有孔的粗管形玉器。玉琮最早见于新石器时代良渚文化遗址中，流行于新石器时代晚期至汉代，明清时有仿制品。

良渚文化玉琮形状繁多，一般为体形较瘦长、中间穿孔较细的柱形（如图2-5、图2-6）和体形较扁宽、中间穿孔较粗的镯形（如图2-7）。有的横截面为弧边方形，有的横截面为正方形。这时的玉琮多为圆柱体的外面做出四块凸起的对称弧面，上有阴刻或浮雕的兽面纹，没有纹饰的地方便自然形成间隔的凹槽，以凸起兽面纹饰。

商周时玉琮多为光素无纹的外方内圆体，体形有高矮之分，有的在方柱形的四角上又附凸出的四角或琢饰蝉纹（如图2-8、图2-9）。战国时期，玉琮仍保持外方内圆的形状，琮面开始琢饰变形的鸟兽纹，构图紧凑，线条流畅（如图2-10）。汉代玉琮很少见（如图2-11），目前所见基本都是旧玉改制而成。明清时期有仿古玉琮，多用几何纹饰或八卦纹饰。

图2-5　良渚文化玉兽面纹琮

图2-6　良渚文化玉兽面纹多节琮

图2-7　良渚文化玉兽面纹琮

图2-8　商代晚期蝉纹玉琮

图2-9　西周玉琮

图2-10　战国兽面纹玉琮

琮在礼器中是用做祭地之器。《周礼》中"以黄琮礼地",即用黄色的琮祭地。另外琮还是"财富与权力的象征""与原始宗教、巫术活动有关的器物"。也有种说法认为它代表女性,像女阴之物,是古人崇拜性器之对象。

3. 玉圭

基本造型为上端尖锐、底端平齐的长方形玉片。始见于商代,兴盛于春秋战国。战国以后圭在社会上就不再流行,各代帝王在遵循古制、点缀朝廷的威仪时曾制造过,但绝大多数没有流传下来。

商代的玉圭多做平首式,角微圆,形如铲。有的一端有两个对穿的圆孔,两孔之间有一周不太明显的凹槽,腰部琢制出两周凸弦纹。如图2-12所示商代玉圭,长23.3cm,琢有大小不同的三孔,光素无纹,抛光精美。

图2-11 西汉后期带座玉琮

图2-12 商代玉圭

西周时玉圭质地良好,造型规整。春秋时玉圭主要为尖首平底。战国时期玉圭,顶端呈三角形,制作更加规整,多为光素无纹,有的还在近底边中部钻一小穿孔。汉代玉圭质量较好,琢制极为精细,多用青玉和碧玉制成。汉代以后玉圭少见。

明清又开始制作玉圭。明代制品质地良好,琢制精细,有的在面上刻有兽面纹、山形纹、谷纹、乳钉纹等纹饰(如图2-13、图2-14)。清代玉圭制作更加精细,多作为皇家的祭祀礼器,玉质较好,形体也较大。图2-15所示清乾隆乳钉纹白玉圭,长27.3cm,玉色温润洁白,无瑕疵,圭正面浮雕乳钉纹,背面光滑,阴刻"大清乾隆年敬制"单行大篆体共七字。

图2-13 明代兽面纹玉圭

图2-14 明代描金山纹玉圭

图2-15 清乾隆乳钉纹白玉圭

玉圭是上古重要的礼器，被广泛用作"朝觐礼见"标明等级身份的瑞玉及祭祀盟誓的祭器。《周礼》六器中"青圭礼东方"，六瑞中"王执镇圭，公执桓圭，侯执信圭，伯执躬圭"，用圭的不同尺寸、不同纹饰来体现等级的差别。《周礼》记载圭有多种形制、多种用途，现在考古实证材料还不能予以证实，不少问题有待研究。

4. 玉璋

基本造型为底平上尖的长方形薄片，与圭相似。圭为中尖状，而璋为斜尖状。最早出现于二里头文化，玉璋盛行于商代，西周的玉璋极为少见，战国以后，出土玉璋几乎不见。

商代玉璋造型多为一侧有利刃，一侧中部内凹成弧形。有的射部呈鱼嘴形叉刃，器身两侧较薄，一侧为弧形，另一侧微内曲，中间稍厚。柄与身之间有三组阴刻平行线纹，并有一孔，琢磨较光滑（如图2-16）。

战国时期玉璋的造型为半圭形，下端微弧。制作细腻，磨制光滑（如图2-17）。汉代玉璋，有桃叶形者，一面平整，一面隆起，两端各有一小孔。

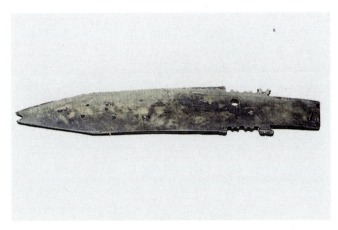

图2-16　商代三星堆玉璋

图2-17　战国玉璋

玉璋的种类据《周礼》记载有赤璋、大璋、中璋、边璋、牙璋5种。从出土器物上刻画的纹饰来看，玉璋除被古人用作礼器外，还有许多其他用途。目前被学者归纳为三类：第一类赤璋，"以赤璋礼南方"，用于礼南方之神朱雀。第二类大璋、中璋、边璋，用于天子巡守时祭山川。《周礼·考工记》中还可以找到更详尽的解释：天子巡守祭山时，大山川用大璋，中山川用中璋，小山川用边璋。所祭的如果是山，礼毕就将玉璋埋在地下，如果是川，礼毕就将璋投到河里。第三类牙璋，《周礼》有云："牙璋以起军旅、以治兵守。"它无实用价值，属仪仗用器，作符节器用（如图2-18）。

图2-18　商代晚期青玉牙璋

5. 玉琥

圆雕、浮雕和线刻的虎纹形玉器称为玉琥，为礼器和装饰品，流行于商周时期。

商代玉琥有的俯首卷尾，作三棱半立体浮雕俯卧状，张口，口有一孔，尾下卷，臣字形眼，制作较简单（如图2-19）。西周玉琥为扁平体，昂首，圆口，头有双耳，身细长，装饰简朴（如图2-20）。春秋玉琥仍呈扁平片状，俯首，或躬身，或直背，椭圆眼，上唇上卷，下唇内卷成孔，肢足前屈，作伏卧状，长尾下垂，尾端上卷成孔。身以双阴线饰龙首纹、云纹等，周边轮廓线饰绳纹（如图2-21）。战国玉琥基本承袭春秋玉琥造型，但琢工更加精湛（如图2-22）。

琥在古代是重要的"六器"之一，《周礼》中"以白琥礼西方"。另有虎符用于发兵。

图2-19 商代玉琥

图2-20 西周玉琥

图2-21 春秋玉虎形饰

图2-22 战国玉虎形珮

6. 玉璜

基本造型为弧形，形如半璧，用作礼器和装饰品。最早见于浙江余姚河姆渡文化遗址，流行于新石器时代晚期至唐代以前。

新石器时代的玉璜制作较简单，琢磨不甚规整。多光素无纹，造型有长条、扇面、半璧、桥形等。良渚文化时期的玉璜多为半璧形，表面开始装饰图案，纹饰多为阴线细刻的神人兽面复合像，并有浮雕兽面纹玉璜出土（如图2-23）。

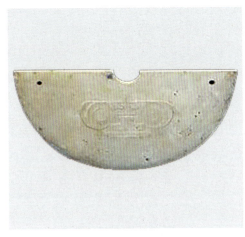

图2-23 良渚文化玉璜

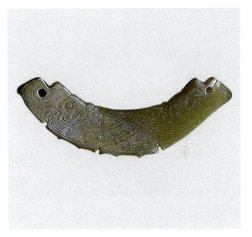

图2-24 西周玉龙纹璜

商周时期，玉璜的造型多为三分之一个圆周。玉璜制作水平提高，造型规整，琢磨平滑，边角整齐，多采用双勾手法刻画花纹。纹饰题材有龙首、鱼等动物，极为精致（如图2-24）。

春秋战国时，基本继承了早期玉璜的几种形式。但雕琢技法有了很大的改进，装饰手法不仅有单线阴刻，还大量采用透雕、浮雕及轮廓边缘加饰花纹的多种表现手法。切割、琢磨、刻画及抛光都非常精致。纹饰图案有云纹、鸟兽纹等（如图2-25）。

汉代玉璜的风格基本同于战国（如图2-26）。唐以后，玉璜逐渐为新的佩饰所取代。

玉璜主要用于祭祀或佩戴在身上作装饰。《周礼》中"以玄璜礼北方"。

图2-25 战国玉双凤纹璜

图2-26 汉代玉双龙璜

7. 玉瑗

圆形板状体,中间有一大圆孔,基本形制为"好倍肉,谓之瑗",即孔径与边径之比为2∶1(如图2-27,图2-28)。

瑗的主要用途,据说是作为请召的信物,"召人以瑗",即欲请人来,叫使者持瑗而去。其次,引导君王上阶之器,以免君王失坠。据说古代君王上台阶时,手持瑗之一边,引导者持另一边。另外,瑗还可以用于佩饰和绳带枢纽。

图2-27　商代妇好遗址玉瑗

图2-28　西汉玉瑗

8. 玉环

形制同璧、瑗的圆形板状体。三者的区别在于孔径与边径的比例不同。环的基本形制是"肉、好若一"。即孔径与边径大致相等(如图2-29、图2-30)。

环的用途与意义有两种,一是利用其谐音,古代有种说法"逐臣待命于境,赐环则还,赐玦则绝"。说明被放逐的臣子,当得到天子派人带去一只环,就意味着可以结束流放生涯,重新回到都城;如果得到一只玦,则意味着生命到此结束。二是作为佩戴品中的佩戴之物。

图2-29　春秋玉鸟纹环

图2-30　汉代玉镂雕龙凤纹环

9. 玉珑

用玉琢成的龙形圆雕或片雕作品，也有的将龙形或龙纹玉器统称为珑（如图2-31，图2-32）。

图2-31　商代玉珑

图2-32　战国玉龙形珮

龙是中华民族的图腾，历代关于龙都有无数的传说与神话。相传龙有九子，相当于龙有九种不同的身形，所以古代玉器上许多怪异形动物都泛指龙。许慎在其《说文解字》中说："龙是鳞虫之长，能幽能明，能细能巨，能短能长，春分而登天，秋分而潜渊。"秦汉以后，玉珑主要用作"祷旱玉"，认为龙能呼风唤雨。所以在大旱之年，皇帝及民众就用玉珑作为礼器，来祭祀龙王，使天降大雨，保护人民免遭大旱之苦。

10. 玉磬

磬是上古时代宫廷举行大礼奏乐时的主要打击乐器。它的最初形状是模仿石犁，然后演变成"折矩形"，这是标准的形制（如图2-33）。除其几何形制外，也有做成如意蝙蝠形、双鱼之类的形状。无论哪种形制，其中央均有孔，供悬挂之用，并且多组出现，往往几件或十几件同时排列起来，组成不同的音阶，以便在奏乐时发出不同的音调。后演变为佩饰功能（如图2-34）。新石器时代就有发现，以后历代都有发现。湖北随县曾侯乙之墓就出土了一套编磬。

图2-33　清代碧玉磬

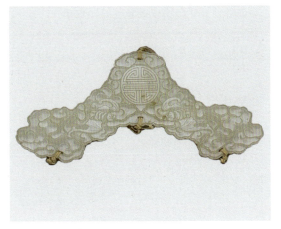

图2-34　清代白玉磬

二、仪仗器

仪仗器主要指各种玉制兵器，如戈、刀、戚、钺等。这些器形多仿青铜器造型，本源于实用器，但在原始社会末期和青铜器时代，其用玉制的戈、刀、戚等兵器多无使用痕迹，主要是作为仪仗用器，也有用作礼器的。

1. 玉戈

玉戈的基本造型为扁平体，由援和内两部分组成，前锋呈三角形，内做长方形并琢一圆孔。始见于新石器时代晚期，盛行于商代。

新石器时代晚期的玉戈器形比较简单，戈身宽短，多内援不分，少数内援俱全。近尾部有一穿孔，多光素无纹。

商代玉戈日益增多，器体仍为扁平状，援部平直或呈三角形，顶端尖锐，戈面出脊，有在内部琢一圆孔，有在戈内的底边和援的上部用双勾阴线琢饰兽面纹，有的在后端一面刻写铭文（如图2-35，图2-36）。商以后戈的制作逐渐衰落。

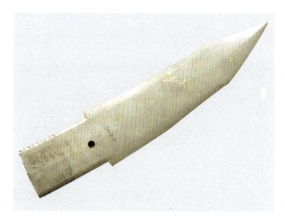

图2-35　商代兽面纹乍册吾玉戈

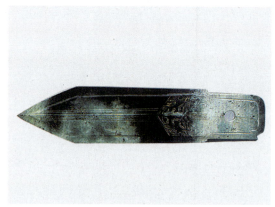

图2-36　商代玉兽面纹戈

2. 玉刀

玉刀可作礼器与兵器。流行于新石器时代晚期至商代。

龙山文化的玉刀为长方形，双面刃，通体磨制光滑。有的刀面有三孔或四孔，质地不纯。

商代有带孔玉刀，亦有形似砍刀的长条形、船形玉刀（如图2-37、图2-38）。商代以后玉刀少见。

图2-37　商代条形玉刀

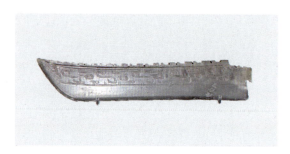

图2-38　商代船形玉刀

3. 玉戚

玉戚可作兵器和礼器。形似玉钺和玉斧,为方形或长方形薄片状。流行于新石器时代至夏商时期。

龙山文化的玉戚多呈长方形,平背弧刃,两侧各琢有凸出的齿状装饰,接近背端处有上下并列的两圆孔。

良渚文化中发现的玉戚数量较多,有的为扁平长方梯形,斜顶,侧边平直,刃微弧。有的为狭条形,上部竖列上小下大的二孔。有的是扁薄的长方梯形,平顶,弧刃。有的是扁平狭长梯形,弧顶。这些玉戚均无砍劈的痕迹,通体磨光,上部都有穿孔,便于捆扎放置(如图2-39)。

商代的玉戚,背部接近弧圆,弧刃,两侧琢有突齿,琢制细腻(如图2-40)。

图2-39 新石器时代神面纹玉戚

图2-40 商代玉戚

4. 玉钺

在礼仪中用做权杖。流行于新石器时代晚期至商代。

早期的玉钺石多玉少,器形较厚重,制作不精,刃部有明显的使用痕迹。新石器时代晚期的玉钺,有长有短,有宽有窄,器体扁平,顶窄刃宽,刃部较薄,呈弧状,两端有尖,整体呈长方形或凤字形,近背部有一个或两个圆孔,磨制精细,光洁闪亮,有刃角无锋口,刃角处无使用痕迹(如图2-41)。有的在两面刃部一角用浅浮雕装饰神人兽面复合纹。

到了商代,由于青铜技术的兴盛,青铜钺大量出现,玉钺逐渐减少。这时玉钺的基本造型为扁长方形,平肩弧刃,有的在器面中部有一个较大的穿孔(如图2-42)。此后玉钺逐渐消失。

图2-41 良渚文化玉钺

图2-42 二里头玉钺

三、丧葬玉

丧葬玉是专指为保存尸体而琢制的玉器。由于古代文化水平低下，人们受鬼神、宗教思想的影响，认为人死之后会升入另一个世界。为了使死者魂灵永存，就得设法保存尸体，使其不腐烂。在相当长一段时间里，人们都认为玉能保护死者尸体不腐。所以从战国开始，渐渐形成了丧葬用玉的制度。

1. 玉九窍塞

古代葬玉，流行于两汉时期。指堵塞或遮盖死者身体九窍的一套玉器，包括玉眼盖、玉耳瑱、玉鼻塞、玉口琀、玉肛门塞、玉生殖器罩。目的是"金玉在九窍，则死者为不朽"。一般制作简单，多用玉片或玉柱按九窍的形状雕琢，也有的用旧玉改制（如图2-43）。

（1）玉眼盖　指覆盖在死者眼部的玉饰片。始于东周，流行于汉代。多做或委角长方形，表面微鼓，缘周穿有小孔，一端近中部也有小孔，表面无纹饰，制作简单。

（2）玉耳瑱　指堵塞在死者耳朵的玉饰件。流行于西汉时期，呈八棱长条形，一端粗，一端细，通体磨光。

（3）玉鼻塞　是堵塞在死者鼻孔部位的玉饰，流行于汉代。造型略做圆锥体形，细端弧圆，粗端平齐，通体磨光，制作简单。

（4）玉肛门塞　是堵塞死者肛门的玉饰。流行于汉代，造型为锥台形，通体磨光。

（5）玉生殖器罩　指遮盖死者生殖器部位的饰件。男性所用为圆筒状，一端封闭，多用旧玉改制而成；女性所用为圭形玉片，但较圭更为短小。

（6）玉口琀　指含在死者口中的玉器。流行于新石器时代晚期至汉代。新石器时代的玉琀基本不作修饰，器形也不固定，有圆枘形、坏璧形、心形等（如图2-44），均用薄玉片或碎玉雕琢而成。商周时期，多用玉石磨成菱形作为口琀。也有用佩饰改为口琀的，间有蝉形玉琀。汉代蝉形玉琀日益增多。两汉之际形成定制，制作也愈加精致。

图2-43　西周玉面罩

图2-44　崧泽文化玉心形琀

　　玉琀蝉基本造型为用玉片雕琢成蝉的形象。始见于新石器时代晚期，盛行于两汉时期。新石器时代的玉琀蝉，造型比较简单，器体呈椭圆形，用凹凸的弧线刻画出眼、翼的轮廓，背面平整，有切割的痕迹，近首端有一对穿孔。商周时期，玉琀蝉呈扁平体，雕琢出头和双翼，头部有凸起的双眼，嘴部有一孔。战国和汉代开始用阴线刻画出头、腹、双翅等部位。汉代的玉琀蝉制作精致，呈扁平状，中心稍厚，头部双目外凸，器体用数道斜磨阴线分别刻画出头、腹、背及双翼，尾部翼端呈三角尖锋状，结构准确，形象逼真（如图2-45）。汉代以后，琀蝉少见（如图2-46）。

图2-45　汉代玉琀蝉

图2-46　魏晋南北朝玉琀蝉

2. 玉握

　　玉握指死者手中所握的玉器。春秋至汉代初期，玉握多是无孔的璜形玉器。东汉初年后，玉握定形为一对长柱形玉豕。魏晋南北朝时，往往在墓中发现有同样的玉握。以后逐渐消失。

玉豕流行于两汉时期，基本造型为长圆的玉石条状。呈伏卧的圆雕猪形，背部滚圆，身体肥胖，腹部平齐，器体用阴线分别刻画出各部位轮廓，头部与尾部各有一小圆孔。琢磨细腻，制作精致，抛光较好（如图2-47）。东汉以后，玉豕的形象逐渐向写实方面发展，各部位纹饰刻画都比较具体，但多数质地不好（如图2-48），其后逐渐消失。

图2-47　西汉玉豕握

图2-48　魏晋南北朝玉豕握

3. 玉衣

玉衣又称"玉柙"或"玉匣"，是两汉皇帝和贵族死后专用的殓服。两周时期，出现将玉片缝缀在织物上覆面用的玉面罩，其后又逐渐出现玉手套、脚套等，当为玉衣出现的先兆。西汉时始有完整的玉衣。玉衣由数千片小玉片穿结而成。分为头部、上身、裤筒、手套和鞋五个部分，各部分彼此分离。玉衣制作时，根据不同部位的需要，将玉片分别设计为长方形、方形、三角形、梯形、四边形、多边形等不同形状。玉片角上有穿孔，以便用金属丝缀连（如图2-49）。根据死者等级身份的不同，穿缀玉衣用的金属丝线分金、银、铜几种，分别称为"金缕玉衣""银缕玉衣""铜缕玉衣"。东汉时，玉衣的使用有明确的等级规定，皇帝用金缕玉衣，诸侯王、始封的列侯、皇帝的宠妾和公主使用银缕玉衣，大贵人、长公主使用铜缕玉衣。南越王墓出土殓服，玉片皆以丝带缀连，故称为"丝缕玉衣"。南越王赵眜的丝缕玉衣，长1.73m，肩宽44cm，广东省广州市象岗南越王墓出土。共用了2291片玉片，用丝线穿系和麻布粘贴编缀做成。玉片以长方形和方形为主，还有梯形、三角形、五边形等。头套、手套和鞋子是用红色丝线穿缀边角钻孔、打磨光滑的玉片做成，里面以丝绢衬贴加固。玉衣躯干部分大多利用废旧玉器或边角玉料切成小玉片，贴在麻布衬里上，再用红色丝带在表面对角粘贴，十分规整鲜艳（如图2-50）。这件丝缕玉衣是我国迄今所发现年代较早的一套完整玉衣，又是从未见于文献和考古发掘的新品种。其上衣采用对襟形式也是一大特色。

玉衣殓尸习俗，延续到东汉末年。魏文帝时禁止使用玉衣，玉衣的葬服制度从此消失。

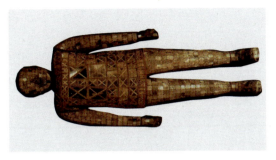
图2-49 汉代金缕玉衣

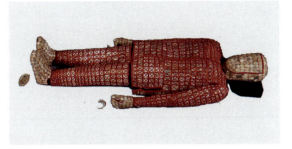
图2-50 西汉南越王丝缕玉衣

四、佩饰玉

佩饰用玉器种类很多,有头饰、耳饰、项饰、手饰、身饰等几大类。佩饰是玉器重要功能之一,是美化人身的重要器物。

1. 玉玦

《白虎通》称"玦,环之不周也。"说明玦是一种环形有缺口的玉器。玉玦的流行时间较长,晚至唐代。在新石器时代早期的遗址中就有玦形器出土。直到春秋以前,多作为耳饰使用,考古发现的墓葬中,玦常常出于墓主人肩上两侧耳下部位,可确证为耳饰。

早期玉玦的特征是形状不太规整,中孔略偏一侧,玦横断面呈圆形或椭圆形(如图2-51,图2-52)。商代玉玦,器形做扁平圆形,中间有小缺口,并且中孔位置多居中。有的整体雕成动物形,有的双面阴刻蟠龙纹,背脊起扉棱。动物形玦在玦口两侧巧妙利用动物的眼、嘴或尾做穿孔(图2-53)。春秋战国的玉玦,器身满饰云雷纹、卷云纹、动物纹等,孔位于玦的正中(如图2-54)。

玉玦除用做耳饰外,还有符节的作用。"逐臣待命于境,赐环则还,赐玦则绝"。《白虎通》称:"君子能决断则佩玦。"《史记·项羽本纪》中记载,鸿门宴中"范增数目项王,举所佩玉玦以示之再三,项王默然不应"都说明玦示意决断之意。

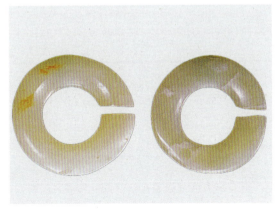
图2-51 兴隆洼遗址出土玉玦

图2-52 良渚文化玉玦

图2-53 商代妇好墓出土玉龙形玦

图2-54 春秋玉龙纹玦

2. 玉笄、玉簪

笄为古人用来束发及连冠于发的一种玉饰。基本造型为长条形，一端尖锐，用于插入发中，另一端较粗，露于发冠之外。粗端常雕成动物、花瓣等各种形状。始见于商，其后历代均有制作（如图2-55，图2-56）。

汉代玉笄大小长短不一，以白玉为多见。满城汉墓出土的玉笄，白玉光洁无瑕，首部透雕凤鸟纹和卷云纹，笄身用线雕卷云纹，尾部刻有鱼首并有一穿孔，质地细腻，制作精细。

明清时期，出土和传世的玉笄较多，以白玉发笄最常见，笄首的花纹雕刻精细，图案多样，有如意形、如意梅花形、如意鸟纹形、如意镂空花首形、云头形、透雕龙纹形、蝙蝠和鹿首形、透雕花果形、灵芝首形等。大小各异，形态不一。质地细腻，琢磨光滑。

玉簪由玉笄演变而来，不再像玉笄那样尖细，其功能除绾发外，更主要是妇女装饰之用。"玉搔头""玉步摇"都是指用玉做的簪子。在簪子的簪首配以不同形式的造型和修饰，以达到不同的装饰效果。

图2-55 商代玉笄

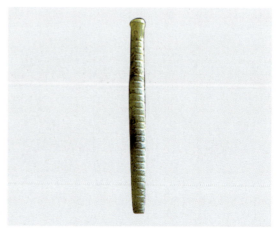

图2-56 春秋玉笄

3. 扳指

佩戴于拇指上的圆筒状玉饰称为扳指。

扳指原为古人拉弓扣弦时戴在手指上用以扣弦之"韘"。韘最早出现在商代,作圆筒形,下端前高后低,中间有孔,可套入成人的手指。一面的下端有凹形浅槽弯钩,弯钩做钩弦之用。上面有洞眼,洞眼便于穿绳系在腕上(如图2-57)。后逐渐失去实用价值,成为装饰品,筒状变成上下一般粗,也没有了钩和眼,便成为了"扳指"。

商代以后玉扳指很少见。清代时扳指又开始大量制作,清代扳指仍呈圆筒形,有的光素无纹,有的饰以各种浮雕或阴刻图案,图案题材有花草、龙、蟠螭、人物及吉祥图案等(如图2-58)。除单层纹饰外,还有"撞地开花"的图案纹饰,琢制精细,抛光好。

图2-57　商代玉韘

图2-58　清代白玉扳指

4. 玉镯

佩戴于手腕的玉饰。最早见于新石器时代大汶口文化遗址中,流行于其后历代。

大汶口文化时期的玉镯多为青玉制成。器体内圈略呈椭圆形,外圈呈圆角方形,四边微外弧,面光滑,有一周浅凹槽,周边中部各钻一圆孔。石器时代晚期的玉镯,镯体略作鼓形,镯身宽扁,内壁较平直光滑,外壁为弧面。通体磨光精细,光洁晶莹。商周时期,玉镯外壁微凹呈束腰状。器体轻薄,制作精细(如图2-59)。春秋时期,玉镯断面为椭圆形,通体呈绦索状,抛光好。战国以后出土的玉镯较少见。明清传世和出土的玉镯都很多。样式繁多,有二龙戏珠形、麻花形、双龙首形、白玉素面、青玉素面等,制作细腻,光泽柔和(如图2-60)。

图2-59　商代妇好白玉手镯

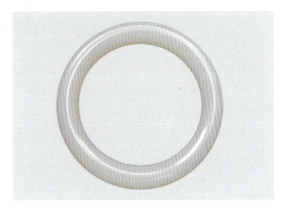

图2-60　清代白玉素纹手镯

5. 玉珮（饰）

古人系在衣带腰间或佩戴在胸前用作装饰的小件器物称作玉珮（饰）。流行于新石器时代至明清。一般把圆雕或双面雕的，在佩戴时不固定在身体某个部位且可以翻转的玉器称为珮，而单面雕固定在身体某个部位做装饰之用的玉器称为饰。随着时代的发展，珮和饰没有严格界限。

新石器时代晚期常见的玉珮（饰）造型有鱼、鸟、蝉、龟等。造型简单，多把玉片雕成近似某种动物的形状，再用阴线刻画出轮廓。

商周时期，珮玉日渐兴盛，开始在珮（饰）上雕琢简单的几何形图纹。除新石器时代造型外，新出现了龙形珮。

战国至汉代各种珮（饰）数量大增。除动物形珮（饰）外（如图2-61~图2-63），人物珮（饰）也占有一定地位。

宋代以后，玉珮（饰）极为盛行，题材有人物、动物、植物等（如图2-64）。尤其是明清时期，玉珮（饰）不仅数量众多，而且许多珮（饰）还富有吉祥寓意。工艺手法上大量运用透雕，使玉珮（饰）更加玲珑剔透。

图2-61 战国中期玉鹦鹉珮

图2-62 战国玉双龙珮

图2-63 西汉前期玉犀形璜珮

图2-64 金代玉绶带衔花珮

（1）龙形珮　龙形珮流行于商至汉代及明清时期。

商周时期的龙形珮，龙体较短，龙首较大，顶部有两个短粗的角，张口露齿，二目圆睁。眼睛形状如同向下倾斜的臣字，称"臣字眼"。龙身有的侧卧，有的卷曲，有的尾部稍卷，龙身上多饰有双钩阴线雕琢的云雷纹、重环纹等图案，也有的光素无纹，制作简单。

春秋战国时期龙形珮数量大增，制作精美，龙身较商周时细长，蜿蜒曲折近S状。龙的造型有的作平卧颔首形，有的作回首躬身状，也有龙身卷曲，竖颈昂头，龙爪舒伸，尾部翘起的做腾飞状，还有的仅雕出龙体前部。眼睛琢成圆圈或椭圆形而不再用臣字眼。龙角变成近似耳朵的形状，龙身满布谷纹、乳钉勾连云纹及各种变形花纹。制作极为精细（如图2-65）。

汉代龙形珮，龙首逐渐变长，龙嘴亦较长，龙身卷曲，动势极强（如图2-66）。

明清时代龙形珮多是透雕作品，雕刻细腻，龙身呈条状，龙首上眼、鼻、口、须，龙身的四肢、四爪或五爪等部位细致入微，龙体上多雕有菱纹、斜方格纹等。但龙的形象、气势均不及汉代生动。

图2-65　战国早期玉透雕双龙珮

图2-66　西汉玉龙形珮

（2）鸡心珮　汉代流行的一种玉珮，由商周及战国时的玉韘演变而成。器形为扁平椭圆的片状，中间有一穿孔，孔上部凸起一尖，似心形，因之得名。造型精巧别致。有的在珮面上饰以对称的龙凤纹、鸟兽纹、卷云纹等（如图2-67）。明清有仿汉鸡心珮，多雕琢较复杂纹饰，装饰效果极佳（图2-68）。

图2-67　汉代玉鸡心珮

图2-68　清代玉鸡心珮

（3）玉舞人珮　流行于战国和汉代的一种珮饰。战国时期的舞人珮，头梳半月形发髻，表情端庄，身着袖舞衣，一袖甩过头顶，一袖垂于腰际，端庄秀丽（如图2-69）。汉代舞人珮发现很多，舞蹈者舞姿优美，线条明快。五官用几条短阴线勾画。裙袖加长，裙长拖地。长袖翻飞飘舞，上身略向后仰，舞步轻盈，刻画得栩栩如生，饰物上下各有一圆孔，用以系挂在胸前（如图2-70）。

图2-69　战国玉舞人珮

图2-70　汉代玉舞人珮

（4）花鸟形珮　流行于南北朝至明清时期。南北朝时的花鸟形珮多为半月形，上部做成云朵状（如图2-71）。隋唐时，花鸟形珮仍沿用原有形状，同时出现了做成小花瓣形的珮饰。宋元至明清时期的花鸟形珮数量较多，形状有方有圆，题材有梅、桃、松鹤、喜鹊等，多富于吉祥寓意。有的采用透雕镂空制法，制作精巧（如图2-72）。

图2-71　南北朝玉朱雀纹珮

图2-72　金代玉花鸟形珮

（5）牌形佩　明清时期较流行的一种玉佩饰。形状多为长方形。明代的牌形佩器体较小，多用浅浮雕法制作，也有镂雕的牌形佩，四周边框较窄。纹饰题材有动物、人物、山水及诗文词句等。明代有一位琢玉高手陆子冈，擅长在长方形牌子上雕琢浅浮雕纹饰，为世人敬重，称为"子冈牌或子冈佩"。清代牌形佩一般呈椭圆形或方形，四周边框较宽（如图2-73）。器物表面光滑，琢磨精细，纹饰题材除继承明代传统外，新出现了戏剧小说故事画面。清代及后来仿子冈牌很多，有的仿其"子冈"款，有的仿其风格（如图2-74）。

图2-73　清代白玉"子冈"牌　　　　　　　　图2-74　现代翡翠龙牌

（6）玉组佩　又称全佩，是指成组成套的玉佩饰，由珩、冲、牙等部分组成（如图2-75、图2-76）。珩，全佩的主干部分。《说文解字》中"珩，佩玉也。"所有全佩上各种杂佩，都垂在珩下。珩可以是一块玉组成，也可以是两块，它的形制不定，有璜、环、片等形制，只要在全佩中起主干作用的都称为珩（如图2-77）；冲，全佩下垂的器物，当中的一个叫冲；牙，全佩下垂器物中，两旁两个叫牙，与当中的冲相撞而发出声音。冲的形制多做方形或璜形，牙多做片状，镂空，成双使用（如图2-78）。

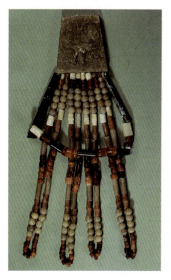 

图2-75　西周组佩　　　　　　　　图2-76　明代组佩饰

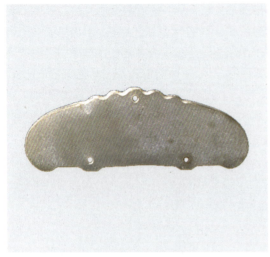

图2-77　魏晋南北朝玉云形珩

图2-78　春秋玉冲牙

6. 玉觽

一种形状近似冲、牙的角形器，但觽多为圆柱形，一般不成对。《礼记·内则》称"左佩小觽，右佩大觽。"觽有解结带的作用，类似于现代使用的锥子。后演化为珮饰玉器（如图2-79，图2-80）。

图2-79　良渚文化玉觽

图2-80　战国玉觽

7. 玉瑂

玉瑂俗称瑂子。用绳系挂于腰间做珮饰。有圆瑂和扁瑂两种。圆瑂有圆柱形、细腰形或橄榄形、秤砣形、喇叭形等。扁瑂有扁圆形和扁方形。有素面的，也有具纹饰的。纹饰有弦纹、谷纹、乳钉纹、云纹、兽面纹等。玉瑂常见于西周、春秋战国和汉代（如图2-81~图2-83），汉代以后便逐渐消失。清代又有制作（如图2-84）。

图2-81　西周玉瑁

图2-82　战国谷纹玉瑁

图2-83　汉代玉瑁

图2-84　清代白玉云纹扁圆瑁

8. 朝珠

朝珠是清朝礼服的一种佩挂物，挂在颈项垂于胸前。朝珠共108颗，每27颗间穿入一粒大珠，大珠共四颗，称分珠，据说象征着四季。垂在胸前的叫"佛头"；在背后还有一个下垂的"背云"。在朝珠两侧，有三串小珠，各10粒，名为"记捻"。戴法男女有别，两串在左一串在右为男，两串在右一串在左为女。按清《会典》规定，自皇帝、后妃到文官五品、武官四品以上，皆可佩挂朝珠。朝珠虽然是装饰品，但一般官员和百姓不能随意佩戴。对于佩戴何种质地的朝珠，也有严格的区分和等级规定。朝珠的质料有东珠、翡翠、玛瑙、青金石、珊瑚等（如图2-85、图2-86）。

图 2-85　清代东珠朝珠

图 2-86　清代青金石朝珠

9. 佛珠

佛珠是佛教徒用以念诵记数的随身法具。本称念珠，是指以线来贯穿一定数目的珠粒，于念佛或持咒时，用以记数的随身法具。佛珠始于唐代，明清时则较多见。

佛珠一般是圆球形的，表示圆满。每串佛珠由一个主珠、若干其他的珠子和穿绳三部分组成。主珠代表着佛，穿绳代表着法，若干其他的珠子代表着僧。佛、法、僧三宝都可以包含在一串佛珠之中。

现在佛珠日益扩大为一种佩饰的作用，材质多采用水晶、玛瑙、翡翠、珊瑚、蜜蜡、绿松石等珍贵材料制成，珠子的色泽必须匀净，要求选用彼此间色彩变化不大、温润细腻、光洁晶莹的好材料制作（如图 2-87、图 2-88）。在连缀时，每 27 颗子珠间嵌入一颗隔珠，有的在主珠的下方还会配有编织精美的"中国结"与美玉、翡翠等挂件组合而成的"佛头穗"。

图 2-87　现代南红玛瑙佛珠

图 2-88　现代青金石佛珠

10. 玉串饰

玉串饰是古人系在胸前或戴在手腕上用作装饰的玉器。始于新石器时代大汶口文化，以后历代均有发现。以线贯穿各种形状的玉饰制成。

在良渚文化早期上海市青浦县福泉山墓葬出土的玉项饰，玉料有的呈湖绿色，有的经浸蚀后呈鸡骨白。项饰由大小和形状不同的穿孔管、珠、坠共71粒串连成环形。其中最下一粒坠呈钟状，其侧的两粒珠上分别饰有双目和口简化的变形兽面纹（如图2-89）。在新石器时代遗存中常发现玉项饰，但在珠粒上饰兽面者为首次出土。

商代串饰多由玉、石、玛瑙、水晶、蚌等质料的管、珠、环、玦、璜、鱼、鸟片等组合而成，制作技术精湛，造型优美（如图2-90）。

西周时串饰多以大小不同的红玛瑙、白色料珠、绿松石等组成，形状多为圆形、小管形等。琢磨光滑、晶莹可爱，极为别致。

春秋战国至两汉，常见以玛瑙、水晶珠贯穿的串饰。造型有扁圆形、鼓形，制作精细，琢磨光滑。

明清时期，手串相当流行。以青金石、蜜蜡、白玉、沉香、珊瑚、水晶等质料居多，均用18颗珠贯穿。穿缀用线有天蓝色、黄色、深红色等。首端佛头和佛头塔用料不同，有珊瑚、翡翠、青金石、碧玺等，多以九珠间隔。制作精美、磨制光滑、抛光精良。

图2-89　良渚文化玉串饰

图2-90　商代三星堆玉串饰

五、生产工具

玉制生产工具，主要见于新石器时代和青铜器时代。随着铜制工具和铁制工具的出现，玉制生产工具渐渐退出历史舞台。它们都并非真正的实用工具，而是表示权力和地位的仪仗器。

1. 玉斧

玉斧可作生产工具和礼器。由石斧演变而来。多见于新石器时代晚期至商代。

斧本为砍伐工具。斧身为长方形，上部有圆銎或长方形銎用以安装木把，双面直刃或弧形刃。商代有在銎的一侧做环状耳的斧，也有的在斧身上雕有精致的花纹。用玉制作的斧，形制简化，或只做斧头，或斧头斧把一体雕琢，选料上乘，制作精细，抛光精美。没有实用功能。

早期玉斧器体厚重，略呈长方形，一端有刃（如图2-91）。龙山文化和良渚文化的玉斧则制作精致，有的在上部对钻小圆孔，有的琢有上下并列的两个圆孔，并在孔下方两面中间饰有简单的几何纹饰。

商代玉斧呈平面长方形，弧刃，中间有单孔，通体打磨光亮，无纹，也有在斧面以单阴线和双勾线相互配合，雕琢出兽面纹、变形云纹等纹饰（如图2-92），商以后玉斧逐渐衰落。

图2-91　新石器卡诺文化玉斧

图2-92　商代玉斧

2. 玉锛

锛又称斤，本为木工工具，流行于商代至战国。主要用于砍伐或削制木料。用途、用法与斧相同。形状类似斧，但较斧宽、短。商周时锛为长方形，上部略宽，有长方形銎用以插木把，下部略窄，单面平刃。有的在銎的一侧制有单耳。春秋时有扁方体锛，銎体高出器身，銎下有两肩，刃部较肩部宽大，刃呈弧形。玉锛同样制作简单，只有锛形，没有銎孔及锛把（如图2-93，图2-94）。

图2-93　商代妇好墓玉锛

图2-94　商代三星堆玉锛

3. 玉凿

凿本为木工工具。流行于商至战国时期。主要用于凿孔和挖槽。使用时将凿置于加工部位，而后用锤敲击。凿身细长，上部稍宽，有长方形或方形直銎；下部略窄，有单面平刃、弧式刃和尖刃等不同式样。玉凿制作简单，只有长条形，一段略粗，一段略细稍扁似刃（如图2-95）。

4. 玉铲

玉铲形似玉斧，为方形或长方形的薄片状。流行于新石器时代至夏商时期。良渚文化、崧泽文化和龙山文化发现颇多。在龙山文化遗址中发掘出土一件玉铲，玉铲长26.7cm，宽16.1cm，厚0.9cm，用青色玉石磨制而成，上窄下宽，上部有圆孔，用以缚柄，下有双面弧形刃，精巧美观（图2-96）。

图2-95　商代妇好玉凿　　　　　　　　　图2-96　龙山文化玉铲

六、生活用器

玉制生活用器主要指一些玉制器皿。最早的玉制器皿出现在商代，如玉簋。到了封建社会，玉制器皿渐渐增多，主要是一些酒器和水器。如簋、爵、觚、杯、耳杯（羽觞）、尊、卣、彝、觥、盘、洗、鉴等。

1. 玉簋

仿青铜簋制造的一种容器和工艺品。出现于商代。1976年河南安阳殷墟妇好墓出土两件玉簋。一件为碧玉簋，直口平唇，腹微鼓，矮圈足，饰波形雷纹、云纹及目纹。另一件是青白玉兽面纹簋。圆形，撇口，下腹部渐鼓，圈足。簋体外侧的口沿下饰有三角几何纹，腹上部饰有三组兽面纹，兽眼为臣字眼，大鼻，巨眉。腹下部饰菱形和三角形组合的几何图案。圈足饰云纹和目纹，均以阴线雕琢。线条流畅，具有较高的艺术水平（如图2-97）。商代以后少见（如图2-98）。

图2-97　商代青白玉簋

图2-98　明代玉龙纹兽耳簋

2. 玉水丞、玉笔洗

玉水丞、玉笔洗均为文房用具。玉水丞也称玉水盛、水注、砚滴、水盂，书写绘画时用以贮水或盛放研墨用水的器皿。玉笔洗是洗笔用的器皿。流行于宋代至明清。明代的玉笔洗，除花、叶、瓜果为常见的题材外，搭配有鸟、兽和昆虫。常见有荷叶形、花形、葵花形、桃形、海棠花叶形、葫芦形等各种造型（如图2-99）。清代水丞造型很丰富，动物造型最常见，如鸭形、羊池形、龙凤形、蟹篓形等。笔洗多取花、叶、果实的形状加以变化，创造出造型独特而优美的艺术品（如图2-100）。清代，除自然题材外，往往添加许多人文喻意，如花、鸟搭配有富贵、吉祥之意。蟠桃、蝙蝠则象征福寿双全等。

图2-99　明代玉桃形笔洗

图2-100　清代荷叶笔洗

3. 玉杯

玉杯为饮酒器。玉杯约始于西汉时期。

1983年广东省广州市西汉南越王赵眜墓出土有青玉角形杯。器口呈椭圆形，器壁较薄，器身腹部琢刻浮起的勾连云纹，器底是纤细婉转又巧妙自然的绳索式浮雕纹饰，缠绕于杯身下部。纹饰的制作采用浮雕、线刻相结合的琢制手法。制作较精，抛光好（如图2-101）。

隋代的金口玉杯光素无纹，质地温润，色泽晶莹，制作精细。

陕西西安何家村唐墓窖藏出土白玉八瓣花形杯，用整块白玉制成，杯身面满饰花草纹，壁有凹下的八曲，使杯口呈荷花形状。选料较好，琢磨精致，是唐代玉立雕器皿中极珍贵的标准器（如图2-102）。

明清时期，玉杯式样繁多，形态各异，如白玉松树人物杯、五花形杯、爵杯、双童耳杯、环把杯、青玉花鸟纹海棠式高足杯等。胎质较厚，制作有精有劣（如图2-103，图2-104）。

图2-101　西汉玉角形杯

图2-102　唐代玉八瓣花形杯

图2-103　明代双螭耳杯

图2-104　清代玉双童耳杯

4. 玉爵

爵为酒器与礼器，流行于夏商周时期，作用相当于酒杯，主要为青铜器。圆腹，也有个别方腹，一侧的口部前端有流（即倒酒的流槽）。后部有尖状尾，流与口之间有立柱，腹部一旁有鋬（即把手），下有三个锥状长足（如图2-105）。

夏代爵胎体轻薄，制作粗糙。椭圆形器身，流长而狭，短尾，流口间多不设柱，平底。一般没有铭文和花纹，偶见有连珠纹者。

商早期流口之间开始出现短柱，下腹部中空。有的透镂有圆孔，以便温酒加火时透风。商中期后，爵演变为圆身、圆底，流口增高，多设二柱或一柱，柱身加长并向后移，三足粗实且棱角分明。器身加厚。商晚期至西周早期爵体厚重，制作精美，爵身饰有饕餮、云雷、蕉叶等精美的纹饰，鋬上端和柱上也饰有动物形象。有少数无柱而带盖的爵，盖铸成兽首形。

西周前期还有一种器表铸有扉棱的爵，往往以云雷纹做地，饰有两层或三层花纹，纹饰繁缛而精美。西周后期，爵逐渐消失。爵作为礼器，出土时多与觚、觯、角、斝等酒器组合。

玉制的爵，主要流行于明清时期，属仿古玉彝器。形制与青铜爵类似，但形制简化，主要作为礼器、装饰、财富和地位的象征，也做实用酒器（如图2-106）。

图2-105　商代青铜爵

图2-106　清代玉爵

5. 玉觚

觚为酒器和礼器。青铜器为主，盛行于商周时期。作用相当于酒杯。造型为圆形细长身，喇叭形大侈口，细腰，圈足外撇。觚身下腹部常有一段凸起，与近圈足处用两段扉棱作为装饰（如图2-107）。

商早期和中期，觚的器身较为粗矮，圈足上部有一十字孔。商晚期至西周早期，觚身细长，中腰更细，口沿和圈足外撇更甚，圈足上无十字孔。这一时期的觚胎体厚重，器身常饰有蚕纹、饕餮、蕉叶等纹饰。西周后期，觚逐渐消失。

玉制的觚，主要流行于明清时期，属仿古玉彝器。形制与青铜觚类似，但形制简化，主要作为礼器、装饰、财富和地位的象征，也有做实用酒器之用（如图2-108）。

6. 玉尊

尊为大中型酒器和礼器。青铜器为主，流行于商周时期，春秋后偶有所见。尊与彝本是成组礼器的共称，宋朝后开始专指这一类器物。尊的基本造型是侈口，长颈，圆腹或方腹，高圈足（如图2-109）。

商代早、中期，尊均有肩，圈足上多带十字孔，主要是圆体尊。商晚期至西周早期有方形尊和觚式尊。方形尊仍带肩，肩上多饰有数个圆雕兽头。觚形尊又称大口筒形尊，形似觚而体较

图2-107　商代青铜觚

图2-108　明代玉出戟方觚

粗。商晚期圈足上有十字孔或象征性的十字，西周早期十字消失。这两种尊器表多饰有凸起的扉棱，雕铸着繁缛厚重的蕉叶、云雷和兽面纹，显得雄浑而神秘。

西周时，又出现了垂腹的圆尊，形状为大口，长颈，鼓腹下垂，圈足低矮，整件器物线条柔和，花纹也比较简单，已失去了有肩的圆形尊、方形尊和觚式尊的气势。

除上述各式尊外，商周至战国间还有牺尊。将尊铸成牛、羊、虎、象、豕、马、鸟、雁、凤等动物形象，统称牺尊。牺尊上装饰有各种华丽的纹饰，兽背或头做成尊盖，既是实用器皿，又是艺术价值极高的工艺品，有极大的收藏价值。

玉制的尊主要流行于明清时期，属仿古玉彝器。形制与青铜尊类似，但形制简化，主要作为礼器、装饰、财富和地位的象征，也有做实用酒器之用（如图2-110）。

图2-109　商代青铜尊

图2-110　清代玉三羊尊

7. 玉卣

卣为酒器和礼器。青铜器为主,盛行于商和西周时期,作用是祭祀时盛放秬鬯(一种香草泡过的酒)。造型多为椭圆体,颈微束,垂腹,圈足,带提梁,俗称提梁卣(如图2-111)。也有部分方形和直筒形卣。此外,鸟兽形有提梁的盛酒器,习惯上称为鸟兽形卣。已发现的鸟兽形卣有双鸟、单鸟、猫头鹰、豚、虎等造型。提梁卣的器身与尊一样,往往饰有繁缛的云雷纹和各种兽面纹、动物纹,并将装提梁的穿系做成各种动物头像,与厚重的器物造型相呼应,显得雄浑而庄重。

玉制的卣主要流行于明清时期,属仿古玉彝器。形制与青铜卣类似,但形制简化,主要作为礼器、装饰、财富和地位的象征,也有做实用酒器之用(如图2-112)。

图2-111　周代青铜伯各卣　　　　图2-112　清代白玉宝相花蕉叶纹提梁卣

8. 玉觥

觥为酒器,流行于商晚期至西周早期。椭圆形或方形器身,有流和鋬,圈足或四足。带盖,盖做成有角的兽头或长鼻上卷的象头状(如图2-113)。也有的觥全器做成动物状,头、背为盖,身为腹,尾为鋬,四腿做足。觥的装饰纹样同牺尊、鸟兽形卣。

玉制的觥主要流行于明清时期,属仿古玉彝器。形制与青铜觥类似,但形制较简化,主要作为礼器、装饰、财富和地位的象征,也有做实用酒器之用(如图2-114)。

9. 玉匜

匜为水器,流行于西周至汉代。用于盥洗时往手上倒水。匜身为椭圆形,前有注水的流,后有端持的鋬,下有足。西周和春秋早、中期多为四足,兽首形鋬(如图2-115)。春秋中期后出现圈足,并有一些将流做成兽头形。春秋晚期以后,足逐渐消失,变为平底。

玉制的匜主要流行于明清时期,属仿古玉彝器。形制与青铜匜类似,主要作为礼器、装饰、财富和地位的象征,也有做实用水器之用(如图2-116)。

图2-113 商代青铜觥

图2-114 清代碧玉觥

图2-115 周代青铜叔五父匜

图2-116 明代玉荔枝纹匜

10. 玉盘

青铜器盘流行于商代至战国。作用是承接盥洗时用匜或盂浇下的洗手后的污水。商代的盘为敞口，平缘，腹较深，圈足上有十字孔或方孔。西周盘多为圈足，附耳（如图2-117）。有的盘前有宽流，后有兽首形鋬，也有的作环耳，出现了兽蹄形三足盘。战国的盘式样多接近于汉代的洗。

玉制的盘主要流行于明清时期，属仿古玉彝器。形制与青铜盘类似，主要作为礼器、装饰、财富和地位的象征，也有做实用水器之用（如图2-118）。

图2-117 周代散氏盘

图2-118 清代碧玉菊瓣花耳盘

七、陈设品

（玉器）陈设品是作为摆设、观赏的玉制品，多以清代突出，但商周时期的一些无穿孔的小件圆雕玉器也可作陈设品。

1. 玉人

玉人指以人物为造型的玉器。始见于新石器时代晚期，以后历代均有发现。

石器时代玉人的基本造型为小型片状，多为人面造型。这时玉人的特点为头大身小，方脸，长眼细眉，蒜头鼻，大嘴巴，两耳较大，耳垂各有一穿孔。制作简单、粗糙。多采用平面雕刻手法制作。

商代玉人常见的有圆雕跪坐，或蹲踞双手扶膝等造型。脸型较长，眉毛细长呈弯月形，眼睛形状似汉字中的臣字，俗称臣字眼，小口大鼻，有的不雕两耳。衣冠和发式均精雕细刻。人身及人面上所雕线条多采用双勾阴线手法（如图2-119）。

西周时玉人多为立形，长脸或方圆脸，眼睛仍为臣字眼，小嘴凸鼻，眉毛略粗，耳有穿孔，有的通身有数道阴刻纹，用以表示衣、领、腰带及裙等部位的轮廓。琢刻技术逐渐改变了简单古拙的遗风。

春秋时玉人造型为椭圆形，圆雕或偏体正面像，头戴冠帽，五官仍保留商周时特点，双耳佩环。均以阴线刻画，所刻线条流畅（如图2-120）。

图2-119　商代晚期跪式玉人

图2-120　春秋玉人头

战国开始有玉舞人，形象造型为扁平状玉片，上下有穿孔、舞女甩袖作舞蹈状，身材比例匀称。脸为长方形，眉毛细长，小口小鼻，臣字眼消失。玉人制作细腻，形态优美，衣纹繁简有序，线条流畅。雕制手法多用单阴线、短阴线或云纹来表现。

汉代玉人仍保留了战国时期特点，除舞女外（如图2-121），也有男性形象出现。

唐代开始出现胡人形象，多被雕琢在玉带板上。玉人形象有坐有跪，发型卷曲，深目高鼻，神态自然，线条清晰，制作精巧。多采用浅浮雕加饰阴线手法制成，刀法熟练（如图2-122）。

图2-121　西汉玉舞人　　　　　　　　图2-122　唐代玉献宝人带板

宋元以后，玉人造型逐渐增多，常以顽皮、可爱的儿童为主要形象做成立体圆雕。宋代儿童五官紧凑，小鼻小眼。明代儿童形象前额宽阔，后脑勺明显突出。儿童多肌体丰满，圆头圆脑，天真可爱（如图2-123）。明清除流行儿童造型外，一些玉佛像、玉观音、玉罗汉也常出现（如图2-124）。清代的许多玉山子上都有人物形象，人物虽小但雕琢精细，形象逼真。

图2-123　明代玉童子卧马　　　　　　图2-124　明代玉菩萨

2. 玉屏风

玉屏风始见于东汉，盛行于清代，是一种雕琢有多种精美图案的长方形、圆形或不规则的圆形玉制薄片。插放于按器型制作好的木座或玉石座上。

东汉中山穆王刘畅墓中出土的玉屏，由上下两层四块玉片组成，有镂空的支架。上层玉屏板雕琢盘膝高坐的东王公形象，周围雕琢人物及凤、鸟、鸭、兽等图案。下层玉屏板比上层略小，正中雕琢西王母形象。在她的头部两侧，雕有日月、妇人、龟蛇熊等纹饰。两侧支架呈连璧形，璧内各镂雕一龙，龙曲身缠绕于璧中央长方形卯孔的周围，显得玲珑剔透（如图2-125）。

清代玉屏风数量极多，有白玉、碧玉等不同质地和颜色。装饰手法有透雕、浮雕、镶嵌等，纹饰图案多种多样，多为包括人物、动物、山水、花草等题材的整体画面，犹如一幅幅山水画。

3. 玉山子

清代流行的一种圆雕陈设山形玉器俗称玉山子。盛行乾隆时期，多是以山水人物及历史故事为题材的大型场景。如"大禹治水""秋山行旅""南山积翠""会昌九老"等（如图2-126）。小型的玉山子也较常见，亦是以山水人物、亭台楼阁为题材，雕刻出一幅幅淡雅宁静的山水风景。有的运用巧作手法，利用玉石本身的颜色差别，分别雕出白云、流水、苍松翠竹、古道夕阳等景物，形成高低错落、深浅对比的特殊效果，韵味极强。

图2-125 东汉玉座屏

图2-126 清代"会昌九老图"玉山子

4. 玉瑞兽

（1）玉鹿 始见于商，流行于唐宋，盛行于明清。早期玉鹿为片状佩饰，制作简单。唐代出现圆雕玉鹿，鹿的体态丰满，头顶琢有蘑菇状或灵芝状角，鹿身光素无纹。宋代玉鹿多作跪卧姿态，鹿抬头前视，双耳贴于角下，通体光素无纹，器表温润柔和，发出油脂光泽（如图2-127）。明清时期，盛行吉祥图案纹饰，鹿谐音"禄"，因之玉鹿大量出现，常见卧鹿身上附饰蝙蝠的造型，寓意"福禄双全""福禄常在"。

（2）玉羊 古人以羊喻吉祥，因之多种艺术品常以羊为题材。圆雕玉羊始见于汉代，以后历代均有制作。汉代玉羊丰满圆润，神态安详，多作静卧平视状，眼睛微凸，头顶双角卷曲，用阴刻线雕出轮廓，同时琢有细密短小的细阴线象征皮毛。卧羊底部四肢间隔线用棱形框琢出，刀锋利落。唐代以后，玉羊琢制更加写实，制作更加细腻。明清时期，常见有"三羊开泰"玉佩饰和圆雕玉羊等，制作较细腻，磨制光滑（如图2-128）。

图 2-127　宋代玉鹿

图 2-128　清代玉羊

（3）玉马　玉器常见装饰题材，始见于商。商代玉马多用小型玉片雕琢，造型古拙而呆滞。汉代始有高头大马，有卧，有跃，有狂奔。马身劲健，马口微张，似在嘶鸣。两耳竖立，两眼前视，鼻部隆起，四肢粗壮有力。有的马身微向后倾，似随时准备奔驰而去，奔马的身侧用阴线刻出双翼，在底座上雕出朵朵云纹支撑奔马的足和尾，如马生双翼踏于云间，即"天马行空"的造型，琢制精细（如图2-129）。唐代的马，头部造型具有汉代遗风，但身躯丰满，腿细臀圆，从整体上看不如汉马雄健，一般作曲颈低首状，双耳前倾，加三角形眼眶，鬃毛纤细。

（4）玉象　圆雕工艺品。最早见于河南安阳殷墟妇好墓中，形神具备，极有生气。头部有上翘又向下内卷或向下垂直内卷的长鼻，大耳，巨口，身躯肥大，身上和足上饰有双钩阴线纹（如图2-130）。唐代玉象丰满圆润，刀法娴熟，一丝不苟。明清时有"太平有象"之说，玉象大量出现，有白玉、青玉、碧玉各种品种，多为大耳、小眼、卷鼻、长牙、四肢粗壮，雕刻细腻。象的形象有抬头向前、回首后视等姿态，神气活现，惟妙惟肖。

图 2-129　汉代玉仙人奔马

图 2-130　商代玉象

（5）玉兔　始见于商周时期，器形呈扁平片状，两面雕刻。兔作抿耳大目，圆眼或近似长方形眼，似受惊欲跃姿势，四肢较粗，有的胸前有一孔，也有头尾三孔的，制作简单，仅勾勒琢磨出动物体态及轮廓。隋代李静训墓出土的玉兔为圆雕，挺胸昂首，双目前视，四肢弯曲作伏卧状，腹部有一穿孔。制作精细，磨制较光滑（如图2-131）。隋以后少见。

（6）玉熊　1972年陕西省咸阳市周陵乡西汉墓出土。长8cm，高4.8cm，用圆雕技法琢制而成，把熊的肥胖笨拙、四足交错漫步的神态表现得淋漓尽致。眼睛虽小但很有神，双唇紧闭，腮边腿侧雕刻出鬃毛。写实性较强（如图2-132）。

图2-131　隋代玉兔

图2-132　西汉玉熊

（7）玉辟邪　玉辟邪是陈设用玉，是古人幻想出来的一种可以攘辟灾难的神兽，又称天鹿、麒麟等。始见于西汉，流行于整个封建社会。西汉辟邪为圆雕，头生一角，身有双翅。有的匍匐趴卧，有的蹲踞于地，也有的足短身矮，兽头高昂，双目直视，张口露齿，面目凶恶，前肢刻画有丰满的双翅，极有气势（如图2-133、图2-134）。东汉至魏晋时期，辟邪身体的动势更大，头部高昂，腹部下垂，臀部丰满上翘，身上多饰以阴线刻的圆圈纹、鱼鳞纹等（如图2-135）。唐宋以后，辟邪的线条较圆润光滑，身体各个细部均雕琢得精致细腻，失去了汉代雄浑博大的气势（如图2-136）。

图2-133　西汉玉辟邪

图2-134　汉代玉辟邪

图2-135 魏晋南北朝玉辟邪

图2-136 明代玉麒麟

5. 玉薰、玉炉

玉薰、玉炉是清代王公贵族使用的薰香和取暖用具,亦是艺术价值较高的工艺品。多用整块白玉、青玉或碧玉雕成,后期套料制作。炉身为圆形,形状似碗或仿青铜簋样式。上有炉盖,两侧附耳,有的底部有底托。炉身和炉盖有细碎的镂孔及各种镂雕花纹。花纹题材有莲花、牡丹、如意云头、八宝等各种吉祥纹饰。制作精细,琢磨细腻,是清代玉器中品位较高的一类艺术品(如图2-137、图2-138)。

图2-137 清代玉兽面纹双耳炉

图2-138 清代玉镂空花薰

6. 玉花插

玉花插是清代插花用器,用途相当于花瓶。多做成生活中常见的动物、植物形状。常见的造型有双鱼、白菜、梅花、玉兰、灵芝、兰花等。质地有玉石、玛瑙、水晶等,色调清新高雅,具有较好的装饰效果(如图2-139、图2-140)。

图2-139 清代碧玉花插

图2-140 清代玛瑙花插

八、杂器

不能归入以上几类的器物，属杂器。这类器物功能多变，随时代变化而变化。

1. 玉带钩、带扣

玉带钩、带扣是用来钩系腰带束腰的钩子，流行于新石器时代晚期至明清时期。形状多呈琵琶形、长条形，由钩首、钩体和钩纽三部分组成，既是实用品，又是装饰品。

带钩的用途主要有二：一是安装在腰带上，供悬挂东西用，或缀在衣襟上，以作钩挂衣襟或佩物用。这种带钩一半比较细长，只有一个钩体组成；二是分别套结在腰带的两端，一钩一扣，钩扣相挂，作为束腰用，称为带扣。带扣是由钩体和扣体两部分组成，扣体前端凿一孔为扣，孔眼形状各异，扣体与钩体通过扣眼连接。带扣的形体宽厚，两个一对，横着使用。

良渚文化出土的带钩，多呈扁方形、素面，一端有孔，便于穿绳联结，一端琢成弯钩状，便于钩挂之用，制作精巧。

春秋战国的带钩，钩首有龙形、鸟形和兽头形，有的有阴刻花纹。钩纽有方有圆，多设在近尾部。这时的带钩磨制光滑，制作精细，棱角分明（如图2-141）。

秦汉时期，勾首有的呈鼓腹鸭嘴形，有的作兽面状。许多钩面琢有浮雕螭纹，有的整体琢成龙虎并体形状，新颖而别致（如图2-142）。

图2-141 战国玉带钩

图2-142 汉代玉带钩

南北朝至唐宋时期带钩较少见，南北朝带钩一般较宽肥（如图2-143）。唐宋时期则多为小型带钩。明清时期玉带钩数量大增。这一时期，带钩选料严格，琢制更加光润细致。造型多为条形，钩首逐渐加大，钩面纹饰多用高浮雕手法制作（如图2-144）。

图2-143　魏晋玉带钩

图2-144　明代玉带钩

2. 玉带板（銙）

玉带板（銙）是官员腰带上的一种玉饰。有着严格的等级区分。造型为扁平的长方形、椭圆形、圆形片状，由数件或数十件组成一套带銙。唐宋时期玉带就已经盛行。唐代曾有朝廷定制，只许正一品的官员使用玉带。宋代基本沿袭唐代玉带制度。元代上层社会腰佩玉带的风尚得到进一步的发扬。到了明代，不同级别官员使用玉带的质地、形状、数量、纹饰，仍然有明文规定。明代只有亲王及一品文官才可使用玉带。清代除特赐和一品官员外，都不可用玉带。

南北朝至隋代的玉带銙造型为扁长方形片状，有的琢刻龙纹，龙体呈弯曲状，龙身满饰鳞纹，足掌琢有三爪。唐代玉带板仍沿袭前代造型，多为一带十三銙，带銙的正面除琢刻不同的动物纹外，人物纹饰中胡人的形象也开始出现。这时的玉带板表面平整，薄厚均匀，边框较窄，制作精细。多采用浅浮雕或纤细短阴线手法制作花纹（如图2-145）。五代玉带板基本沿袭唐制，但形体逐渐加大加厚，选料精良，带銙正面雕刻的龙爪显得刚劲有力。人物多为席地而坐的汉人形象。宋元时除龙、螭、动物、飞禽及一般人物纹带板仍在流行外，历史人物故事的图案开始出现。器体厚重，边框较宽，边框上多装饰连珠纹，制作精，琢磨细。采用浅浮雕、透雕、高浮雕技法制作。明代玉带板仍为扁平长形片状，数量较多，等级区分非常

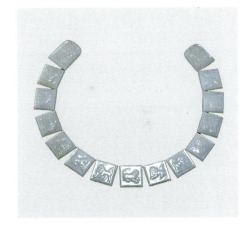

图2-145　唐代玉兽纹带板

图2-146　明代玉龙纹带板

分明，有18、20、22件之分。器体变薄，边框较窄，龙纹造型除沿袭宋元粗犷豪放的特点外，龙身开始向细长发展，毛发飘拂，形象逼真。一些吉祥图案纹饰也开始雕琢在带銙面上。琢制工艺多采用浮雕、多层透雕等手法（如图2-146）。

3. 玉剑饰

玉具剑和剑鞘上的玉质装饰物统称玉剑饰。剑上装饰有玉剑首、玉剑格，剑鞘上的装饰物有玉剑璏、玉剑珌。

（1）玉剑首　剑柄端所镶嵌的玉饰（如图2-147）。流行于春秋至秦汉时期。春秋的玉剑首上端略大于下端，较小的一端有穿孔，用以安插剑柄。通体饰以谷纹、云纹组成的变形兽面纹。战国时期的玉剑首圆而薄，形如玉璧，中央微凸起并饰有涡纹，外缘勾勒弦纹、云纹或卧蚕等纹饰，用阴刻的粗线或细线条刻棱，细看有毛雕刀痕，边棱锋利，刀口垂直工整，玉器光泽明亮。汉代玉剑首比战国时大，仍以扁平圆形为主要造型，棱角较柔和，背光素无纹，正面比背面的直径略大，形成斜坡形，正面纹饰与战国相同。中央有浅而宽的圆槽，在槽的两侧打孔。纹饰仍用阴刻线雕成，有跳刀和毛口痕迹。

（2）玉剑格　又称剑璏，是指剑把和剑身之间的玉质装饰物（如图2-148），流行于春秋至秦汉时期。春秋时期的剑格两端呈椭圆形，器体中央有一菱形孔，孔周缘饰有勾连云纹，面的四周用六道槽割成大小不等的长方形凸面，凸面上饰以不同的几何纹饰。战国和汉代的玉剑格，正中部逐渐凸起，有脊如鼻，中部穿孔有长方形、菱形或椭圆形等。多为两面雕琢，一面浮雕螭龙，一面浮雕卷云纹，也有的剑格两面装饰相同的纹饰，部分光素无纹。汉以后剑格少见，明清时出现仿古制品，制作精细。

图2-147　汉代玉剑首

图2-148　汉代玉剑格

（3）玉剑璏　又称"文带"或"昭文带"，指剑鞘上的玉质装饰物（如图2-149）。流行于战国两汉时期。战国时的剑璏多作长方形，体积较小，侧视有扁方的孔洞，洞孔壁面平整，留有打磨痕迹。剑璏面略有弧度，首尾部内卷呈半勾状，以兽面纹为主，辅有勾云纹。整体棱角锋利，光亮度高，磨制细腻，抛光好。汉代剑璏体积加大，璏面的弧度逐渐消失，变成板平式。整体棱角较圆滑，不如战国锋利。面琢有兽面纹、蟠螭纹，边线比战国时稍宽，洞孔上面厚、低面薄。璏面多采用勾撤手法雕琢，制作细腻，磨制光滑。

（4）玉剑珌　装饰在剑鞘末端的玉制品（如图2-150）。流行于战国秦汉时期。战国早期剑珌器形简单，光素无纹。战国后期出现了琢有兽面纹和卷云纹的剑珌，至西汉时期广为流行。器形多呈不规则长方形或梯形。有的两面均有纹饰，多采用浮雕或透雕等装饰手法雕琢。纹饰多为游戏于云海之间或戏耍打闹的螭虎，螭虎形神具备，活灵活现。制作精细，磨制细腻，构思巧妙，抛光极好。

图2-149　汉代玉剑璏

图2-150　汉代玉剑珌

4. 鼻烟壶

鼻烟壶是盛放鼻烟的专用器皿，流行于清代康熙之后。造型多为扁圆、长方或长圆状小瓶，口小腹大，口部多配置高档材料的半圆形壶盖，有的壶内附有细柄小勺用以挖出鼻烟。由于吸吻鼻烟在王公贵族中十分流行，鼻烟壶的制作也日益精巧，成为一种流行的工艺品。鼻烟壶取材广泛，有玉石、玛瑙、水晶、翡翠、琥珀，也有陶瓷、玻璃、金银、象牙等质料。图案纹饰和装饰手法多种多样（如图2-151）。除一般雕刻方法外，还有依照原料固有的不同色彩稍加雕琢而成花纹的巧作手法。有把图案用毛笔画于壶内壁上的"内画烟壶"（如图2-152），还有在单一颜色的原材料上套上几层不同颜色，再加以雕刻使之多彩多姿的"套料烟壶"等。图案题材有人物、动物、植物、山水等。鼻烟壶在清代乾隆时成为一种斗富显示身份的工艺品。

图2-151　清代玉鼻烟壶

图2-152　叶仲三玻璃内画鼻烟壶

5. 玉如意

玉如意是清代流行的一种含有吉祥寓意的馈赠和装饰用玉，寓意"如人心意"，是一种细长柄，上端呈圆形或椭圆形的玉器。柄有玉制、木制等。柄细长，略有弧度，如意头向上曲起，多做成如意云头、灵芝状。如意上常雕刻凤凰、鸳鸯、蝙蝠、大象、牡丹、月季等清代流行的吉祥纹饰（如图2-153）。装饰手法有浮雕、镂雕、镶嵌等。

6. 玉璇玑

从汉代起，人们认为璇玑是观测天象用的仪器，它的形制为璧形，外廓周围有向外顺向凸出的尖角。璇玑的真正用途还有待于进一步考证（如图2-154）。

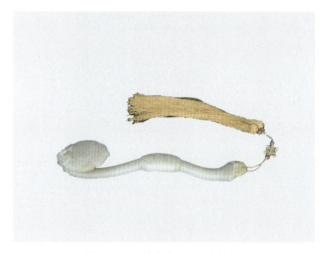
图2-153　清代白玉八吉祥如意

图2-154　龙山文化玉璇玑

7. 玉刚卯、玉严卯

玉刚卯、玉严卯合称"双卯"，是古人认为避邪的宝贝。刚卯、严卯为方柱形小玉，长不过寸许，中间有通心穿，四面刻有32字或34字铭文。刚卯铭文为："正月刚卯即央，灵殳四方，赤青白黄，四色是当。帝令祝融，以教夔龙，庶役刚瘅，莫我敢当。"据说，雕这物件须看时辰，应在新年正月出卯时动刀，时辰一过，即要停止，故曰"正月刚卯"。"灵殳四方"是讲该器之形。"赤青白黄，四色是当"意思是四种颜色代表四方，只要佩挂此物，就挡住了所有牛鬼蛇神的侵犯。而"帝令祝融，以教夔龙"则是告诉佩挂者，天帝已让火神警告夔龙不可作恶，不可食人了，违者即被烧死。"庶役刚瘅，莫我敢当"是说老百姓的疾病，因为有刚卯、严卯在身，也被统统挡住。玉严卯铭文："疾日严卯，帝令夔化，顺尔固伏，化兹灵殳，既正既直，既觚既方，庶役刚瘅，莫我敢当。"（如图2-155）。刚卯、严卯大约出现于西汉后期，汉以后则基本不见使用。

刚卯、严卯的字体为古代殳书，减笔假借，非常难认。也有的刚卯、严卯，用汉隶或小篆，一般认为凡字体清朗可读者，皆后人伪刻。

8. 玉翁仲

玉翁仲是一种避邪的玉佩。翁仲本是人名，姓阮，安南人，相传秦始皇时期来到中国，秦始皇看他身材高大，武艺高强，派他守卫临洮，威震匈奴。翁仲死后，用铜铸了他的像，放在咸阳宫司马门外。后人因其有神威之力，又用石雕成翁仲形象，守护坟墓，正所谓"冢间石人曰翁仲"。今天我们见到的陵墓前的石人石马，其石人就是翁仲。翁仲既有神力守护宫门坟墓，自然也可以随身佩戴,驱除邪魔,于是便有了饰佩的玉翁仲,玉翁仲造型简单,穿孔方法或从头至足通心穿,或从头至胸腹间分穿两洞(如图2-156)。

9. 玉司南珮

玉司南珮是一种避邪的玉珮。其形制像两节连接的扁方瑯,中间凹细处有一个横着的穿孔,为穿绳用。器物的两端,一端雕一把小勺,一端琢一个小盘,以示古老司南造型。司南始于汉代,当时被用来祈求天神的指导,具体操作是把小勺置于盘上,令其旋转,转动终止后小勺把所指的方向,即为吉凶方向。后来,玉匠摹状而琢成佩饰,便有了司南珮(如图2-157)。古人认为,出门佩戴司南珮即为吉祥。

图2-155　玉刚卯、玉严卯

图2-156　玉翁仲

图2-157　玉司南珮

第二节　玉器的纹饰

玉器上往往雕琢出各种花纹图案，即纹饰。纹饰的雕刻技法、构思、表现主题等方面是评价玉器及鉴赏玉器的一个重要方面。不同的历史时期，纹饰的表现形式及雕琢技法，往往都有很大区别，所以纹饰成为玉器断代及鉴赏的一个重要标准。

一、几何纹饰

1. 绳纹

绳纹也称绚纹，纹形似绳索绞缠状（如图2-158）。流行于汉代以后。绳纹多出现在器物的口边沿或腰部及底边上，形成多层的绳纹。许多动物尾部也常用绳纹表现。此外，明清时期的一些玉环、玉镯也有做成绞绳状的（如图2-159）。

图2-158　绳纹

图2-159　绳纹白玉手镯

2. 弦纹

弦纹是一种较细的像琴弦一样的纹饰，一般都是绕器物一周，多达数层。弦纹多作为主体纹饰的辅助纹饰或界栏出现（如图2-160）。弦纹出现较早，在原始社会末期就在玉器中使用了（如图2-161）。

图2-160　弦纹

图2-161　良渚文化弦纹玉柱形饰

3. 谷纹

谷纹特征为圆乳状颗粒上加弯曲的短线，圆乳粒像谷粒，弯曲的短线似谷芽（如图2-162）。谷纹在玉璧上出现最多，通常将谷纹整齐规律地斜向排列在璧面上，互不衔接又整齐划一，具有较强的装饰效果（如图2-163）。

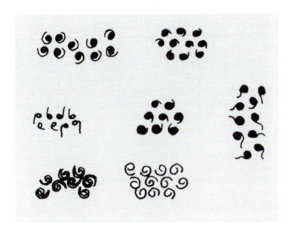

图2-162　谷纹

图2-163　谷纹玉璧

4. 雷纹

雷纹又称回纹。由方折角的回旋线条组成（如图2-164）。雷纹在商周青铜器上普遍使用，但在玉器中比较少见，仅在一些神奇动物或礼仪器物中偶有出现，宋以后多做边框装饰（如图2-165）。

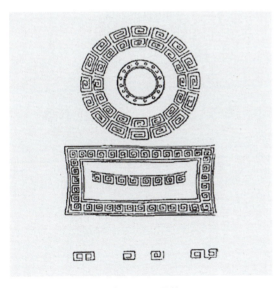

图2-164　雷纹

图2-165　宋代鹿纹雷纹玉八角杯

5. 蒲纹

蒲纹多用于汉代玉璧上。由数条平行直线交叉形成一种格形花纹。纹形类似编织的蒲席（如

图2-166）。因雕刻刀法较深，又有一定的坡度，使得格形纹中间部分呈现出浅浮雕般的多角形状。整个纹形简单利索，朴素大方，装饰性较强（如图2-167）。

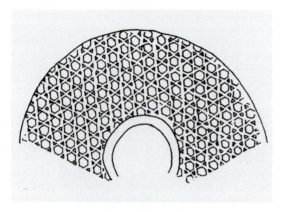

图2-166　蒲纹

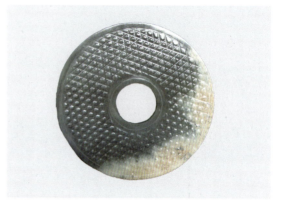

图2-167　蒲纹玉璧

6. 乳钉纹

乳钉纹流行于战国两汉时期，是一种高凸于平面器物上的圆乳钉状突起纹饰（如图2-168）。战国时期玉器上的乳钉纹光洁圆滑，大小相等，由数十个到数百个乳钉均匀整齐地斜向排列。汉以后出现了斜格乳钉纹，即在平面上琢有交叉平行的斜直线组成的菱形格，每格内装饰一个凸起的半圆形乳钉，显得整齐大方（如图2-169）。

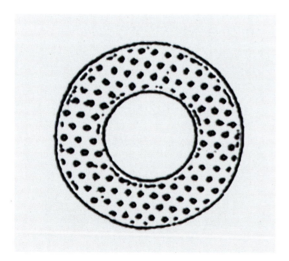

图2-168　乳钉纹

图2-169　汉代乳钉纹螭纹玉璧

7. 云纹

云纹流行于战国至清代。最早出现于商代。云纹的形状有多种，如卷云纹、勾云纹、云朵纹等。战国两汉玉器上多为抽象的几何形云纹，由云头和云尾组成，线条柔和回旋，多成组出现在玉璧、玉璜等平面器物上（如图2-170、图2-171）。春秋战国时期出现了勾连云纹（如图2-172、图2-173）。魏晋以后开始出现写实的云纹。唐宋后则以如意形云纹较为普遍，称为如意云头纹（如图2-174）。

8. 连珠纹

连珠纹又称"圈带纹"。将数个小圆圈横式排列，仿铜器上的连珠纹组成。多装饰在带板、带扣等器物的边沿处做辅助纹饰（如图2-175）。

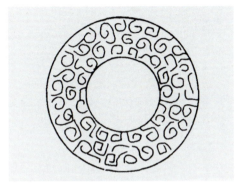

图2-170　云纹

图2-171　春秋云纹龙形珮

图2-172　勾连云纹

图2-173　西汉勾连云纹玉剑珌

图2-174　唐代云纹玉杯

图2-175　连珠纹玉带板

9. 其他仿青铜器的纹饰

玉器在青铜器时代及后期,纹饰有大量仿青铜器的纹饰特点,青铜器上出现的一些重要的、具有时代意义的纹饰,在玉器上有时也会出现。两者的区别在于,玉器上的纹饰较简化些,而青铜器上的纹饰更加繁缛。

(1)环带纹　又称波曲纹。流行于西周中期至春秋早期。环带纹是一种变形兽体纹,宽阔的环带似兽体长躯上下起伏,又像波浪般连绵不断。在波峰浪谷间装饰有突出的兽眉、兽目和兽口,或填以龙、凤以及动物鳞片作为装饰。整个纹饰形成一圈宽带,装饰于各种玉器的腹、颈等部位(如图2-176)。

(2)重环纹　又称方形纹或皿纹。流行于西周中晚期。由数个至数十个椭圆形环排列在细长的环形带内,环绕器身作为装饰。环有一重、二重、三重等不同形式,每环的一端为凸起的半圆形,另一端为凹入的半圆形(如图2-177)。器身上有以重环纹带为主要装饰的,也有作为辅助纹饰配饰主体花纹的。

(3)涡纹　也称圆涡纹或火纹。流行于夏代至战国。纹形中部为圆圈形,沿边有四至八道旋转的弧线,似水涡激起状(如图2-178)。持火纹观点的则认为是火焰流动。夏代涡纹只有中部的圆形,没有旁边的弧线,多装饰在斝的腹部。西周中期后,涡纹外圈常饰以雷纹。春秋战国时期有弧线双勾的涡纹(如图2-179)。除单独作为装饰外,商末周初时期涡纹常与龙纹、雷纹等配合使用。

图2-176　环带纹

图2-177　重环纹

图2-178　水涡纹

图2-179　战国早期涡纹玉环

二、动物纹饰

1. 兽面纹

兽面纹也称饕餮纹。流行于新石器时代晚期至战国。

新石器时代晚期,山东龙山文化和浙江良渚文化玉器中都有兽面纹出现。良渚文化玉器中的兽面纹以小重圈表示眼睛,外框有椭圆形凸面作眼睑,在眼睑、鼻、嘴中雕刻有细致的卷云纹或弧线、短直线(如图2-180)。商周时期的兽面纹大多以鼻梁为中心线,对称雕饰眉、眼等部位,巨口大张,有的还雕出獠牙,显得威猛凶恶(如图2-181)。战国时期的玉剑饰和玉璧等玉器上常见兽面纹。这时的兽面纹雕刻精细,工艺水平很高。明清时期,有些仿古玉器仍雕有兽面纹,但雕琢粗糙,失去了真品的气韵。

图2-180　良渚文化兽面纹玉琮

图2-181　春秋兽面纹饰

2. 螭纹

螭纹流行于战国以后的历代。螭是古代传说中的一种神兽。因多呈盘曲蜿蜒或攀援匍匐状,常称为蟠螭、螭龙或螭虎。

玉器中的螭纹最早出现于战国,造型为蜿蜒蛇形、龙形或四足走兽形。螭首为兽形,尖耳或方耳,圆眼或橄榄形眼,大鼻,双线细眉,颈部粗大而弯曲,胸部凸起,有无足或一足、四足不等,足多分二爪,臀部高翘,极有气势,肢爪平伏或尖锐或呈握拳状,显得坚实有力(如图2-182)。

汉代时期,螭体造型近似龙形,宽大肥壮,转折多变。或互相缠绕,或戏耍玩闹,有的一器雕琢四螭纹。脸形逐渐变长,眼眶略下坠,长身,三角形眼,足多作三尖爪(如图2-183,图2-184)。

南北朝时,螭虎眼睛长而弯,两腮部多有凹槽,有的长角,有的无角。

明清时期螭纹变化复杂,有爬形、上升、伏地、盘旋等多种形象(如图2-185)。

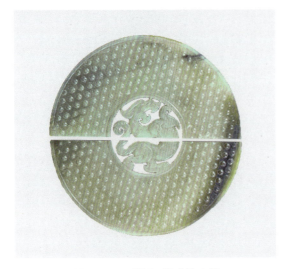

图2-182 战国玉螭龙纹合璧

图2-183 汉代玉浮雕螭虎纹珌

图2-184 汉代玉螭虎纹剑璲

图2-185 明代碧玉螭耳杯

3. 夔纹

夔纹又称夔龙纹。流行于商中期至西周前期。夔是神话传说中的一种无角、一足的动物。青铜器上夔纹大多饰于器物颈部,几个花纹首尾相接缠绕一周。也有的饰于器物肩部或腹部,变形成三角夔纹,或在器腹中部对称组成兽面纹。玉器上夔的形象多似龙,有一角一足,躯体细长,嘴巴张开,尾部上卷,作爬行状或蜷曲状。西周早期的玉夔龙珮,体扁,身体弯曲,两边有脊牙,作游动状。两面以双钩饰两尾交接的夔龙纹,两端的凸脊处各有一小圆孔可供佩系。通体线条流畅,做工精细。此形器在西周出土玉器中,尚属初见十分珍贵(如图2-186)。西汉中期的玉夔龙纹环,体呈环形扁平,透雕,龙身阴刻卷云纹,极具装饰性(如图2-187)。

图2-186 西周玉夔龙纹珮

图2-187 西汉玉夔龙纹环

4. 蟠螭纹

蟠螭纹又称螭纹,流行于春秋战国时期。蟠螭是传说中的一种小蛇。各种形态的小蛇互相缠绕,构成四方连续的几何图案,布满器物全身。蟠螭纹是春秋战国时期网状花纹的代表性图案(如图2-188、图2-189)。

图2-188 战国蟠螭纹玉四节珮

图2-189 战国早期粗大螭纹玉兽形饰

5. 凤鸟纹

凤鸟纹始见于新石器时代中期河姆渡文化遗址中。早期的鸟纹造型简单,制作粗糙,仅用阴线刻画出轮廓。新石器时代晚期,鸟纹的造型多为片状,作侧立姿。也有的雕琢成展翅的小鸟形。头部微凸起,嘴尖。尾短,两翼外张,作振翅奋飞状,制作简练,手法古朴。

商周时期凤鸟纹基本仍为扁平体片状,头饰多齿高冠,尖嘴或勾形嘴,眼睛多为商代流行的臣字眼,也有的是圆眼,昂首凝视、羽翅丰满,尾长稍卷,足爪坚实有力。采用双勾几何线雕琢细部,制作精细,琢磨光滑(如图2-190)。

西周时，凤鸟的冠变成向上直立的长圆形，圆眼，勾嘴，尾部开始向上翻卷，仍采用阴线画画。制作精致，线条流畅（如图2-191）。

战国和汉代早期的凤鸟纹，头部装饰简化，由高冠变成形如兽角的弯曲长角，头高昂，圆眼，尖嘴向下呈勾状，胸部隆起，身体弯曲并拉长，制作手法有镂空、透雕、弧线细刻等，雕刻自然，制作精细（如图2-192、图2-194）。汉代晚期凤鸟纹为三叉花形冠，曲颈挺腹，喙连于翅边，长尾下垂后卷，用细小的阴线刻画五官和羽翅。制作非常精细，造型美观。

魏晋南北朝时的凤鸟纹，头生角状冠，圆圈眼，口含宝珠，双翅自然向上翻飞，足爪坚实有力，用浅阴线刻画出羽毛。整体制作细腻，形象逼真。

唐代凤冠变短，形似鸡冠花，眼睛变长，颈部生出飘拂的羽毛，长尾翻飞而上，阴线刻和透雕手法同时并用，制作细腻，琢磨光滑（如图2-195）。

图2-190　商代透雕玉凤

图2-191　西周玉凤纹珮

图2-192　战国玉双凤纹饰

图2-193　西汉玉凤纹饰

图2-194 汉代玉双凤谷纹璧

图2-195 唐代玉镂雕双凤珮

宋元时期，凤冠仍呈花朵形，圆眼，尖嘴，脖颈长而弯曲，圆润柔和，双翅展开似平飞状，长尾亦顺势展开，制作细腻，形象写实（如图2-196）。

明清时期的凤鸟纹形如孔雀，头顶为如意形花冠，眼睛细长，俗称丹凤眼。颈部、双翅及形如孔雀的细长尾部刻画得非常精细，形象逼真（如图2-197）。

图2-196 宋代玉凤形钗

图2-197 明代玉双凤珮

6. 鱼纹

鱼纹流行于新石器时代至明清。新石器时代红山文化和良渚文化的玉器中都雕刻有玉鱼。造型简单，只是琢制出基本形状。

商周玉鱼出土数量较多，开始对细部进行刻画，鱼身呈条形，成半圆璜形，大圆圈眼，鱼背和腹部用阴线刻画出鱼鳍（如图2-198），鱼身有的刻有长圆形鱼鳞（如图2-199）。唐代鱼鳞为半圆形。

宋金时玉鱼身体弯曲，头尾上翘，胸部下垂，鱼鳞是密集阴刻的斜方格线（如图2-200），也有的无鱼鳞。元代玉鱼唇阔，口微张，眼边有半圆形眼眶。鱼身肥胖挺直，有斜格状鱼鳞。明代玉鱼为双环眼，身体较平整。鱼鳞刻画手法较多。清代玉鱼制作较粗糙，尾巴上翘，尾尖分为两叉（如图2-201）。

图2-198　西周玉鱼

图2-199　春秋玉鱼形珮

图2-200　宋代青玉鱼珮

图2-201　清代翡翠嵌宝石鱼形盒

7. 蝉纹

蝉纹始见于新石器时代良渚文化，盛行于汉代至明清时期。早期蝉纹造型比较简单，仅雕出蝉体轮廓（如图2-202）。战国始用阴线刻画出头、腹、翅等部位。汉代玉蝉多为葬玉，做口琀使用，蝉体扁平小巧，棱角分明，琢磨精细。明清时期玉蝉数量增多，造型开始加厚，用阴线或阳纹刻画出羽毛、肢爪等部位，头部多有穿孔，写实性很强。此外，也常与植物纹一同出现。

图2-202　新石器玉蝉

8. 蚕纹

蚕纹流行于商周时期。蚕的形象为圆头凸眼，蚕体卷曲，装饰意味较浓厚（如图2-203）。

9. 鸳鸯纹

鸳鸯纹流行于宋元至明清时期。多用作图案纹饰，有时也被琢磨成圆雕的佩饰或陈设品。鸳鸯纹多雌雄双栖，结伴戏水，或比翼齐飞，或交颈而眠，雄鸟翼内侧两枚飞羽扩大成扇面形竖立，各部位羽毛均刻画得惟妙惟肖，琢磨也很光滑，制作精致（如图2-204）。自古至今被人们视为爱情的象征。

图2-203　西周玉蚕

10. 鹤纹

鹤纹流行于宋代以后。玉器上的鹤纹一般为丹顶鹤。尤以明清时期最为流行，有的昂首鸣叫，有的曲颈呈弓状，有的游戏于花塘林间，也有的飞翔在白云之中，形态十分优美（如图2-205）。鹤纹常与松树、小鹿、乌龟或者寿星一起组合成吉祥图案。寓意同享高寿。制作精美，磨制光滑。

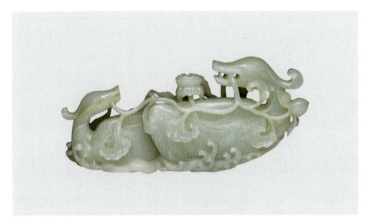

图2-204　清代青玉鸳鸯

图2-205　宋代玉双鹤衔草饰件

11. 雁纹

雁纹始见于商代，唐宋时较为盛行。商代的雁纹制作简单，仅琢磨出外形轮廓。唐宋以后，雁纹琢制技术日益成熟，形式多样，常与芦苇、池塘、荷叶等图案组合在一起。有的昂首直立，有的作回首状（如图2-206）。此外，还有曲颈伫立的群雁。制作细腻，磨制光滑。

12. 鹿纹

鹿纹流行于唐宋以后。鹿谐音"禄"，有升官发财之意，因此鹿是古代艺术品中常见的题材。鹿纹图案在玉器中所见甚多，造型也较丰富。有站、有卧，有动、有静，生动可爱、形象秀丽。明清流行在艺术品上使用吉祥图案，鹿纹常与蝙蝠、寿桃或寿星同时出现，意为"福禄寿"。小鹿与老者相依，象征"福禄常在"（如图2-207）。

图2-206　明代飞雁穿花饰

图2-207　明代玉福禄常在

13. 龟纹

在古代中国，龟是神兽中的四灵之一，是长寿的象征，因此常用于名贵的工艺品上。龟的制作始见于新石器时代，其后一直沿用。新石器时代的玉龟，头颈前伸，四爪短小作爬行状，龟背有纵向凸起的棱线向两侧斜下，龟腹平整，有一对小孔，制作简单，只琢磨出龟的轮廓。商代早期基本沿用前代造型。商晚期，玉龟造型及图纹刻画趋于成熟，出现了缩头缩尾的乌龟。虽制作简单，但刻画得非常形象。其后玉龟少见。金代有北京丰台出土的龟游珮，上层为两只引颈爬行的圆雕乌龟，分别雕琢在叶缘卷曲、叶脉清晰的荷叶上，中层为浮雕荷花，下层为镂雕的荷花茎叶。雕琢精细，形象栩栩如生（如图2-208）。明清时期，吉祥图案极为盛行，有圆雕的龟（如图2-209），也常见玉龟和仙鹤组合的纹饰，寓意龟鹤齐龄。

图2-208　金代玉龟游珮

图2-209　明代玉龙首龟

三、人物纹饰

人物纹饰是一种以人物为主要题材的纹饰。始见于新石器时代晚期，其后历代均有出现，尤以明清为多。新石器时代人物纹仅有头像，质地较差，琢制粗糙。也有些用阴线雕刻出人面形象，人物的头、发、冠、眼、鼻、口均细致入微，活灵活现，以良渚文化玉器中的人物形象成就最高。商代开始有人物的全身图案。这时期人物的眼、鼻、口轮廓用双钩阴线雕出，眼为臣字眼，面部表情较呆板（如图2-210）。战国和汉代流行乐舞人物纹，造型多为扁平状玉片，常见多为女性，作甩袖舞蹈状。雕刻精细，线条流畅。唐代的一些玉器上琢刻有深目、高鼻、卷发胡人乐舞图案。明清时期，人物纹大量出现，主要有婴戏纹、历史人物故事、玉佛像及山水人物等题材。

1. 婴戏纹

婴戏纹是一种以儿童形象为题材的玉器装饰图案。出现于战国，盛行于宋元明清历代。河南洛阳战国墓出土的玉人骑兽珮，小儿头梳双髻，短发梳向脑后呈环状。圆脸尖颔，鼻梁隆起，小口微张，眉目清秀，双耳拳曲，双手前伸执兽耳。形象逼真，琢刻精细（如图2-211）。宋代的婴戏纹品种较多，有童子玩莲、玩灯、攀枝等各种姿态。所饰儿童眉清目秀，小鼻小口，五官紧凑，神态与体形均活泼可爱。明清时期婴戏纹题材更加广泛。明代玉器中的婴儿形象前额后脑突出（如图2-212、图2-213）。清代婴戏纹较明代雕刻更加细腻（如图2-214、图2-215）。各时期婴戏图中的婴儿均肌体丰满，神态活泼，惹人喜爱。

图2-210 商代玉立人

图2-211 战国玉人骑兽珮

（1）四喜纹　明清玉器婴戏纹的一种。图案构思精巧。由四个儿童的卧姿躯体组成四方的环形，两个对角线上各有一个婴儿头，每个头都为邻近两个躯体共有。无论从哪个方向看，都有两个圆头圆脑、肌体丰满的小儿形象正对着把玩（如图2-216）。

（2）童子玩莲纹　古玉器婴戏纹中常见的一种题材。流行于宋代以后。我国古代崇尚多子多福，又认为莲谐音"连"，有连之意，童子玩莲即寓意"连生贵子"。纹饰图案多以一个或几个顽皮可爱的男婴组成，或肩负荷叶交脚而行，或几个婴孩同戏一束荷花，有坐，有立，有玩，有闹，将不同姿态的游戏和动作刻画得活灵活现，富有浓厚的生活气息。器形多为圆雕，上下有孔，可供佩戴。制作细腻、刀法有力，线条流畅（如图2-217、图2-218）。

（3）童子攀枝纹　以明清时期最为常见。描绘天真、幼稚、顽皮的孩童攀爬树枝形象。所刻童子圆头圆脑，肢体丰满，有的在树上攀爬，有的在折枝或折花，还有的安坐在枝杈上玩耍。攀枝动作准确，构思巧妙，形象逼真。制作细腻，立体感强，具有很强的写实意义。

2. 人物故事纹

人物故事纹是以历史人物故事为题材所雕刻的画面，清代最为流行（如图2-219～图2-221）。有大型圆雕如《大禹治水图》玉山子，《会昌九老图》玉山子等。也有小型的绘画作品，以历史人物或人物故事为题材，如在鼻烟壶内壁绘画的内画鼻烟壶。

图2-212　明代青玉持瓶童子

图2-213　明代白玉戏猫童子

图2-214　清代青玉婴戏纹水洗

图2-215　清代白玉太平有象

图2-216　清代四喜纹玉珮

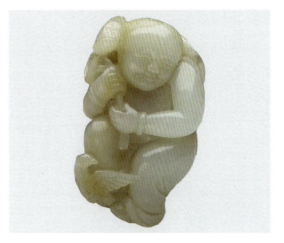
图2-217　明代白玉持荷童子

图2-218　清代青玉持荷童子

图2-219　清代人物故事纹山子

图2-220　清代青玉人物故事纹插屏（一）

图2-221　清代青玉人物故事纹插屏（二）

四、植物花卉纹饰

植物花卉纹饰是古玉器常见纹饰之一。流行于唐以后历代。唐代的花卉纹主要为荷花,多穿枝过梗,与凤鸟纹雕琢在一起。宋代荷花纹出现较多,构思也很巧妙,荷花的花、叶、茎、果都雕刻得细致入微,琢磨也很细腻。宋以后,除流行荷花外,吉祥图案开始盛行,国色天香的牡丹花纹作为荣华富贵的象征,成为玉器上的主要纹饰。所刻牡丹刀法犀利,立体感很强。明清时,玉雕中各种花卉大量出现,如牡丹、荷花、梅花、桃花、玉兰等。除花卉外,各种植物也进入玉器纹饰中,如白菜、扁豆、葫芦、葡萄、石榴等,多含有吉祥寓意。制作细腻,琢磨光滑(如图2-222~图2-227)。

图2-222　明代白玉灵芝纹洗

图2-223　清代青玉梅花纹方牌

图2-224　明代白玉竹子纹臂搁

图2-225　清代白玉瓜瓞

图2-226　清代青玉莲花纹盒

图2-227　清代翡翠白菜

第三章

玉器发展史

第一节　远古史前时期——石器时代玉器特点　/ 086

第二节　上古三代时期——夏、商、周时代玉器特点　/ 098

第三节　中古、近古时期——秦汉—明清时代玉器特点　/ 111

第四节　近代和现代玉器特点　/ 166

第一节 远古史前时期
——石器时代玉器特点

远古史前时期是指处于至迟从距今约200万年以前到距今约4000年以前之间，考古上称为"石器时代"，且一般有"旧石器时代""新石器时代"之分。这个时期是以生产资料原始公社所有制为基础的社会，在这一漫长的历史时期里，人们主要使用石器，以采集天然食物和狩猎为生。我国玉石业随着天然矿产资源的逐渐开发利用而经历了萌芽和创立的过程。其特点是：①对天然石材进行了普遍的开发和利用，由此加工出来的主要是石器，尤其是生产用具和生活用具。②玉、石不分，但中晚期已利用美石制作原始的装饰品或艺术品。③新石器时代晚期，已正式创立玉雕业，生产出了丰富的玉器。④无文字记载，迄今为止，只能根据考古发掘出来的当时的人类文化遗物进行研究和认识。

一、玉器的萌芽阶段——旧石器时代晚期

旧石器时代为石器时代的早期阶段，在我国指距今约200万年至距今约1万年前之间。当时人们使用比较粗糙的打制石器，过着采集和渔猎的野生生活。打制石器是旧石器时代所有石器的基本特色。我国已经发现的旧石器时代的重要人类化石有元谋猿人、蓝田猿人、北京猿人、马坝人、长阳人、丁村人、柳江人、峙峪人、山顶洞人等，他们打制石器所用的矿产一般是就地取材。生产出来的大量产品为石质生产工具和生活用具，原始的石质装饰品或艺术品很少。

现知原始装饰品出现于旧石器时代晚期，如1933年在北京周口店"山顶洞人"文化遗址里就发现有石珠、砾石石坠等。小石珠呈白色，大小一致，但形状不甚规则；砾石石坠呈黄绿色，卵圆形，两面扁平，其穿孔是从两面对穿而成。有的装饰品还用赤铁矿矿粉染成红色（如图3-1、图3-2）。

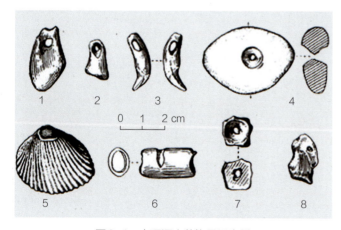 

图3-1 山顶洞人装饰品示意图
1，2，3—穿洞兽牙；4—穿孔小砾石；5—穿孔海蚶壳；6—骨管；7—小石珠；8—钻孔鲩鱼眼上骨

图3-2 山顶洞人装饰品复原图

在山西朔县峙峪村旧石器时代晚期文化遗址里，峙峪人则用石英、石英岩、硅质石灰岩、各色玉髓、黑色火成岩等制作了细小、精致、类型较多的石器。

另外，在河南安阳小南海文化遗址里亦发现有一件带孔石饰。

迄今发现最早的透闪石玉旧石器，是出土于距今万余年的辽宁海城东南45km处的小孤山仙人洞旧石器时代晚期遗址中的用岫岩产的透闪石玉打制的三件砍斫器。

所有这些都说明我国早在旧石器时代就已开始利用天然玉石矿产，特别是晚期原始装饰品在各地的出现，标志着我们中华民族玉雕业和石雕业的萌芽。无疑，这也说明当时的人们在生活条件有了初步改善之后，已注意到美化人身了。

二、玉器的创立阶段——新石器时代

新石器时代为考古学石器时代的晚期阶段，在我国指从距今约一万年到距今约4000年前之间。广泛磨制石器，加工石器所用的矿产比旧石器时代广泛得多，发明农业和畜牧业，创制玉器，发明陶业和纺织业，开始过着定居的生活，是新石器时代的基本特色。社会大分工的结果，使社会产品有了剩余，交换和商品生产也随之兴起。人们在物质生活获得了改善的基础上，自然而然地在精神生活方面也出现了较高的要求，于是装饰品、艺术品的生产获得了发展。与旧石器时代石器相比，新石器时代石器磨制得相当整齐、光滑、均匀，有的石器还雕刻有花纹。全国已发现的新石器时代文化遗址已经超过3000处。

石器的发展导致了玉器的出现，也就是说，玉器是在石器大量生产和利用的基础上创制和发展起来的，以后随着历史的前进，仪礼、饰用的玉石器物不断增多，并走向繁荣。相传黄帝曾"以玉为兵"（《越绝书·记宝剑》），并用来砍树建房和凿地。从已知的新石器时代文化遗址所发掘出来的大量玉器更无可辩驳地说明，我国新石器时代的玉石业已相当发达，其所用的矿产资源有石英石、蛋白石、燧石、玛瑙、碧玉、雨花石、蓝田玉、绿松石、软玉、昆山玉、岫岩玉、南阳玉、滑石、寿山石、大理石、花岗石、煤精及其他色泽艳丽、致密坚硬的非金属矿产和一部分金属矿产等。

我国至迟在新石器时代中晚期，人们对天然玉石矿产的开发利用已经相当广泛，并且有相当高的工艺美术水平。有人称新石器时代为"玉器时代"，或者说在石器时代与铜器时代之间有一个"玉器时代"。

（一）新石器时代早期

虽然新石器时代的生产工具和生活工具仍以石器为主，但玉器是相当丰富的，且不乏装饰品、艺术品。即使是当时的玉雕业与石雕业不能分开，但仍然以玉雕业为主，产品主要是玉器。从出土玉器可知，新石器时代早期玉器，距今7000～8000年前，多为玦、璜、环、珠、管、镯、坠等装饰品及斧、凿、铲等玉工具，以兴隆洼、新乐、查海、河姆渡、马家浜、崧泽、大溪等文化玉器为代表。

（1）兴隆洼文化　距今约7000～8000年前的内蒙古赤峰敖汉旗宝国吐乡兴隆洼文化遗址中出土有玉环、玉玦、玉凿等玉器，据鉴定玉材为碧玉类。稍后的距今7000年前的沈阳新乐文化遗址中出土了墨玉、青玉、碧玉、玛瑙等质地的小型玉器。

（2）仰韶文化　最早发现于河南渑池仰韶村，广泛分布于黄河流域，距今4300～6700年。出土玉器很少。主要器型有玉斧、玉璜、玉环、半月形玉饰、玉耳坠、玉笄等。玉料均为独山玉。制作简朴。这说明仰韶文化的玉器在当时不很发达，玉器文化不处于领先地位。

（3）大溪文化　分布于长江中游地区，四川巫山大溪遗址。距今约4300～5700年。玉器种类主要为佩饰，其中出土的一件人面形饰是原始玉雕中的杰作（如图3-3）。玉料以玉、石、绿松石为主。早期以耳饰（玦）为主，晚期以颈饰和臂饰为主，如玉璜、玉镯等（如图3-4）。

图3-3　大溪文化玉人面形饰

图3-4　大溪文化玉璜

（4）河姆渡文化　发现于浙江杭州余姚河姆渡村，距今约4000～6900年。玉器种类包括璜、玦、管、珠、坠等小件佩饰（如图3-5，图3-6），玉料以玉和萤石为主。材料选择不细，制作简陋。大多光素无纹。

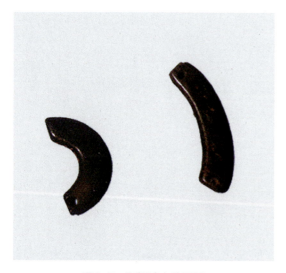

图3-5　河姆渡文化玉珮

图3-6　河姆渡文化玉玦

（5）马家浜文化　分布于太湖流域钱塘江北岸，距今约6000～7000年。玉器种类以土璜、玉玦等小件佩饰为主（如图3-7）。玉料多为白色和黄色软玉，也有玉髓和玛瑙。单面钻和两面钻孔，大多光素无纹。

（6）崧泽文化　分布于杭州湾以北，距今约6000～7000年。种类以玉璜和玉环为多，玉质较好，以淡绿、湖绿、碧绿和白色居多，素面无纹饰（如图3-8）。

图3-7　马家浜文化玉玦　　　　　　　　图3-8　崧泽文化玉璜

（二）新石器时代晚期

距今5000～4000年前后（边远地区可稍晚至3500年前），我国进入新石器时代晚期。这一时期玉器出土地点繁多，几乎全国各省新石器时代文化遗址都有。玉器器型复杂，出现了具有礼仪、祭祀、殓葬等用途的诸多品种，以红山文化、良渚文化及龙山文化等玉器为代表。

红山文化、良渚文化及龙山文化等古玉器品种繁多、功能广泛、工艺精良、风格鲜明，形成了我国万年玉器史上的第一次高潮，实为我国古代文明的奠基石，同时也是古代玉器艺术赖以发展的源泉和基础。

1. 红山文化

红山文化最早发现于内蒙古赤峰红山，故名。其时间大约距今5000～6000年。遗址以今辽宁省西部建平县牛河梁的陵庙为主要地点，其生活遗址虽尚未发现，但可能与牛河梁相距不远。所以可以认为牛河梁及其附近地区为红山文化的统治、宗庙、祭祀、陵墓的所在地，其文化辐射的范围波及今东三省、内蒙古东四盟及河北省北部等地区。红山文化代表性玉器有玉猪龙、玉兽头玦、兽面丫形器（如图3-9）、勾云形珮、马蹄形箍（如图3-10）、内圆外方器、双联璧（如图3-11）、双猪首三孔玉饰等（如图3-12），估计其中大多是礼器，它们表现出红山文化玉器雄浑凝练的鲜明特色。

图3-9　红山文化玉兽面纹丫形器　　　图3-10　红山文化玉马蹄形箍

图3-11 红山文化玉双联璧

图3-12 红山文化玉双猪首三孔饰

玉龙以"三星他拉红山文化玉龙"最著名。此件玉龙高26cm，体卷曲成"C"形，吻前伸，嘴闭，昂首似猪，其头部刻画生动、技法细腻、线面利落、简洁、圆润。自头部向后还拖出有长长的脊发，向上卷曲并与龙身分开，使龙身的"C"形有了一定的变化。整个玉龙圆浑无鳞，有一中孔，可以悬挂（如图3-13）。原始社会末期玉龙的出现，不仅是我国玉石雕刻事业中的一大成就，而且也表明了当时人们对大自然有了深刻的认识，中华民族以龙作为氏族的图腾，通常所谓"龙的传人"在玉龙方面亦可找到佐证。

玉兽形玦由青色岫岩玉琢制，浸蚀较重，已呈乳白色。整体如"C"字形。兽首肥大，一双近三角形的大耳竖立于头顶，圆目，眼周饰瓜子形圈，吻部前突，鼻间有多道阴线皱纹，口微张，外露一对獠牙。兽身扁圆光洁。首尾以一条缺而不断的口相隔。中央有一大圆孔，背部颈际有一小圆穿，由两面对钻而成（如图3-14）。此类兽玦，在红山文化中曾多次发现，形制基本相同，只是有的首尾间缺口切断。正规的玦，是环而不连。而此类兽玦并不作规正的圆环形。对所饰兽形，有人称为龙，有人称为猪。此玉制兽玦，目前仅红山文化中发现，具有鲜明的特点。

图3-13 红山文化玉龙

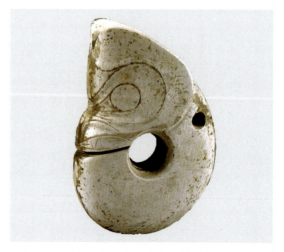
图3-14 红山文化玉兽形玦

动物饰玉器或玉动物中仅有玉鳖一种运用写实手法雕琢，其形象逼真（如图3-15）。其余者都采取写意的手法作简化表现。此外还有猪、鸟、燕、鹄、鹰、蝉、鱼等肖生玉。

红山文化玉器的造型多呈不规则的圆形或方形、长方形，如圆角梯形中心钻圆孔的"内圆外方器"，其内外边沿薄，中间鼓起，表面琢磨不平（如图3-16）。

图3-15　红山文化玉鳖

图3-16　红山文化玉内圆外方器

勾云形器由卷云形个体勾连组成。上有钻孔，四边不完全均齐，勾云纹内作下弦状沟槽，增强其透明度和光照度，色彩变幻莫测（如图3-17）。

玉勾形器由青色玉料制成。体扁平，锋部为弯勾形，援部两侧双面磨刃，两侧中部随形有一凹槽。内平直，靠近端部有一圆孔。内与援由两个齿牙和一个凹槽隔开。其用途不详（如图3-18）。

红山文化玉器雄伟粗犷、简练清晰，令人一目了然。但其神秘气氛仍十分浓厚。

图3-17　红山文化玉勾云形器

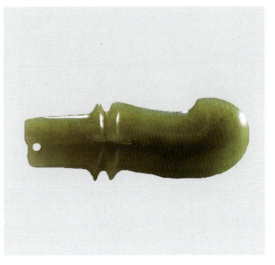

图3-18　红山文化玉勾形器

2. 良渚文化

良渚文化是太湖流域的新石器时代中期文化，分布于太湖的北、东、南等地。距今约4000~5000年，是马家浜文化和崧泽文化的延续。以江苏吴县张陵山为早，浙江余杭县反山、瑶山两墓地稍晚。良渚玉器有璧、琮、璜、冠形器、三叉形器、半圆形饰、锥形器、管珠、坠饰、串饰、觿、镯、带钩、钺、纺轮以及鸟、蝉、蛙、鳖、鱼等肖生玉。以反山12号墓所出者最为典型，该墓出土了饰有"神徽"的钺、琮、半圆形饰以及兽面纹锥形器。这些玉器都是当时该部落统治者或掌握社会、宗教权力的首领人物生前所用，死后殉于墓内。良渚玉文化之兴隆昌盛，在我国远古各地玉文化中是无与伦比的。

（1）玉兽面纹镯　良渚文化早期，高3.4cm，孔径8.2cm，1977年江苏省吴县张陵山上层墓葬出土，南京博物院藏（如图3-19）。器由阳起石琢磨成。体高孔大，可戴在手腕上。外壁剔地凸起四组对称的形块，以阴线饰双圆圈形目、粗眉、阔口、龇獠牙的变形兽面纹。此器呈圆筒形，发掘者定为琮。鉴于此器与常见的外方内圆形典型玉琮有所区别，似名镯较妥。其所饰兽面纹，在该地仅见此器，与良渚文化中普遍见到的玉琮上兽面纹略异。此遗址的墓葬被认为是良渚文化早期墓，是崧泽文化向良渚文化过渡的一处底层，比迄今所知的良渚文化遗址较早。因此，它是良渚文化兽面纹最早的代表，对了解良渚文化兽面纹的产生和发展具有重要价值。

（2）玉蛙　良渚文化早期，长4.2cm，宽3.2cm，1977年江苏省吴县张陵山上层墓葬出土，南京博物院藏。器由阳起石精琢而成。底平，面微凸，前端尖，后端宽。背部以阴线饰蛙的头、目、足。上有三个圆孔，可供佩挂穿系。此器倒视又若蝉。此玉蛙（或蝉）采用立雕加线刻手法琢刻，是迄今所知良渚文化玉器中仅有的一件圆雕动物体（如图3-20）。

图3-19　良渚文化玉兽面纹镯　　　　　　　　图3-20　良渚文化玉蛙

（3）玉钺　1986年浙江省余杭县长命乡雉山村反山12号墓出土。长17.9cm，刃宽16.8cm，厚0.8cm。钺身浮雕神人骑兽纹（如图3-21）。连柄全长80cm。钺身在死者肩部，柄端握于手中。钺和木柄的安装，是把钺身顶部嵌入木柄前端的浅槽内，用麻绳索缠扎钺身的圆孔和木柄浅槽上方横向的穿孔，就合为一体了。玉钺早在红山文化、崧泽文化、大汶口文化都有发现。成为氏族显贵、部落酋长、军事首领的权杖，成为行政统辖权和军事指挥权的象征，是男性权力的象征，在甲骨金文中"王"字即为斧钺的象形字。这些都充分反映了玉钺的神圣地位。

（4）玉琮　1986年浙江省余杭县长命乡雉山村反山12号墓出土。重6500g，器形硕大，纹饰复杂，制作精致（如图3-22）。高8.8cm，射径17.1～17.6cm，孔径4.9cm。玉料是透闪石软玉。琮外表四面平整，每面以竖槽一分为二，又以三条横窄槽等分为四节。四面竖槽内上下布列一神秘图案，共八个，系首次发现。整个图案以浅浮雕和细线刻雕琢而成。上部浮雕戴羽冠的人脸，其下以阴线刻人的上肢，抬臂弯肘，五指平伸。下部浮雕兽面，其下以阴线刻兽的前肢，作弯肘伸爪状。整个图案是神人骑兽造型。表示上天通神的含意，体现当时人的巫术崇拜，宗教信仰。四节作角尺形的长方形凸面，每两节以转角为中线左右展开构成一组纹饰。上节顶端两条平行的凸横棱，象征羽冠，两个圆圈和转角上的凸横档表示眼睛和鼻子，象征人脸。下节由两个椭圆形凸面、一个桥形凸面和转角上的凸横档分别表示眼睑、额和鼻子，眼睑中的重圈表示眼睛，象征兽面。这是简化的神人骑兽图。在兽面的两侧还有凸起的由头、身、翼组成的鸟纹。这表明鸟是人骑兽上天的伙伴。此纹饰称为辨别良渚文化玉器上繁简不一的人面纹和兽面纹的钥匙。《周礼·大宗伯》郑注称："琮八方象地"。从这件玉琮看，四面竖槽加上四角垂直面，恰好是四面八方，可见八方象地的观念早在良渚文化就已形成，琮已成为祭地的礼器。这件玉琮是具有巨大工艺价值和历史价值的瑰宝。

图3-21　良渚文化"神徽"玉钺

图3-22　良渚文化玉琮

（5）玉串饰　1986年浙江省余杭县长命乡雉山村反山22号墓出土。这一玉串饰由十二根玉管和一件玉璜串连而成，玉料呈白色带茶褐色斑点。管长2.7～3.1cm，直径1.0～1.1cm，璜高4.2cm，宽6.3cm。玉管大小基本一致。玉璜呈半圆形，正面微弧凸，背面平整，两角各钻一小孔，与玉管串连系挂。正面用浅浮雕和阴线细刻相结合雕琢神人骑兽图案，与反山12号墓玉琮、玉钺上的完整图案相比，仅略去兽的前肢，人的上肢隐没双手，雕工精致，造型优美。该串饰出土于墓主神冠下方，是神像颈项上系挂之物（如图3-23）。

（6）玉透雕冠状饰　1986年浙江省余杭县长命乡雉山村反山16号墓出土。高5.2cm，上宽10.4cm，下宽6.4cm，厚0.3cm。透闪石玉质。透雕和阴线刻相结合的技法，在正背两面雕琢相同的神人神兽图案。下设扁短榫头。其上对钻五个等距离小孔，便于销插固定。出土位于墓主头骨一侧，旁边有朱砂和小玉粒，推测可能是涂朱嵌玉的木偶神像冠状饰的榫头，当嵌插在木偶神像的顶端。此器为巫觋使用的法器（如图3-24）。

图3-23　良渚文化玉串饰

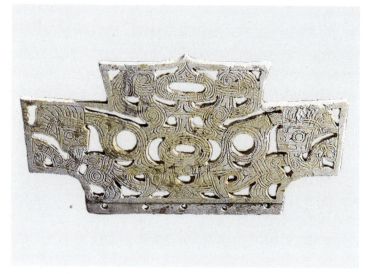
图3-24　良渚文化玉透雕冠状饰

（7）玉三叉形器　1986年浙江省余杭县安溪乡下溪湾村瑶山3号墓出土。高5cm，宽6.9cm，厚1.2cm。透闪石软玉质。上段分为三叉，左右两叉平齐，中间一叉宽短，有一上下贯孔。正面雕琢兽面纹，左右两叉呈凸面，各刻三组羽翎纹。全器突出表现兽面和羽翎。实际上是一种简化的带冠神人驭兽图案，具有通天祈福的功能。反映当时的巫术崇拜观念。此器置于死者头部，中叉上方连一根长玉管，并与成组锥形饰相邻，可见是羽冠前面正中的饰件。其周围还有四件半圆形饰组成的额带。这些玉器是神人所戴高耸宽大的羽冠（如图3-25）。反映死者生前是掌握神权的巫觋，掌握行政权和军事权的权贵。这种羽冠是皇冠的雏形。《周礼·王制》记载："有虞氏皇而祭。"郑注："皇，冕属也，画羽饰焉。"意思是有虞氏戴着彩羽的冠冕举行隆重祭典，与良渚巫觋是一脉相承的。

（8）玉冠状饰　高2.8cm，长4cm。传世品。整个构图以独特的方式表现带冠人面兽面组合纹，即神人驭兽图。全器最下端琢有较薄的短榫并钻有对应的两个小孔，供嵌插之用。全器造型规整，纹饰古朴，琢工精细，光洁圆浑（如图3-26）。

图3-25　良渚文化玉三叉形器

图3-26　良渚文化玉冠饰

远古良渚人不能随意用玉，似有一定约束，如璧和多节筒状的玉琮均用深墨绿色石性较大的玉材制作，加工较粗，可能是专为殉葬所用；而其他的玉器，如玉钺、玉琮、冠形器、锥形器以及珠管等，则均以优质或较好的玉材加工制作。这类玉器可能是墓主生前所用，标志其社会地位之物，死后被殉葬于墓内，这是后世帝王玉的先河。良渚玉器工艺绝妙无比、形制规则、琢磨精巧，即使蚀变成鸡骨白状亦宝光犹存，可知抛光技术之高超。"神徽"的雕刻精美绝伦，在距今五千余年前治玉匠师究竟用何种工具雕琢出此玉中极品，至今仍然是个难解之谜。

肖生玉有鸟、蝉、蛙、鳖、鱼等，均采取写意手法，突出主要特征，省略细部，有着秀美雅逸、简练爽朗的风韵。

总之，良渚文化玉器其器型规则、琢磨精工、纹饰细腻，与北方红山文化玉器格调泾渭分明，说明远古玉文化确有南北差异。红山文化和良渚文化的玉器已为有权势的人物所控制，用于祭祀神灵和区别尊卑。至此，玉与玉器的神灵化（巫术化）、符瑞化（政治化）业已初步完成，从此便为后世统治者继承并不断充实改进。

3. 龙山文化

龙山文化位于红山文化与良渚文化中间地带，分布较广，有山东龙山文化、河南龙山文化、陕西龙山文化。最早发现于山东章丘城子崖，距今约3500～4000年。玉器种类以生产工具、饰物和动物为主。山东龙山文化所处区域治石工艺高度发达，其石器器体较薄，琢磨光滑、钻孔圆正、刃部锋利，对琢玉工艺影响甚大。山东龙山文化的玉斧、玉锛、玉璋、玉多孔刀、玉璇玑（如图3-27）等玉器大多具有体薄、平滑、孔圆、锋利、有棱扉等特点，其工艺的进步是有目共睹的。

1984年山东省临沂市罗庄湖台遗址出土的玉扁平琮形器，玉料呈青灰色，局部有黑褐色斑点。体呈扁平正方形，光素无纹。中央一圆孔，每边中部有一相同的凹缺口。俯视此器形如良渚文化中常见的外方内圆形玉琮，其每边的凹缺口似玉琮四面上的凹槽，唯此器较矮薄和无兽面纹。此器又近似红山文化的外方内圆形器，唯此器四角是直角，而不是委角，每边有凹缺口而不是平直，靠边沿无小圆孔而不是有一或两个小圆孔。它与良渚文化的玉琮、红山文化的外方内圆形器有何关系，尚需进一步研究（如图3-28）。

图3-27 龙山文化玉璇玑

图3-28 龙山文化玉扁平琮形器

4. 大汶口文化

大汶口文化主要分布在山东，最早发现于山东泰安和宁阳交界处。距今约4400～6300年。玉器种类以饰物为主。其中单环、双连环、四连环花朵形玉串饰为大汶口文化所独有。玉料来源于山东泰安、邹县和莱阳等地，以青、淡绿和白色为主。其中以石代玉的饰件占有一定比重，说明玉料来源并不丰富。器物制作精良，抛光亮滑，纹饰琢刻及钻孔技术娴熟。

1959年山东省大汶口遗址十号墓出土的玉铲，玉质呈墨绿色，精工琢磨而成。体扁平，作两腰略收的梯形。铲背平直，铲刃由两面磨成，刃口锋锐。靠近铲背处居中有一两面透穿的圆孔，孔内有螺旋状痕。通体抛光莹润，光素无纹。玉铲无使用痕迹，当为墓主生前珍爱之物。此铲为迄今所知大汶口文化中最精美的玉器（如图3-29）。

山东省滕县大汶口遗址出土的玉人面形饰，器作扁平体，呈四边略外凸的方形。面部作正视状，以阴线刻橄榄形眼眶，眶内饰一横线作目，双目相连；以一等腰三角形纹作鼻；一横道弦纹作口。背部中央有一垂直的凸脊，脊上有一横穿，可供穿系。此人面形玉饰，为迄今所知在大汶口文化发现的唯一一件，虽脸型五官比例不甚协调，但轮廓具现，为迄今出土的最早玉人面形饰，在玉器史和美术史上有重要的价值（如图3-30）。

图3-29　大汶口文化玉铲

图3-30　大汶口文化玉人面形饰

5. 石峁文化

石峁文化遗址位于陕西省神木县石峁村，是陕北地区迄今发现的规模最大的龙山文化晚期遗址，距今4000年左右。石峁文化墓葬出土的玉璋、玉牙璋、玉多孔刀等都属于薄片状玉器，其祖型应是工具或兵器。玉器用料似有明显的区别，凡玉璋、玉牙璋、玉多孔刀均用墨玉制作，其他玉器则用青白玉、青玉或绿色玉，而绝对不用墨玉制作。石峁文化部落用墨玉琢磨礼器，反映了他们重黑色，以黑色沟通神灵的观念。后世引申以黑（玄）色为北方代表色，其原因可能出自石峁文化。

陕西省神木县石峁出土的玉人头，玉质呈乳白色，局部有褐色浸蚀。体扁平，头像作侧视，以阴线刻一橄榄形目，头顶有一椭圆形发髻，鹰钩形鼻，嘴微张，脑后有外凸的耳形脊。头下有颈，嘴角处有圆孔一个，可供佩系用（如图3-31）。

6. 含山文化

含山文化发现于安徽含山凌家滩，距今约5000~6000年。玉器种类以实用器和装饰器为主，玉质以当地产的阳起石或透闪石类为主，器身多钻有穿系用的孔，甚至一器多孔。含山凌家滩出土的拱手而立玉人五官俱全、四肢成备，著巾、衣、裤、腰束带，趋向于写实，其拱手而立有何寓意尚待研究（图3-32）。

图3-31　石峁文化玉人头

图3-32　含山文化玉人

大溪文化、大汶口文化、石峁文化都出土玉人面，以及安徽含山凌家滩出土了拱手而立玉人。上述人面有正面像和侧像两种，从大溪文化遗址出土黑玉隐起的正面像略带喜容，其四周刻有勾曲牙状、火焰状，说明此人面为神像而非原始人像。而石峁文化人面为侧面像，作顶髻，方鼻出尖，凸嘴微张状，髻下刻杏核形眼，耳在脑后，已非现实的人。这些玉人面像、玉人及动物，其形象构成及其艺术手法无不反映了玉器艺术早期古拙美术的特色。

7. 齐家文化

齐家文化最早发现于甘肃临洮齐家坪而得名，距今约3500~4000年。玉器种类以饰物和生产工具为主。饰物包括玉琮、璧、璜等；生产工具包括斧、锛、凿、铲等。风格特点为玉质硬度较高，个别器物制作不甚规整，但整体均经过磨研，边棱整齐。

纵观出土的新石器时代玉器，多为礼仪用器，器型繁多，以素器为主，刻纹饰者甚少。概括而言可分为直方系（斧、锛、凿、圭、璋、多孔刀）、圆曲系（璧、环、瑗、璜、珠、管）、直圆合体系（琮）以及肖生系（人面、人、鸟、鱼、蝉、龙、鳖、鹦），它们奠定了玉器器型的种类基础。此时的工艺技术已达到相当高度，从玉器的数量及质量两个角度衡量，可以说已形成了第一次治玉高潮期，但其艺术表现手法仍处于古拙时期。按其形制、用途等，可将新石器时代的出土玉器分为以下三类：

（1）实用玉器　即生产工具类，如玉刀、玉斧、玉铲、玉锛等。

（2）礼仪玉器　如璧、璜、琮等。我国新石器时代文化遗址出土的璧数量甚多，其大者如盘，小者如钱，多素体，无纹饰。古人在朝聘、祭祀、丧葬时用璧作礼器，也可作装饰用；璜的外形像璧的一半，也是古人在朝聘、祭祀、丧葬时用的礼器或装饰品；琮的分布广，出土多，造型独特，纹饰庄重。玉璧、玉璜、玉琮等的大量出土，证明原始人已经把玉器视为高尚的器物。大汶口文化出土的多节玉琮是重要的礼器代表（如图3-33）。

图3-33　大汶口文化多节玉琮

（3）饰用玉器　如簪、笄、环、玦、瑗、镯、坠、觿、珮、珠、管、片、玉锥、玉龙等。簪本为插定髪髻或连冠于髻的一种长针，后来专指妇女插髻的首饰；珠为像珠一样的玉制圆筒或球粒，呈球形、等盘珠形、腰鼓形及其他形状；管为细长的圆筒形或扁圆筒形饰物；片则无定形；玉锥形饰物发现于良渚文化遗址中，可能是项饰的一种，其外观呈细柱形，下端钝锥，上部有短小的柄，柄上有横眼可以穿挂，柱面上雕琢有几组简单的兽面纹，并以阴线隔开；玉龙发现于红山文化遗址，计有10余件，其大小虽有差别，但造型基本一致。

新石器时代早期玉器多为素身，晚期的玉器纹饰逐渐增多，因此纹饰的设计、雕刻和玉器的美化是新石器时代玉器，特别是其晚期玉器的一大特色。玉器的工艺技术在石器的长期、大量发展中也逐渐走向成熟，创制了专门的工具，出现了专门的人才。早期的玉器是"以石攻玉"，后来创制陶出现以后，则用轮动方法加工玉器。鉴于玉石坚硬，故硬质磨料已被利用。采用原始的机械带动磨料碾磨则是新石器时代晚期生产玉器的主要方法和必然结果。打孔方法有直桯打孔和管钻钻孔等，切割、磨制、打眼、钻孔，以及部分碾轧、勾勒花纹等加工工艺、技术均达到了相当纯熟的程度。

第二节　上古三代时期
——夏、商、周时代玉器特点

奴隶社会是以奴隶主占有生产资料和生产者（奴隶）为基础的社会，是人类历史上第一个实行人剥削人的社会。在这个社会里，随着生产的发展、文字的发明，人类的演化乃由野蛮时代进入到了文明时代，自此以后，人类的活动就有了比较可靠的文字记录。

新石器时代晚期，由于生产力发展，财富积累分配不均，总揽部落公共事务的酋长、主管祭祀的巫师和指挥战争的军事首领都占有大量财富（包括玉器）。红山文化、良渚文化墓葬出土玉器已经证明了这一点。又经历了千余年的发展，中国便进入了有阶级的文明社会，也就是青铜时代的夏、商、周三代（公元前21世纪至公元前221年）。

在青铜时代，不仅其生产工具是用青铜制造，而且统治阶级的礼仪用器、生活用具也多用青铜制造，从而削弱了玉器在社会礼仪方面的独占地位，玉器遂退居次席。玉器多用作玉瑞、祭器或佩饰，还用玉殓尸。

在原始社会里，玉材只不过是石材中的一种，玉器也只不过是石器家族中的一类成员。而在玉的概念形成以后，玉和玉器便分别从石材和石器中分离出来，人们开始从伦理、道德、宗教等方面赋予玉以崭新的含义，只是当时没有文字记载而已。到了奴隶社会，人们对玉的认识发生了重大变化。

①"玉"与"石"分开且有文字记载。如"君子佩玉"，而"石"则没有这种美事。

②在玉石业中已建立起玉雕业和石雕业，而且前者为主。加工所得的产品主要是玉器，但也有不少石制品。

③与此同时，随着私有制度和剥削制度的建立，玉和玉器则被统治阶级、奴隶主贵族所垄断，并赋予它们以神灵或迷信的色彩，成了权力的标记和高贵的象征。甚至对各阶级所用的玉的范围都规定了严格的界限。如天子、诸侯、卿大夫、士等就以其所用不同形制、纹饰的玉及玉器来区别尊卑贵贱。在文字发明以后，玉则被进一步神化、人格化，它本为自然界的一类资源，竟成了比喻圣洁、美善、相爱、相助、尊敬、高尚之意而倍加重用，出现了"君子比德于玉""君子无故玉不去身"之说。玉及玉器即使流传千秋万代亦仍具有无穷的生命力。

④建立了专门的制玉作坊，形成了相当规模的技术队伍，采用了一整套相当成功的造型艺术，生产出了数量繁多、形制美观、纹饰秀丽、等级森严的玉器。著名的殷墟就发现有制玉作坊的遗址。

⑤奴隶社会琢玉的工具设备，特别是转动工具已经相当成熟。例如，在已经出土的属于奴隶社会早期的玉刀、玉戈等大型玉兵器中，最大尺寸达0.5m以上。如此大的玉兵器，在取材、成型、磨平、找直、出刃、钻孔等方面都不能简单地用锤击、凿等方法，而必须拥有类似锯、钻等的工具设备和硬质磨料；从山西侯马出土的用玉制作的玉圭厚0.1～0.2cm，长30cm；玉戈长25cm，刃边厚不足0.1cm；从妇好墓出土的许多璧、瑗之类的玉器，中口上都有高出平面很多的口边。制作这样复杂的片饰，在从大片玉料上切割玉片时，其玉片厚度必定与中孔厚度相同，然后才能把两面的余料切割下去，进而制出口边。加上边在中部，故切割和研磨要旋转进行，在璧面上的同心圆刻线和弧槽也不是用人手勾画和随意研磨就能制作得很规矩的，而是要使用转动设备，使璧作同心圆运动而研磨工具不动，或工具作同心圆运动而璧不动；大件器皿如青玉簋则更是由人手所使用的转动工具须探出很远才能达到器皿腹部；如果要把其内膛的余料去掉，使外腹出现优美的花纹，口、足、腹的各种线规范匀称，就还需要其他工具设备，并确保操作人员技术熟练准确。

⑥镂空和管钻技术在原始社会就已出现，奴隶社会则获得了更大的进步。据出土玉器可知，有的直接用镂空造型，突出了剪影效果，有的镂空与纹饰巧妙结合，变化自如，对造型烘托细腻。大的镂空曾用工具直接切磨，如外形和内直线的镂空便是；有的镂空除用管钻技术外，还曾用像弓一样的工具，其弓弦被穿入孔眼中，借着弓弦来回搓动，带动磨料，从而把余料去掉。用这种技术镂空的眼地走线均匀、弯曲自由、棱角清晰。玉凤就是这种效果；管钻除打孔外，还

曾用于玉器造型,如虎口就是前面一钻、侧面一钻打出来的,取出钻心后,不但出现了虎嘴,还出现了锋利的虎牙;器皿的膛在出造型时用管钻取余料也比直接切磨省力;挤轧是以研磨为主的技术,是玉器造型的精髓,因挤轧能推进、碾出,出现具有高低起伏的面,故对造型来说非常重要;再从奴隶社会出土玉器的浮雕效果来看,用于挤轧的工具已经复杂化。玉器行业称这种技术为勾、轧、顶、撞、挖,如果没有这种技术,是不会出现浮雕效果的。

⑦按形制、用途等划分,可将奴隶社会的大量玉器分为生产工具、生活用具、礼仪玉器、饰用玉器、随葬玉器、玉兵器和玉币等,其中以佩饰的玉器为主。纹饰以浮雕纹为主,由单线阴线过渡到双线阳线,再过渡到浮雕。其表现方式有两种:一种是商代的双勾线轧法;另一种是周以后的浮雕和撞地浮雕法。双勾线轧法在线的运用上比绘勾单线更为突出和有立体感;浮雕使物象细部表现出立体感;有的浮雕较浅(周代以前即有之),有的浮雕较深;撞地浮雕法又称"撞地起花",使单元图案脱颖而出,如谷纹、涡纹、螭纹、虺纹等。

一、夏代

夏代是我国奴隶社会的建立时期,也是从石器向铜器过渡的时代,起止时间是从公元前21世纪至公元前17世纪初。夏代的玉石业不仅继承了新石器时代玉石业的传统,同时又向前发展,既重佩饰又重实用,具有相当高的工艺美术及技术水平。夏代玉器艺术的发展方向仍处于探索当中,考古学上称此期为二里头文化一、二期,晚于河南龙山文化、早于郑州二里岗文化的河南偃师二里头文化堆积是现知最著名的属于夏代、兼及早商的文化层。它继承龙山文化玉器传统,仍以仪兵型的玉圭、玉璋、玉戈、玉多孔刀、玉刀、玉钺等薄片状出扉棱或牙齿饰玉器为其主要造型特征。

柄形玉饰出土于河南偃师二里头遗址,长17.1cm,柄部宽1.8cm,厚1.6~1.8cm,似古代武器中的鞭。其上下前后均进行了琢磨,柄部中凹如旱烟嘴,有一横孔,柄下有三组兽面纹,每组之间有节隔开,节饰弦纹。节中的兽面纹,双勾倒棱,末端的兽面纹有浮雕效果(如图3-34)。

偃师二里头遗址出土的一件玉璋长54cm,宽14.8cm,通体磨光,内有一个面穿圆孔。两面磨刃,刃作凹弧状,两阑均出扉牙(如图3-35)。同一遗址出土的一件玉刀长65cm,宽

图3-34 二里头文化玉柄形饰

图3-35 二里头文化玉璋

9.6cm，厚0.4~0.5cm，有刃，7孔，斜格阴线纹极细，被称为"七孔玉刀"（如图3-36）。

湖北黄陂盘龙城遗址出土的一件玉戈长达93cm，它是已经发现的玉制兵器中的最长者（如图3-37）。

制作这样大的薄片状，外表为外凸或内凹的弧面形玉制兵器，必须从大块玉料上进行切割、找型、磨平，这在当时实非易事。因此，有的学者认为，这些新兴的玉制兵器由于太过薄，不能用于战争，而是大奴隶主为了压服奴隶、慑服中小奴隶主，用来摆阔气、讲仪容、壮门面的仪仗兵器。

图3-36　二里头文化七孔玉刀　　　　　　　图3-37　盘龙城出土玉戈

二、商代

商代是我国奴隶社会的发展时期，也是我国为人类文明事业的发展做出重大贡献的时代，其起止时间为公元前17世纪初至公元前11世纪，但因商王盘庚曾从奄（今山东曲阜）迁到殷（今河南安阳），故商也被称作"殷"，殷经八代十二王。从盘庚迁殷到纣亡国，历时250余年，一般称其为"殷代"。殷都位于今河南省安阳市西北，洹河由西向东流贯全境，其面积大约有三十平方公里，现称为殷墟。至于整个商代，亦称为商殷或殷商。文字的发明是人类历史进入文明时代的一个极为重要的标志，现知我国的文字就发明于商代。商代玉石业的发展大致有四个特点：

① "玉"与"石"分开；
② 社会上已经形成了独立的玉雕业和石雕业；
③ 玉器的生产极为发达；
④ 玉器已有文字记载。

因此，商代玉石业的发展是我国玉石业发展史上的一个转折点，直至封建社会末期，期间大的方面都彼此相似。商代玉器的雕琢技艺为世所钦自不待言，而且制成的器物逐渐脱离了实用的传统，形成了权力和赏玩的风尚。

商代早、中期，考古学上称为二里头文化三、四期及二里岗文化早、晚期。以今郑州为中心，除了上述璋、戈、刀等玉仪仗兵器之外，还出土了玉柄形饰、玉援铜内戈等器，开创了金玉结合的工艺。

已知最著名的有大量商代玉器出土之地是位于今河南安阳小屯村及其周围的殷墟。它是商代后期历时达250余年的都城遗址。考古发现了宫殿、作坊、陵墓等遗迹,以及大量的生产工具、生活用具、礼乐器、甲骨等造物,其中包括玉器1000多件,还发现了玉石作坊遗址。

"妇好墓"出土玉器达755件,为殷墟历来出土玉器最多最好者。此墓出土玉器均为王室制者和征调贡进之方国玉器,不仅有后商时代玉器,还包括几件红山文化和石家河文化的远古玉器。妇好墓即殷墟5号墓,位于河南省安阳小屯村西北,"妇好"为殷王武丁的"诸妇"(嫔妃)之一,她曾多次率帅征战,立下了赫赫战功,堪称殷代声望很高的女将军,是一位出色的军事指挥官,又属于巨富,是豪华大奴隶主的一个重要人物,而且也是一位玉器爱好者和迄今所知最早的一位收藏家。她的墓葬保存得最完好,在已知的1600多件前所未见的艺术珍品中,有755件玉石器物,其玉器的形制有琮、璧、璜、瑗等礼器,人像、头像以及象、虎、熊、牛、马、羊、猴、兔、鹰、鹅、鸮、鹦鹉、蝉、螳螂、蛙、鱼等禽兽、飞鸟、虫鱼类,以及龙、凤等。

商代玉器有祥瑞动物,如龙、凤;写实动物,如曲颈鹅、鹦鹉、虎、象、牛、鸭、鳖、龟、鱼、螺、蝉等,还有变形动物和人物。有圆雕和片雕的。其他尚有礼器、进贡或馈赠的佩饰、工具、兵器、玉币。以下为商代殷墟妇好墓出土的一些代表性玉器。

(1)玉鹅 左边玉鹅高10.1cm,厚0.6cm;右边玉鹅高7.8cm,厚0.5cm,1976年河南省安阳殷墟妇好墓出土,中国社会科学院考古研究所藏。左图玉料呈浅灰色,局部有褐斑。体扁,以双勾和单阴线及镂空手法琢制,鹅扁嘴、圆眼、弯颈、展翅、挺胸、双足直立,足下有榫,可插入它器,似作器柄。右图玉料呈浅绿色,琢制手法和鹅的形态与左图相似,唯此器较小,且足间有一小圆孔略异。妇好墓共出土玉鹅三件,乃迄今所知最早者(如图3-38)。

(2)玉鹦鹉 高11.2cm,厚0.3cm,1976年河南省安阳殷墟妇好墓出土,中国社会科学院考古研究所藏。玉料呈褐色,体扁平。头部以双钩和单阴线饰一后垂并内卷的长冠,臣字目,鹰钩嘴,翅微展,尾下垂,尾尖上翘,足端有三爪并前屈。鹦鹉冠和背部有齿状凸脊,两面饰纹相同。耳端有一圆孔,可穿系为饰(如图3-39)。妇好墓共出土21件玉鹦鹉,琢磨精美,形态略异,其中还有一件是立雕,反映了当时人们对鹦鹉的喜爱。玉制鹦鹉此为最早实物之一。鹦鹉能学人语,可饲养玩赏,此墓出土鹦鹉如此之多,可能与此有关。

图3-38 商代玉鹅

图3-39 商代玉鹦鹉

（3）玉鸮　高7.7cm，1976年河南省安阳殷墟妇好墓出土，中国社会科学院考古研究所藏。玉料呈深褐色，局部有黑斑。鸮为立雕，昂首站立，面呈三角形，头顶两耳相连，钩喙下弯至胸，双翅并拢，背有凸脊。以双钩饰目、羽毛和翎纹。两耳相连处有一圆穿，可系挂。玉鸮粗壮的双腿和下垂的尾端作三足鼎立状，置放平稳，设计制作颇具匠心。玉鸮在红山文化中已有发现，但立雕者，初见于此（如图3-40）。

（4）玉龙　高5.6cm，长8.1cm，1976年河南省安阳殷墟妇好墓出土，中国社会科学院考古研究所藏。玉料呈墨绿色，一面呈褐色。器圆雕而成，细部加饰双钩线刻。龙首微昂，张口露齿，口内有一横穿圆孔，鼻微凸，臣字形目，绳索纹眉，双钝角后伏。背中央有锯齿状凸脊，尾向右侧曲卷，身粗，尾尖，通体饰菱形或略似三角形的鳞纹。两短足前屈，各有四爪。左侧外足饰云纹，右足光素无纹。下颌正中有一上下对钻的小孔。此器是研究商代玉龙形态最有价值的典型作品（如图3-41）。

图3-40　商代玉鸮　　　　　　　　　　　　图3-41　商代玉龙

（5）玉凤　长13.6cm，厚0.7cm，1976年河南省安阳殷墟妇好墓出土，中国社会科学院考古研究所藏。玉料呈黄褐色。体扁，略呈"C"字形，两面饰纹相同。凤圆眼，喙如鸡，三个柱冠顶部相连，短翅微展，翅上以剔地阳纹饰翎。长尾自然弯曲，尾翎分开，光素无纹。身前有镂空孔，腰间两侧各有一外凸圆纽，纽上有圆孔，可供佩挂（如图3-42）。凤为想象中的祥瑞动物，其形态历代不同，此玉凤琢磨精巧，饰剔地阳纹，为商代玉器中罕见的佳品，亦是早期玉凤的代表作。

（6）玉鳖　长4cm，1976年河南省安阳殷墟妇好墓出土，中国社会科学院考古研究所藏。玉料有墨黑、灰白两色，局部有灰褐色浸蚀。器系立体雕刻，略呈扁形，鳖四足平伸，颈作半龟缩状，两眼圆睁，眼球与眼睑分明。黑色玉质部分巧作成背和双目，灰白色部分巧作成头、颈和腹，形象逼真，色泽分明。腹部右上方有一圆形小穿，可供系佩（如图3-43）。此器为迄今所知最早以俏色手法制作的玉器之一。

图3-42 商代玉凤

图3-43 商代俏色玉鳖

（7）跪式佩宽柄器玉人 高7cm，1976年河南省安阳殷墟妇好墓出土，中国社会科学院考古研究所藏。玉料呈青色，通体有黄褐色浸痕。玉人系圆雕，作跪坐状，双手抚膝，长脸尖颔，弯月形细长眉，臣字眼，闭口，凸鼻，头梳长辫一条，辫根于右耳后侧，发辫盘绕至头顶，再由头顶延盘到左耳和右耳，并与辫根相接。头上戴圆箍形"頍"，用以束发。"頍"前连有卷筒状饰。头顶露出发丝，上有左右对穿的圆孔，似作插笄用，此孔前另有一孔。身着衣，交领垂于胸，长袖至腕，袖口较窄。腰束宽带。衣下缘似及足踝，衣上饰云纹。腹前悬长条形蔽郗，下缘及膝部。似着鞋。腰左侧插一宽柄器，饰卷云纹和节状纹，上端作卷云形，下端弯曲，似蛇头（如图3-44）。玉人衣饰华美，身插器具，是了解当时服饰衣纹极珍贵的资料。

（8）玉立式两性人 高12.5cm，肩宽4.4cm，厚1cm，1976年河南省安阳殷墟妇好墓出土，中国社会科学院考古研究所藏。玉料呈青灰色。体扁，镂雕加阴线纹琢制。两面饰纹略异。一面为男性像，圆脸，双目宽而微凸，大耳，头上梳两个角状发髻，耸肩，双手放胯间，膝略内屈，以不同的线条饰口、目、手、足和肌肉的细部。另一面为女性像，体形与男性像相似，唯眉较弯，小口，双手置腹部。玉人呈裸体直立状，足下有伸出的短榫，可作插嵌之用。或即柄形器之又一形式（如图3-45）。

妇好墓出土玉器不排除有殓尸玉，但也有不少的玉器是妇好生前所喜爱玩赏者。可以表现殷王室玉器的水平，它还是继红山文化积石冢，良渚文化反山、瑶山两地墓葬出土的相当于帝王玉的一批玉器之后发现的又一批类似帝王玉的王室玉器，十分珍贵。所出755件玉器包括礼器、仪仗、工具、用具、装饰品、艺术品以及杂器等七类。今天我们在毫无文献和铭记佐证的情况下，解释其功能是十分困难的，要求分类准确更是难上加难，但无可否认妇好墓出土玉器中确有大量肖生玉，这一点不能不说是妇好藏玉的重要特点之一。这批肖生玉不论其功能如何，确实具有玉雕艺术的性格，足以代表商晚期玉雕艺术的高超水平。

首先，玉雕的玉材优越，做工精良，相材施艺，据料赋形，也就是说根据玉材（子玉）的外形设计相应的肖生，以突出玉材美。

图3-44　商代跪式佩宽柄器玉人　　　　　　图3-45　商代两性玉人

其次，以象征的手法夸大头部、强调五官，尤擅夸张眼睛，作"臣"字眼形，突出了圆形眼瞳，动物则阔口露齿，以表现其狰狞的面貌而富有阳刚之气。鸟则强调其冠羽和勾喙，又有着妩媚之美，旨在以眼传神，重神似、轻形似，身部比例缩小，并饰以双勾阴纹，富有装饰趣味。玉人不求肖生比例准确和动态的真实，而以传神示意为主要宗旨。故肖生玉雕无不性格鲜明、神采灼然。

从琢工特点上看，一般认为商代出现了我国玉器生产和玉石雕刻艺术的第一个高峰，在琢工、纹饰等方面均有许多出色的创造。其前期琢工直道多、弯道少，粗线条多、细线条少，阴文多、阳文少，穿孔外大里小；至商代中后期，其琢工、纹饰出现了很多突出的变化。殷代肖生玉在造型上因重玉料，往往以几个形体组成形象，细部的阴阳面被淡化、减弱，多用双勾阴线琢雕，起到了装饰作用。双勾用纹向外侧偏、坡，磨去内线边使其略呈圆弧状，给人以阳线的错觉。此等拟阳线手法普遍被采用，而真正的减地平凸状阳线纹则极少使用。同时还使用单阴线，往往用于次要的细部纹饰或两面纹饰的背面。线的表现在殷代玉器中占据重要地位，其细部勾勒主要是要靠线（拟阳线、双勾、单阴线）来完成，从这个角度上可以说，殷代玉器是线的艺术，或者说几个形体的堆积和线处理的巧妙结合就是殷代玉器的艺术特色。

从玉器纹饰而论，殷代肖生玉及其他各类玉器之图案均与当时的青铜器纹饰相通。殷商青铜器上的兽面纹、夔龙凤纹及回纹、云纹等都为玉器加以变通应用。玉簋的出现说明玉器确在追随青铜彝器，但在成型纹饰上并非一味地模仿，而有它特殊的一面。这也是在青铜时代背景下玉器艺术的主要特征。

可以肯定殷代玉器确已形成了一种艺术模式，地不分南北，各处玉器均处于同一模式之下，有着同一的时代格调，这种情况在原始社会古拙艺术时期是不存在的。至此，中国古代玉器始有同一的时代格调主宰着各地各方玉器，并随时间推移均在变化、革新、转换。一种艺术模式一旦形成便稳定相当长的时间，其演变是逐步的、缓慢的，它有自身的演变规律，很难突然改易。

三、西周时代

西周是我国奴隶社会的鼎盛时期，其起止时间是从公元前11世纪至公元前771年。西周武王灭殷，"俘商旧玉亿有百万（《逸周书世俘解》）"；清代王念孙《读书杂志》校为"凡武王俘商，得旧宝玉万四千"较为接近史实。于是周武王也成了全国最大的玉器占有者，周代玉器多出土于陕西宝鸡、周原、长安、沣镐以及河南三门峡虢国墓地。

在继承商代玉石业优良传统的基础上，西周时代人们对玉石加倍重用，将其列为"八材"（珠、象、玉、石、木、金、革、羽）之一，并把它"人格化"。从宝鸡茹家庄强伯、井姬合葬墓出土玉鹿及三门峡虢国墓出土玉珮可知，其器型、纹饰及其艺术风格仍是在殷代玉器艺术格调的基础上呈现着有限度的变化。西周玉器在琢工上比商代玉器粗简，着意轮廓，多用一面坡阴刻，用线简略。早期周玉多写实剪影效果，平面化，立雕少见；如此做工的玉器给人以简洁、明快、潇洒、飘逸的美感。西周后期出现了浮雕玉器。以下为西周时期的代表性玉器。

（1）玉鸟纹刀　西周早期，长13.6cm，最宽3.8cm，1980年山东省济阳县刘台子征集，山东省德州市文化局藏。玉质呈青色。体扁，略作长方形，顶和两侧有对称的脊齿，下端由两面斜磨成刀。两面饰纹相同，皆以双勾琢上下两只高冠、圆目、钩嘴、长尾、直立的鸟纹。玉刀饰纹精致，边有凸脊，下端有刃，为西周玉器中罕见之物（如图3-46）。

（2）青玉透雕龙凤人物饰　西周中期，高6.8cm，宽2.4cm，厚0.5cm，1984年陕西长安县张家坡村157号墓出土，中国社会科学院考古研究所藏。玉料青绿色，片雕兼镂雕。上部有大小二人首与下方三龙一凤相连接。小人首头上有盘旋式发髻，粗眉，橄榄形眼，大耳，长鼻，短颔。大人首披发，方圆形眼，长鼻，短颔。三龙纹中有二龙作整身形，一龙仅为龙首，凤形简约，造型奇异罕见，极富神秘色彩。龙凤合体形玉器早见于妇好墓两件玉珮，开中国传统龙凤艺术之先河。人与龙凤合体形玉器，此玉珮为首见，甚为珍贵（如图3-47）。

图3-46　西周玉鸟纹刀

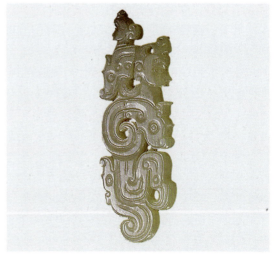

图3-47　西周透雕龙凤人物玉饰

（3）玉双鹿　西周中期，大者高8.4cm，1974年陕西省宝鸡市茹家庄强伯墓山上，陕西省宝鸡市博物馆藏。两件皆青玉质。体扁，一大一小，大者昂首前视，小者回首顾盼。大者角长枝繁，小者角短且枝杈不茂。大者饰臣字目，小者饰圆目，大者于角根钻一圆孔，小者于角中钻一圆孔，均可供佩系（如图3-48）。此玉鹿虽饰纹简洁，但形态逼真，栩栩如生，为西周玉鹿之最。

（4）玉鹿　西周中期，高4cm，长3.7cm，1974年陕西省宝鸡市茹家庄强伯墓出土，陕西省宝鸡市博物馆藏。玉料呈深碧色。鹿圆雕而成，作回首直立状。头顶双耳张开，无角，似为幼鹿，通体光素无纹。耳下有一圆穿为目，臀部亦有一穿，皆可穿系佩挂（如图3-49）。

图3-48　西周玉双鹿

图3-49　西周玉鹿

周代用玉有如下四大特点。

①制作礼器，以充国用，为西周用玉的一大特点。如六器、六瑞就是著名的大器或重器。所谓"六器"乃指用苍、黄、青、赤、白、玄这六种不同色泽的玉石琢成的专门用来祭祀天地的礼器，天子用之，以理告天地四方。据《周礼·春宫·大宗伯》载，通常以"苍璧礼天，黄琮礼地，青圭礼东方，赤璋礼南方，白琥礼西方，玄璜礼北方"。这些礼器名称的第一个字为颜色，第二个字为器名。如"苍璧"就是由于天呈苍青色（苍苍者天），黄琮乃因地呈黄土色之故，又因古有"天圆地方"之说，所以礼天用的是圆形的苍璧，礼地用的是方形的黄琮。至于东、南、西、北四方礼器所用的器物被认为是根据"五行"之说而进行图案化的。

与商代相比，西周的玉器还被用作达官贵人高贵的象征、权力的标志。如作为朝聘用的"六瑞"就有这种功能。周王朝曾规定以玉石为原料，制作六种不同尺寸的圭和璧，供大臣们执掌，作为自己权力大小的标记。每当共同朝见周王时，大臣们必须各执其特有的璧和圭作为信物，以显示自己不同的身份或权位。《周礼·春宫·大宗伯》则记载了"以玉作六瑞，以等拜国：王执镇圭，公执桓圭，侯执信圭，伯执躬圭，子执谷璧，男执蒲璧"。所谓"瑞"即瑞玉，古人用为信物，以作封官拜爵之用。"六瑞"无疑明确显示了西周时代国家各级达官显贵由于地位高低不同、权力大小不等而须执不同的圭璧。通常"镇圭"雕琢有四镇之山，"桓圭"雕琢有宫室之象，"信圭""躬圭"则雕琢人形，分别由天子和公爵、侯爵、伯爵所执掌，其形制相同，而以其尺寸的不同来区分尊卑；"谷璧"雕琢有米粒，蒲璧雕琢有编为纲目的蒲席纹，分别由子爵和男爵所执掌，其形制亦相同，而以纹饰的不同相区别。

另外，还有用玉石做成的符节，即"玉节"，亦被用作重要的信物。据《周礼·地官·掌节》记载："守邦国者用玉节，守都鄙者用角节"。大臣请见君王时则用"笏"，它是用玉石、象牙或竹片制成的一种狭长的板子。朝见时大臣执于手中，以为指画及记事之用，亦称"朝笏"，简称"手板"。如《礼记·玉藻》即载有"凡有指画君前，用笏"。天子与诸侯歃血为盟时用以盛牛血和牲血的礼器称"珠槃玉敦"。概括地说，不同颜色、不同形制或纹饰的玉器作为国事或政事活动中不同典制、礼仪时的用玉，为西周用玉的一大特色。

②雕制各种佩饰，以美化人身，为西周用玉的又一大特色。特别是首饰，在西周时代已颇为流行，其中以妇女佩用为多。另在《诗经》里则有大量的关于使用首饰及其他佩玉的描述，如《诗·鄘风·君子偕老》称"君子偕老，副笄六珈"。其意是说，百年偕老的夫妻，在妻子头上出现了"六珈"这种头饰。"副"指的是当时王后和诸侯夫人编发所用的假发髻，用笄把"副"别在夫人头上。笄上再加玉饰，叫做"玉珈"，而珈数的多寡常不一致。按规定，"六珈"为侯伯爵夫人所用。

③作为馈赠品，即用作厚礼，赠送或赏赐他人，亦为西周玉及玉器的重要用途之一。例如，《诗经·国风·卫风·木瓜》就有"投我以木瓜，报之以琼琚；投我以木桃，报之以琼瑶；投我以木李，报之以琼玖"等记述。其大意是说别人赠我小小礼品，而我报答他的则为美玉饰物。《诗经·郑风·女曰鸡鸣》称"知子之来之，杂佩以赠之"，这里的"杂佩"指的是西周时代贵族女子腰间所佩带的珠玉等饰物，由于女子知道自己所喜爱的男子一定要来，所以事先就准备好了，待男子来后，赠送给他。

④玉制工具、器皿及兵器的应用在西周时代同样比较普遍。已知有刀、斧、铲、凿、镰、梳、耳、勺、觽、杯、剑等。《列子·汤问》记载："周穆王大征西戎，西戎献昆吾之剑，火浣之布，用之切玉，如切泥焉。"东方朔的《海内十洲记》亦称："周穆王时，西胡献昆吾割玉刀及夜光常满杯。刀长一尺，杯受三升。刀切玉如切泥，杯是白玉之精，光明夜照"。这说明夜光玉及类似金刚刀具的昆吾剑，至迟在西周时代就开始利用了。

自西周以来，玉逐渐被抬升到神秘的境地，人们认为它是"天地之精华、阳精之至纯"。活人吃玉可以长生不老，于是在社会上兴起了食玉之风。大概因为玉过于高贵、神秘，所以周穆王西巡时还亲自到昆仑山去取玉。如果这一史料属实，那么，我国昆仑山的玉石大约在公元前1000年就输入内地了。

四、春秋时期

从公元前770年周平王东迁洛邑，至公元前256年被秦所灭止，在我国历史上称"东周"，期间又可分为春秋、战国两个时期。春秋时代的起讫时间是周平王元年（公元前770年）至周敬王四十四年（公元前476年），其后期为我国由奴隶社会向封建社会转变的时期。东周王室衰微，诸侯兴起，由于天下诸侯各霸一方，不受周室的实际控制，因而玉器就不仅王室、贵族所拥有，各诸侯国亦争相占用。王室、诸侯均收藏大量玉器，所以王室玉与诸侯玉在后世均有所出土。

此时"君子比德于玉"，儒家先哲给玉注入了"德"的内涵。以孔丘为代表，他主张玉含有仁、知、义、礼、乐、忠、信、天、地、德、道等十一德，将"君子""玉""德"联系在一起。

玉的德行化与帝王玉的神灵性、政治性相对立是平民意识的反映，具有民主色彩。这种民主思想对玉的审美有着影响，这就是"首德次符"的主张。它是贯彻于用玉、治玉、赏玉领域里千古不移的准则。

铁器比较普遍的使用导致了玉石加工在形制及纹饰方面风格迥异。春秋时代利用过的宝玉石资源有昆山玉、和氏璧、水晶、玛瑙、绿松石、孔雀石、硅孔雀石等。

春秋玉器早期仍继承西周做工且有所变化，但其典型风格是器型小巧、装饰细密。盛行夔龙首纹、涡纹等，浅隐起为主。到晚期，各诸侯国出土玉器较多。洛阳是东周建都之地，发掘出来的玉器比较多，且多为佩饰。春秋时期各诸侯国还出土其他玉器如玉具剑、剑嵌玉饰、嵌绿松石铜带钩、成组佩玉等。春秋时期的代表性玉器如下。

（1）玉鸟兽纹璜　春秋早期，横宽11cm，肉宽2.5cm，厚0.2cm。1983年河南省光山县宝相寺黄君孟墓出土，河南省信阳地区文物管理委员会藏。青玉质，体扁平，形若圆环的三分之一。璜边沿有对称的凸脊，一面以中部为界，饰以双勾和单阴线琢成的简化而又变形的鸟兽纹。两端各有一圆穿，可供系佩（如图3-50）。

（2）玉人首蛇身饰　春秋早期，外径3.8cm，厚0.2cm，1983年河南省光山县宝相寺黄君孟墓出土，河南省信阳地区文物管理委员会藏。两件玉质皆呈黄色，大小厚薄相同。体扁平，作椭圆环形。两件正反面饰纹略有差别。其中右图一件，一面以阴线饰发、眼、耳、口、鼻和有鳞蛇身；另一面饰纹相似，唯目纹作圆圈形。左图一件，饰纹与右图同，唯一面以阴纹饰图，一面以剔地阳纹饰图。两件皆作侧身人形，耳佩圆环，似一为男性，一为女性（如图3-51）。以玉制作人面纹，始于新石器时代。此人首蛇身玉饰，在出土玉器中，尚属初见。东晋《玄中记》载："伏羲龙身，女娲蛇身。"此两件同出一墓，人首蛇身，形态略异，或即传说中的"伏羲"和"女娲"像。

图3-50　春秋玉鸟兽纹璜

图3-51　春秋玉人首蛇身饰

（3）玉璜　春秋晚期，长11cm，厚0.4cm，1988年山西太原金胜村晋乡赵氏墓出土，山西省考古研究所藏。玉料呈黄褐色，器呈扇形，短宽，相当于璧的三分之一。两端呈兽首形，近边缘中上部各有一穿孔，构成兽首之目。额部突出，鼻梁外凸，嘴微内，首紧闭，顶部宽大呈宽齿轮状。器的中部为二首之共躯，躯比首略小。其中部上方还钻一小孔，以便佩带。器全身饰浮雕粗壮的虺纹（如图3-52）。

（4）玉虎形珮　春秋晚期，长11.9cm，宽3.8cm，厚0.1～0.3cm，1986年江苏省吴县严山出土。江苏省吴县文物管理委员会藏。玉色灰白，夹有黑斑。体扁平，厚薄不均，器似虎非虎，似龙非龙，形制特殊。其躯前半部似虎，作趴伏状，并雕琢出左右前肢，作屈蹲状。但后半部修长，上翘，右侧还雕出了两个后肢，这些不是虎的特征。其首侧视，作回首反顾状，正视似龙首，吻部修长，鼻高卷。器正面雕琢隐起勾云纹，并填以羽状地纹和阴刻周线。背面还遗留有玉匠将一器剖锯呈两器时留下的四道直线锯痕。器的头部和尾部各钻一孔，以便佩挂（如图3-53）。此器出自江苏吴县严山，估计为一处吴国的窖藏，可能为吴国王室之物。

图3-52　春秋晚期玉璜

图3-53　春秋晚期玉虎形珮

（5）玉人　春秋晚期，高2.5cm，1979年河南固始县侯古堆1号墓出土，河南省文物研究所藏。玉质青白，略泛黄。全器圆雕跪坐式，浮雕各个细部。头梳双髻，局部发丝纹饰清晰。圆脸，面部眉骨隆起，双臂粗壮，屈肘，双手交合于腹前，左手五指压于右手之上。双膝跪地。此器从头到底，纵穿一小孔，以便佩戴（如图3-54）。墓主为吴国夫人，此器为墓主随身佩带之物。

（6）玉剑格、玉剑首　春秋晚期，1972年江苏省六合县程桥二号墓出土，南京博物院藏。玉剑格，高3cm，宽5.7cm，厚2.9cm，青玉质。两端呈椭圆形，中心有一菱形穿孔，孔周剔地隐起勾连云纹。周边用六道凹槽分隔成六组大小不等的凸面，皆作长方形，每块凸面均隐起不同的卧蚕纹。此器发现时，于菱形孔内插入青铜剑，是迄今所知最早出土的玉制剑格。玉剑首，长4.9cm，最宽3.9cm，最厚2.6cm。玉料呈青褐色。正视两面呈梯形，俯视两端呈长方委角形。两正面各以蚕纹组合成变形兽面纹，两侧面各以三道凹槽分隔成四组长方形凸块，每块面隐起若干卧蚕纹。俯视见较窄的一端中心有一穿而不透的圆孔，供剑把插入；另一端以三道凹槽分成四块凸面，其中央两块呈长方形，侧边的两块呈梯形，块面均饰略异的云纹（如图3-55）。这件玉剑首，是迄今所知最早的出土物，是研究"玉具剑"的重要数据。由此可知，玉具剑最迟在春秋晚期已出现。

图3-54　春秋晚期玉人

图3-55　春秋晚期玉剑格、玉剑首

第三节　中古、近古时期
——秦汉—明清时代玉器特点

　　封建社会是以封建地主占有土地、剥削农民或农奴剩余劳动为基础的社会。各国经历的时间长短不一。我国从战国时代起，经秦、汉、三国、晋、南北朝、隋、唐、五代、宋、元、明、清，至公元1840年鸦片战争之前，历时2315年。在此期间玉石业繁荣发展。玉石业大致有如下特点：

　　①在宝玉石资源方面，红宝石、蓝宝石、金绿宝石、祖母绿等高档宝石得到了利用。与文化艺术有关的砚石、印章石，以及各种石雕材料等获得了大规模的发展。

　　②铁器的普遍使用和钢制工具的不断涌现，促进了宝玉石加工工艺和技术水平的空前提高。

　　③玉雕业和石雕业均形成了独立的行业，获得了空前的大发展。它们有宫廷和皇室办的，也有地主、豪富、巨贾办的；有官办的，也有民办的。

　　④玉器的形制纹饰千姿百态、复杂多变、生动活泼，且加工精致，具有诗情画意及强烈的艺术感染力，富有时代特点和民族气息。

　　⑤在人们心目中，"玉"与"石"有本质的区别，而且对玉的认识更加人格化、神秘化。玉除大量用作礼器、祭器、佩饰、馈赠品、法器及其他饰物、工具外，大型陈设品、观赏品亦大大增多。玉玺受到了异乎寻常的珍重，印章被广泛使用，葬玉食玉之风丝毫未减。

　　⑥玉石贸易获得了蓬勃发展。上层统治者、达官贵人、大商人等视玉及玉器为特殊商品，开展了频繁的交换和流通活动。如吕不韦就是一位以经营珠宝玉器为主的大商人。由于其生意兴隆、财源亨通，终于登上了贵族、官僚的高位，当上了秦国的"相国"。宝玉石收藏家、商户、自由职业者、玉匠等也将自己拥有的玉器拿到市场上交换或销售。

　　⑦涌现出了不少著名的玉匠和琢玉大师，形成了具有不同技艺和不同风格的艺术流派。

一、战国时代

　　一般认为其起讫时间是从周元王元年（公元前475年）至秦始皇二十六年（公元前221年）

统一中国,历时254年,此即著名的"战国时代"。它是为我国人类文明事业的发展做出重大贡献的时代。

战国时期开发利用的宝玉石矿产有水晶、灵璧石、绿松石、昆山玉、准噶尔玉、夜光玉和氏璧、翡翠、琥珀、磬石等。经过长期的考古发掘和研究,战国时代的出土玉器在数量和质量上都远远超过传世玉器。战国玉器以湖北随州曾侯乙战国早期墓、河北省平山县南七汲中山国战国中期墓、山东曲阜鲁国故城战国中期墓及安徽长丰县杨公乡战国晚期墓出土玉器为代表。

战国时代的玉器品种很多,以佩饰及仪礼玉器为主。计有璧、环、玦、璜、圭、琮、珠、管、笄、片饰、镂空玉珮挂饰、镂空龙凤玉珮、嵌玉器物、玉带钩、嵌玉带钩、玉鋆剑、成组佩玉,以及玉印、玉灯、葬玉等。嵌玉器物在战国时代的生产和应用亦相当盛行,如鎏金银嵌玉组合器物、金玉石钩、玉具剑等。

战国时代的玉印有私印和官印两种,统称"玺"。官印为宫廷信物,是统治者行使权力的凭证;私印用作吉祥物或人与人之间办事的凭证。北京故宫博物院就藏有战国时代两枚很精致的私印,它们各高约3~4cm。其中一件为玉舞人纽印,高3.7cm,面径0.8~1.2cm,青玉质。印纽为人形,身着长袖衣,右手举穿孔的鸡心形物,左手置腹部,作翩翩起舞状。以单阴线饰五官及周身纹饰。纽下为一长方印,阴刻"何善"两字。字外随印面形阴刻弦纹一圈。鸡心形圆孔,可供穿系用(如图3-56)。战国印以铜质为主,以玉制印者不多见,此印是迄今所知最早的玉制印章之一。

玉灯至迟在战国时代即已经出现。如北京故宫博物院就藏有当时的青玉勾连云纹灯,它似为三节黏合而成的器物。高12.8cm,灯盘径10.2cm,故宫博物院藏。新疆和田青玉,局部有赫褐色浸痕。灯由盘、把手和座三部分组成,分别用三块玉雕琢后黏合为一器。上部灯盘作圆形浅腹,盘中心凸起一五瓣团花柱。中部把手作圆柱形,上浮雕仰形三叶饰,中束腰,下满饰勾连云纹。座为覆圆盘形,靠近把手处饰隐起的五瓣柿蒂纹,靠近底部饰勾连云纹,足底凹进,亦通饰勾连云纹(如图3-57)。所知战国灯,大多以金属或陶为之,玉制灯仅此一件,堪称绝品。

图3-56 战国玉舞人纽印

图3-57 战国玉勾连云纹灯

1. 战国早期玉器

湖北省随县曾侯乙墓出土了300余件玉器，其玉器的数量虽不算太多，但质量却相当精美。纹饰以云纹为主，采用了浮雕、透雕、阴刻、单面或双面雕等多种工艺。其中有代表性的作品有镂空玉雕挂饰。

（1）镂空玉雕挂饰　战国早期，通长48.5cm，最宽8.5cm，1978年湖北省随县擂鼓墩曾侯乙墓出土，湖北省博物馆藏。玉料呈青色，全器由五块玉料琢制，加工技术难度最大，也最为精致。它用5块形状不同的青白玉分别雕成了夔龙、夔凤、蛇或其他形制，共五组十六节。继而镂空26个圆环或半圆环，使它们相互勾结，便于摺捲。然后用其中3个椭圆形和一个半椭圆形带榫头及铜插销的玉活环，拆卸成5组小型透雕玉珮（如图3-58）。其造型之复杂，雕工之细腻、精致，在战国时代堪称一绝。当然它也是我国迄今已知的多节活动链状玉珮中最长、最精、最美的一件，为我国的重要国宝之一。它代表了战国早期琢玉工艺的最高水平。此器是战国出土玉器中环节最多、纹饰最繁复的一件，堪称绝世之宝。其用途说法不一，有人称之为珮，有人认为系冠帽下饰，尚待进一步考证。

同时出土的一些动物立体雕像，最小的比稻谷颗粒大不了多少，最大的有如一颗蚕豆。显然，这些小巧玲珑的玉器是利用当时制作大条玉器之后所剩余的零碎玉石制成的。这说明当时的玉石材料十分珍贵、难得，人们只得用玉石碎料加工玉器。

（2）玉琀　战国早期，长1.2~2.4cm，高0.5~0.8cm，1978年湖北省随县擂鼓墩曾侯乙墓出土，湖北省博物馆藏。玉料呈青白色，略带黄色，通体光亮。共21件出土于墓主的口腔和颅腔内。因棺木倾斜，是否包括耳塞和鼻塞，目前尚难辨别。器小如豆，皆仿生圆雕而成。形体有牛、羊、猪、狗、鸭、鱼等。本图只收录典型器物12件。由于诸器形体颇小，给雕琢增加了难度，但在艺术效果上依然达到了栩栩如生的境地（如图3-59）。《周礼·春官宗伯·典瑞》记载："大丧，共饭玉、含玉、赠玉。"《说文解字》："琀，送死口中玉也。"清代段玉裁注："按琀，士用贝，见《士丧礼》，诸侯用璧，见《杂记》，天子用玉。"从这些记载可以看出，地位不同所随葬的琀的质地也不同，反映当时地位和财富的象征。

图3-58　战国早期玉镂雕挂饰

图3-59　战国早期玉琀

2. 战国中期玉器

（1）玉三龙环形饰　战国中期，直径6.4cm。1978年河北省平山县中山国国王陪葬墓出土，河北省文物研究所藏。玉料呈黄褐色，体扁圆，镂空而成。两面纹饰相同，中央饰一绳索环，环外镂雕三条形态相同的龙。三龙头向一致，等距分布，作卷曲爬行状（如图3-60）。

（2）玉人　战国中期，最高4cm，最矮2.5cm，1978年河北省平山县中山国国王陪葬墓出土，河北省文物研究所藏。共4件，有的玉料呈青褐色，有的呈青白色，皆扁平体。玉人身着花格纹长袍，拱手而立。其中左图三件头顶结角形发髻，似成人像；右图一件结短髻，似童像（如图3-61）。中山国王墓及其陪葬墓出土玉人多件，有男有女，有成人像亦有童像，是了解当时衣着和风俗不可多得的实物资料。

图3-60　战国中期玉三龙环形饰

图3-61　战国中期玉人

（3）玉马　战国中期，长4.8cm，高5.6cm，宽1.8cm，山东省曲阜鲁国故城墓葬出土，山东省曲阜文物管理委员会藏。青玉质，局部有红色斑浸。马圆雕而成，作昂首直立状。并以阴线饰目和口。足下连有长方形底座。此器琢磨圆润，为迄今最早的立雕马。足下底座，既可保护马的四足，亦可增强器物的稳固性，可谓独具匠心（如图3-62）。

（4）玉带钩　战国中期，长8.3cm，高6.8cm，1978年山东省曲阜鲁国故城58号墓葬出土，山东省曲阜文物管理委员会藏。玉料青黄色，多处带色沁，仍有光泽，半透明。该器器形独特，为一兽立于呈半圆烟荷包形内的兽面上。钩端即兽首，钩身即兽之胸腹。烟荷包是带钩的下半身，较宽大，下部圆弧，上部两端上伸然后向内涡转。在烟荷包正中刻有兽面，钩部之兽恰立于其上。全器纹饰，雕琢精致（如图3-63）。器背面正中有一圆形玉纽，纽上四分云纹。此器出土于墓主腰腹部，显然是用于系带之物。

（5）包金嵌玉银带钩　战国中期，长18.7cm，高4.9cm，1951年河南省辉县固围村5号墓出土，中国国家博物馆藏。此器呈琵琶形，有一定弧度。底为银托，器表为包金组成的浮雕兽面，两侧蟠绕两条夔龙，倒向钩端，合为一首，即为双躯共首龙。龙口中含一雕琢细致状若鸭首形的白玉弯钩，与两侧夔龙的方向相反，又蟠绕两只鹦鹉。脊背正中，从上到下，均匀嵌入三块白玉玦，玦面雕谷纹。前后两块中心各嵌入一个蜻蜓眼琉璃珠。上端之钩为白玉制作，呈鸭首形。此器制作精美，集多种工艺于一身，包金嵌玉，玲珑剔透，纹样复杂，五色相宜，可作为当时工艺水平的代表作（如图3-64）。

图3-62 战国中期玉马　　　　　　　　图3-63 战国中期玉带钩

（6）玉人骑兽珮　战国中期，高2.5cm，长1.8cm，宽0.8cm，1957年河南省洛阳小屯村出土，中国国家博物馆藏。白玉质，纯洁细润，晶莹光亮。作一小孩骑伏兽状。小孩发梳偏髻，双耳较大，脸面蛋形，眼、鼻、口似呈浮雕状。双手前伸执兽耳，挺身，略作仰视状。兽似一虎，头宽大，口微张，额中部有细线斜格纹。自人头顶至兽腹有一圆穿孔，可供穿系。佩饰小巧玲珑，制作精细，富有情趣（如图3-65）。

图3-64 战国中期包金嵌玉银带钩　　　　图3-65 战国中期玉人骑兽珮

3. 战国晚期玉器

（1）玉镂空龙凤纹珮　战国晚期，横宽15.4cm，高6.8cm，厚0.3cm，1977年安徽省长丰县杨公乡墓葬出土，安徽省博物馆藏。青玉质，局部有深褐色浸蚀。器扁平，呈不甚规则的璜形，两端雕对称的侧身龙形，全身饰勾连云纹。双龙之下镂雕一对首相背、长冠、卷尾的立态凤鸟。一龙首原断缺（如图3-66）。此器设计之巧，制作之精，在战国玉璜中极为罕见。珮上方有一穿，结系后可挂于颈项。双龙腹下两孔，亦可系蠙珠和其他玉珮，即所谓琚、瑀、璜、冲牙等器。故此器或即古籍中所称组珮之"衡"，亦称为"珩"。

（2）玉双龙首璜　战国晚期，长17.5cm，肉宽3cm，厚0.4cm，1977年安徽省长丰县杨公乡墓葬出土，安徽省博物馆藏。青玉质。体扁平，形若半环。两面饰纹相同，皆于璜的两端镂雕一张口露齿的侧面龙首。两龙身中部相连接合并为一体，通体满饰勾连云纹。边沿饰阴线弦纹一周，上部正中有一小圆穿（如图3-67）。

图3-66　战国晚期玉镂空龙凤纹珮

图3-67　战国晚期玉双龙首璜

（3）玉双龙首璜　战国晚期，长17.2cm，宽7.3cm，厚0.5cm，故宫博物院藏。玉料呈白色，边缘有赭色浸斑，质温润，半透明，有光泽。半圆形，上部为璜形，两端雕琢呈龙首，中部为二龙所共之躯。龙首之口为透雕镂空，龙体边缘雕琢凸弦纹，体表刻蒲纹并排列整齐。璜之下方，即半璧的好径内，透雕勾连云纹，并以细线阴刻轮廓。中部最下方雕琢如意头，阴线勾边。璜中上方钻有一孔，以便系佩（如图3-68）。此玉璜出土时为一对，大小相同。此对玉璜应为成组玉珮中的一个组成部分。

（4）玉透雕双龙珮　战国晚期，长7.8cm，宽4.5cm，厚0.4cm，故宫博物院藏。玉料呈白色，局部泛黄，质地温润，有光泽。体扁平，主体为透雕相背的双龙，龙头为鸟首，高冠，末端后卷。线刻圆眼，尖喙短粗。体为蛇躯，分别呈相背的"S"形蜷曲。器的上下方，以两龙的鳍或足相连，从而使两龙连成一器。体上雕云形鳞甲纹。在龙的两侧，还各透雕一蟠龙，其头亦为鸟首，无冠无角，蛇躯，蜷曲呈大半圆形（如图3-69）。此器设计奇巧而又做工精细，是不可多得的佳品。

图3-68　战国晚期玉双龙首璜

图3-69　战国晚期玉透雕双龙珮

小玉大作是战国玉器的特点之一。杨公乡战国墓出土玉器器型为之一变，隐起的谷纹，卧蚕纹极为精致，线条流畅，刀法遒劲。肖生玉出土并不多，如曾侯乙墓出土的玉牛、羊、猪、犬、鸭、鱼等，洛阳小屯出土玉人骑兽珮，中山国墓出土玉人，鲁故城战国晚期墓出土玉马等。从中山国玉人、鲁国故城玉马可知，写实的因素确在增长，比较贴近生活，幻想的、神秘的成分减少。但洛阳小屯出土玉人骑兽珮确是神瑞性肖生玉雕。这种变化很重要，其写实的做工为之后的秦、汉所继承发展，开创了一个崭新时代。

由于铁制工具的改进，战国时代玉器的线条刚劲挺拔，与商、周时代有着明显的区别。特别是浮雕纹饰占有主导和突出的地位。其特点是多见起边、深浅浮雕和撞地浮雕的作品，且纹饰图案化，写实纹饰常与图案一同使用，布局匀称，造型优美，线条流畅，有韵律感。有的面纹细如毫发，不滞不断，弯转活泼，走线规矩利落，很有功夫。撞地浮雕中撞地平整，使浮雕托在镜面上，十分美观。这些具有较强工艺水平作品的问世，亦被认为与铁制工具的出现有关。由于铁的硬度比铜大，故在解玉砂的作用下，增强了工具的耐磨性。同时用铁制工具琢玉还免去了铜工具由于磨损快而要不断更换的缺陷，便于发挥出更快的速度和更高的技术水平，进而准确地碾轧出复杂的具有浮雕和撞地浮雕纹饰的玉器。与西周及其以前的玉器相比，战国时代的玉器有以下特点：

①光学性能良好，硬度较高，数量大为增加，很多玉材是从远处运来的；

②由于玉器来源增多，质地优良，加工工艺精湛，因而为上层统治阶级在日常生活中广泛使用玉器提供了良好的物质条件，许多适宜于封建主生活所需的玉器应时而生；

③玉雕趋向写实，生动逼真，艺术造诣较高；

④铁制工具的使用，促进了玉器业的突飞猛进。

综观春秋、战国两个阶段的玉器，与西周相比确实有了很大变化，判然有别。但深究其内在的原因，即在象征主义这一点上东周与西周两期玉器还是一脉相承的。但同时又必须看到其器型变为华丽繁缛，在装饰上肢解整体，将其局部加以抽象化，演变为细密的二方连续或四方连续图案。还要指出，战国时期玉材质地坚硬细腻、光泽强烈。琢雕上砣具采用钢铁，硬度、强度提高，砣刃锋利，故所琢纹路甚为刚健利落，如斩木削泥。若从工艺水平论，战国玉器是我国古代玉器工艺史上最为精致的时代，这与战国玉器艺术性紧密联系。

二、秦代

"六王毕，四海一"（杜牧《阿房宫赋》）。公元前221年，秦始皇统一了六国，结束了战国时代的国家分裂状态，建立了我国历史上第一个统一的多民族的中央集权制封建国家。虽然其寿命短促（公元前221年至公元前206年），但它同样为人类文明事业做出了重要的贡献。秦代艺术是从秦皇陵兵马俑被揭示后才被正确认识的。秦代兵马俑是秦始皇禁卫军的生动写照，其头像都是依照真人塑造烧制的。这种来自生活的现实主义艺术手法不仅仅为兵马俑所独有，很可能是秦代造型艺术方法的基本指导原则。秦玉亦不能例外。但十分遗憾的是，秦玉出土甚少，亦均非帝王玉，其典型性不足，所以还不足以表现秦玉的新变化新倾向。

秦代继承了前代的余业，并力图有所创新。秦始皇曾用蓝田水苍玉制作玉玺，其八面螭纽，秦丞相李斯篆文曰："受命于天，其寿永昌"。秦始皇还曾五次巡视全国，并刻石记功，开创了树碑立传之风。我国石制砚台至迟在秦代就已制成和问世，如湖北云梦睡虎地秦墓就出土了木牍、墨和石砚。至于秦王朝对宝玉的掠取，更是有增无减，超越百代。

（1）玉杯　秦，高14.5cm，口径6.4cm，足径4.5cm，1976年陕西省西安西郊东张村秦阿房宫遗址出土，陕西省西安文物局藏。玉杯为直口深腹，腹壁较直，微斜收，高圈足呈喇叭形，口沿下浅浮雕四瓣花叶纹与云纹一周。腹部为勾连云纹，下腹部为浅浮雕几何形勾连云纹，近足托处有花瓣纹。杯底与足托相交处呈现一周凹槽。圈足上阴刻交叉的S形纹饰（如图3-70）。这件玉杯雕琢精细，纹饰华丽，琢玉工艺水平极高，应是中原的产品，后被秦始皇置于阿房宫中。推测为秦始皇求仙用具。

（2）玉人　秦，高12.2cm（男），11.8cm（女），宽2.5cm，1971年陕西西安北郊联志村出土，陕西省西安文物局藏。这两件玉人由碧玉琢成，呈片状。玉人刻出头部和上身轮廓，男性头顶偏斜有一发髻，面部以阴线刻画五官，并有胡须，腰部束带并有三角形纹。女性玉人腰部以细线表现腰带（如图3-71）。这两件玉人刻画简单，又没有小孔，与当时俑的样子又相近，其用途难以断定。

图3-70　秦代玉杯

图3-71　秦代玉人

三、汉代

汉代是我国历史上统一的中央集权制封建国家的巩固和发展时期，有西汉（公元前206年至公元25年）、东汉（公元25年至公元220年）之分。由于"汉承秦制"加上各族人民的辛勤劳动，因而社会生产和科学文化事业都得到了迅速发展，使我国变成了当时世界上繁荣昌盛的文明国家，为人类文明事业的发展做出了卓越贡献。

现知汉代开发利用的玉石资源有蓝田玉、玛瑙、绿松石、昆山玉、翡翠、岫岩玉、南阳玉、琥珀、大理石、各种彩石及砚石等。

汉代的玉石加工工艺技术比历代都有突出的改进，我国历史上著名的宫廷玉业自此时兴起。所谓"东园匠十六官令丞"就指的是管理皇家作坊的有16个如县令大小的官。东园匠则是一个规模很大的宫廷作坊。各地的民办、私人也都设有大小不等的手工业作坊和玉石作坊。

铁制工具经过了多次改进，在锻铁加碳以后生产出的"钢"质材料，硬度有所增大。用这种"钢材"制成的各种各样的加工玉石的工具，其切削和雕琢的能力、速度、效率都获得了很大的提高。用它制作的细长、高硬的钢桯用于打眼,就解决了打小眼孔、长眼孔难的大问题。再如勾毛发、面纹,以及完成其他细而精的加工任务,均可以用这种"钢材"制造薄、长、细、尖、利的小工具。在汉代的琢玉工序中,打眼、活环、镂空、顶撞、勾纹等加工工艺技术都是在上述"钢"质工具,特别是细小工具的使用下进行和完成的。山东曲阜九龙山汉墓出土有玉管248根,其中竟有长达25.4cm,径0.7cm,孔径0.2cm的玉管,人们由此可以想象当时的加工工艺水平是何等的高超!这样小的孔眼可以用钢桯打孔,也可以用管钻打孔,还可以用包镶有金刚石的钻具打孔。但无论用哪一种工具打孔要在25.4cm长的玉管上进行两面对钻,其桯长或管长均要在13cm以上,且用人手掌握打孔工具,无疑其难度是很大的。

汉代饰用玉器的生产和利用得到了更大的发展,礼器则逐渐减少。汉代玉器按形制分为玉璧、玉璜、玉圭、玉琮、玉玺及玉印、玉珮、玉杖首、圆雕玉器、玉座屏、嵌饰玉器、玉具剑、玉刚卯等。

玉璧造型变化殊异,直径大小相差悬殊,大直径玉璧在墓葬中多有发现,这可能是由于葬俗的隆重和气派大而特意使用的。有的还具有迷信色彩,如河北满城汉墓刘胜之妻窦绾所着的金缕玉衣胸围竟有玉璧15块。

玉玺一般为皇帝、皇后所独用的玉印,其存在和使用直接指示或代表着封建国家至高无上的皇权。玉玺始用于秦代,秦始皇统一中国后,曾规定皇帝用的印称"玺",只有皇帝才能用玉玺,并将玉玺作为传国之宝。

玉珮为汉代玉业发展中的重要玉器,有璧、璜、环、玦、觿等。变化了的桃形、盾形、鸡心形、圆形、圆方形等玉珮,其外形轮廓和纹饰更为协调。加上其纹饰线条简练,物象生动,既有玉质美,又有艺术美,因而更适宜于佩戴。

玉杖首是敬老用的一种玉器,通常用来送给高龄的老人。汉代有一种制度,老年人年满70岁后,由地方官赐给玉杖,以示敬老。因鸠为不噎鸟,古人认为老年人吃了鸠鸟也可以不噎,所以用玉石或铜为原材料制作鸠鸟形的杖首赠予老人,祝福老人不噎,从而达到了安民的目的。鸠杖在战国时就已经出现,只是到了汉代才制度化,使用更为广泛。"白玉鸠杖首"是汉代的特产。

圆雕玉器在汉代出土比较多,有人物、动物、神兽、杯盘用具等。

玉座屏是屏风的一种。屏风为室内挡风或作屏蔽的用具,有门屏、围屏、座屏、床屏等。院落房屋内的陈设应用很广,既实用,又作装饰用。许多屏风常有美丽的艺术造型,在我国传统工艺美术史上占有重要的位置。

嵌式玉器在汉代的生产和应用亦广。人们将玉石嵌入各种器物中,形成了首饰嵌、器皿嵌、艺术造型嵌、车马具嵌、仪仗器嵌、家具嵌、葬具嵌等。首饰品种较多,且富有吸引力。玉具剑上的玉饰造型与战国时代的基本相同,纹饰多为深雕螭虎。螭虎有大小之分,其中两只大的较多,五六只的也有,彼此相戏成趣。

玉铺首是用玉石制作的衔门环的底座,作虎、螭、龟、蛇等形状,也适用于箱、柜的拉手,汉代玉铺首出土很多。其兽面威严肃穆,浮雕效果极佳,为古代玉器中难得的精品。

人死之后,埋葬尸体时除随葬玉器物外,同时还要给死者随葬殓葬玉(葬玉)。葬玉是汉代玉器生产和使用的一个很重要的方面,具有极为显著的时代特色。金缕玉衣、银缕玉衣、铜缕玉衣和丝缕玉衣则是汉代最为重要的殓葬玉器,常按官职或权势的大小分别制作和使用。除玉衣外,九窍塞、手握、玉枕、嵌玉漆棺等亦为埋葬死人时所需殓葬玉器之列。

刚卯是汉代兴起的一种腰间佩饰。呈长方形,按等级的不同,分别用玉石或金、黑犀、象牙等制成。长约三寸，宽一寸，垂直有孔，可以穿绳佩带。四面刻有文字，内容都是避逐疫鬼等迷信之辞。首句常作"正月刚卯既央"，每年正月（刚月）卯时常做刚卯佩带，系于腰间，以驱灾除邪。

1. 西汉时期（公元前206年至公元25年）

西汉玉器的出土地点遍及南北各处，其中具有代表性的是中山靖王刘胜、窦绾夫妻墓及南越王赵眜墓出土玉器。刘胜墓出土玉透雕双龙谷纹璧、玉人、玉鰈形珮、玉笄、玉带钩、玉印、玉具剑饰，赵眜墓出土玉角形杯、铜承盘高足玉杯、玉圆盒、玉兽首衔璧、玉游龙卧蚕纹璧、玉重圈璧、玉双联璧、组玉珮、玉龙凤饰璧、玉犀形璜、玉双龙蒲纹璜、玉凤纹牌形饰、玉龙虎并体带钩、玉具剑饰等都是两墓墓主生前喜爱的玉器。其玉质缜密，设计巧妙，形饰别致。殉于墓内的金缕玉衣、丝缕玉衣均为亲王级葬制，标志殓尸玉已达顶峰。

西汉肖生玉除扶几玉人、玉舞人之外，尚有玉马、玉豕、玉仙人奔马、玉辟邪、玉鹰、玉熊、玉牛、玉蝉等。西汉现实的动物玉作忠实于生活，刻画准确，突出性格，是现实主义手法的佳作；神瑞性选取几种现实动物的体态、性格特征加以综合创造，凶猛异常，威力无比，洋溢着浪漫主义色彩。

（1）玉璧　西汉中期，河北满城陵山2号墓出土，河北省博物馆藏。玉璧直径20.4cm，孔径3.8cm，厚0.45cm。纹饰分为内外两区，内区饰蒲格涡纹，外区饰阴刻夔首纹，共四只，呈对称分布。内外区之间以一边绹纹相隔（如图3-72）。玉璧出土于墓主玉衣内胸部，与它同置一处的还有其他10块玉璧。这种玉璧的用途是放置在死者的前胸和后背，起驱鬼辟邪的作用。同时也有保护尸体不朽的意义。墓主前胸共置11块玉璧，后背置4块玉璧。

图3-72　西汉中期玉璧

（2）玉"皇后之玺"印　西汉早期，高2cm，宽2.8cm，重33g。1968年陕西省咸阳市韩家湾公社狼家沟出土，陕西省博物馆藏。玉料呈白色，为新疆和阗玉。体作正方形，上凸雕螭虎纽，四侧阴刻云纹，底面阴刻篆书"皇后之玺"四字（如图3-73）。据报告称，此印系韩家湾公社孔忠良路经狼家沟时发现的。发现时玉印置水渠边，所在地虽不在陵墓内，但距埋葬高祖和吕后的长陵很近，周围有汉代残存的砖瓦，是长陵山坡上第一道深水沟。据《后汉书·刘盆子传》记述：西汉末年，赤眉农民军攻入长安后，曾毁汉诸帝陵。按汉代制度，帝、后陵园便殿、寝内，放置他们生前的衣冠。因此，此印可能原为吕后陵边的便殿内的供祭物。当长陵被掘，便殿被焚时忙乱中玉玺遗落土中，后被水连同砖瓦一同冲到水沟里。

图3-73　西汉吕后之玺

又据《汉官旧仪》所记：汉代"皇帝六玺，皆白玉，螭虎纽，文曰：皇帝行玺、皇帝之玺、皇帝信玺、天子行玺、天子之玺、天子信玺，凡六玺""皇后玉玺，文与帝同"此印篆文，与汉官印文相同。凡此皆证明，此印可能是吕后玉印。皇后之玺的发现，是迄今所知汉代帝后用玉玺仅有的一件出土遗物。

南越王墓出土了印玺9枚，制印材料有金、铜包金、玉、象牙、玛瑙等。金玺文曰："文帝行玺"。而皇帝之下的官印则显示或象征着封建国家各级政权的权力，其中用玉石制作者称"玉印"。汉代官场、私人用印者均很普遍，这是我国制印业的发展时期。但印材的使用有等级之分，其中以玉印为最高贵，螭虎、龟纽为上品，诸侯、王墓中常有之，一般的印为覆斗纽、台纽、鼻纽、坛纽等。

（3）玉鸡心珮　西汉中期，左图长4.6cm，宽3.3cm，厚0.4cm；右图长4.5cm，宽2cm，厚0.35cm，1975年湖南省长沙市咸家湖曹巽墓出土，湖南省长沙市文物工作队藏。两件皆系青玉。体扁平，呈心形，中央有一圆孔。左图两侧各镂雕一形式不同的变形鸟纹，心形上阴线饰流云纹。右图一侧饰凤纹，一侧有一小圆孔，心形上亦阴线刻与左图略异的流云纹（如图3-74）。此类器亦有人称为鞢，始见于汉，至魏晋南北朝后则不见。两器形式略异，是西汉中期同类作品的典型器物。

图3-74　西汉玉鸡心形珮

（4）玉龙首杖头　西汉早期，长10cm，宽1.5cm，厚0.8cm，1979年广西壮族自治区贵县罗泊湾二号墓出土，广西壮族自治区博物馆藏。玉料呈黄色，器呈半环形，剖面作椭圆形。一端饰张口露牙、耳目俱备的龙首形，颈饰鳞纹，且有一穿孔，身饰绳索纹；另一端光素，可插入它物。发现时置棺室内，当为墓主生前使用物。出土时木质拐杖已残，仅存顶端铜帽，玉杖头插入铜帽榫孔内（如图3-75）。

（5）玉杯　西汉早期，高11.2cm，口径4.5cm，底径3.1cm，1976年广西壮族自治区贵县罗泊湾一号墓出土，广西壮族自治区博物馆藏。玉呈浅褐色，体圆，平口，深腹，盘足，底中空，腹外饰勾连云纹和乳钉纹。出土玉杯，大多光素无纹。此器纹饰精美，造型规整，尚属罕见（如图3-76）。

图3-75　西汉玉龙首杖头

图3-76　西汉玉杯

（6）玉龙附金带钩　西汉中期，通长14.4cm，玉龙厚0.4cm，1983年广东省广州市南越王赵眜墓出土，广东省广州市南越王墓博物馆藏。器由镂雕玉龙和金制虎首带钩组合而成。玉龙为青玉质，体扁平，形若"S"作张口状。通体饰谷纹，近尾处断开，断口的两端各有三个小圆穿。金带钩为虎首形，额剔地阳文一"王"字。宽腹，腹下有一方环形纽，可将断开的玉龙两端套入，并用金丝穿系于断口两端的小孔，结扎在一起而成完整的一器。金钩玉龙组合在一起的带钩，仅见此一件。这种金玉组合器，或原即如此，或用断折的玉龙重新组合，都不失为一件构思新颖的艺术佳品（如图3-77）。

（7）玉螭虎纹仪仗首饰　西汉中期，通高5.6cm，径5.3cm，1968年河北省满城县中山靖王刘胜墓出土，河北省文物研究所藏。玉嵌于铜质圆帽顶内，中心穿一圆孔，孔周浮雕两条形态相似的螭虎。帽顶周壁浮雕四座对称的山形，山间布列猴、狐等兽。下连铜质短把，把上有方孔，孔内留有残木，木上缠有麻布。据发掘报告称，此类器在墓中共有9件，推测为仪仗顶端的装饰物（如图3-78）。

图3-77　西汉中期金钩玉龙

图3-78　西汉中期玉螭龙纹仪仗首饰

（8）铜嵌玉铺首　西汉中期，通长12.4cm，宽9.4cm，1968年河北省满城县中山靖王刘胜墓出土，河北省文物研究所藏。器由铜和玉料镶嵌而成。玉料呈青色，正面以对称的浮雕卷云纹组合为兽面纹。玉饰外随形镶以铜饰，两侧各有一螭虎纹，下方作钩衔环，铜饰鎏金（如图3-79）。

（9）金玉耳坠　西汉（匈奴），玉坠长6.5cm，宽5cm，厚0.4cm；金饰长3cm，宽4cm，厚0.3cm，内蒙古自治区准格尔旗西沟畔墓葬出土，内蒙古自治区准格尔旗文化馆藏。耳坠由金饰和玉坠两部分镶嵌勾接而成。金饰压印呈朵云形，正面用金片掐成兽形（似龙或螭虎）的轮廓，其内原嵌入小玉片。发现时所嵌玉片大多脱失。金饰的边沿饰连珠纹。背面中下部有垂直并排的管状孔7个，由金片掐成黏结。其中央孔内穿有金钩，以与玉坠相勾连。其他管内孔作何使用，因存物全无，则不可确认。玉坠呈扁平的椭圆形，通体镂空，并以细阴线纹作兽形纹。两坠兽纹不同，一件作螭虎形，一件作龙形。玉坠的外沿原镶有饰连珠纹的金片，上部有圆形金扣，可与金饰钩挂。现仅有一件存此金片（如图3-80）。此类金玉耳坠，在中原地区未曾发现。从装饰风格看，其饰连珠纹，似受西域文化影响；龙和螭虎纹，则明显地受中原文化影响；而用金玉组合成如此长宽的耳坠，似是当时匈奴族流行的一种风俗。

图3-79　西汉中期铜嵌玉铺首　　　　　　　　图3-80　西汉金玉耳坠

（10）玉铺首　西汉早期，高34.2cm，宽35.6cm，厚14.7cm，重10.6kg，1975年陕西省兴平县茂陵附近出土，陕西省博物馆藏。青玉质，似蓝田玉。铺首由一块玉琢磨而成，体略作扁方形。正面中央浅浮雕一大眼、露齿、长鼻梁的兽面纹，两侧饰四灵环绕。通体除主要轮廓作浅浮雕外，细部则用精细的阴线纹点缀。鼻下有用玉质镂空成的环扣供착活环。惜环扣已残缺。背面平素无纹，仅有铆孔，孔内留存两端切削痕明显的金属物，尚未生锈，经分析为铅。大型玉铺首，所知仅此一件。在艺术史上占有重要的地位（如图3-81）。

（11）玉兽首衔璧饰　西汉中期，通长16.7cm，横宽13.8cm，1983年广东省广州市南越王赵眜墓出土，广东省广州市南越王墓博物馆藏。青玉质，通体经浸蚀后呈鸡骨白。体扁。上部镂雕成正视的兽面（或又称铺首）纹，左侧饰一螭虎纹，兽面的鼻部镂空一方环与璧套接。璧扁圆，中圆孔，两面均饰凸起的谷纹（乳钉纹）。通器由一块玉料琢制。用一块玉料镂空为套连活环的特殊工艺，在战国早期的曾侯乙墓中已见应用，但为数甚少。南越王墓出土的此类器，所知在出土汉代玉器中属仅见（如图3-82）。

（12）金缕玉衣（男）　西汉中期，全长188cm，1968年河北省满城县中山靖王刘胜墓出土，河北省博物馆藏。刘胜的这一套称"一号玉衣"，此玉衣外形与人体的形状一样，包括头部、上衣、裤筒、手套、鞋五部分组成，共用去了玉片2498个，金丝约1100g。头部包括脸盖和头罩，上身包括前片、后片、左右袖筒和左右手套，下身则包括裤筒和两只鞋，而且各个部分都富有立体感。制作玉衣的材料全为玉片，各玉片之间用金丝编缀起来，使之构成整体"部件"。玉片的形状和大小是根据人体各部位的不同形状及大小设计的，其中绝大多数为长方形和正方形，少数为三角形、梯形、四边形、多边形，除鞋底以外。由于一号玉衣是男式的，故形体肥大，腹部鼓起突出，而且腹部下置有一个由玉琮磨制成的小盒子，以作为遮护男性生殖器之用（如图3-83）。

（13）金缕玉衣（女） 西汉中山靖王刘胜妻窦绾墓中的"金缕玉衣"，称为二号玉衣。由于是女式的，故外形比较瘦小。此玉衣全长172cm，由2160个玉片组成，所用金丝重约700g。其腹部下置有一个圭形玉片，以作遮盖女性生殖器之用。玉衣的锁边方法有织物锁边法和铁条锁边法两种。金缕玉衣的玉片为角闪石玉石，与新疆昆仑山生产的昆山玉（和田玉）同属一类。从金缕玉衣可知，当时人们已掌握了圆片锯和砂钻法的使用，也可能已使用了"砂轮""布轮"等先进的抛光工具，金工工艺已具有很高的水平（如图3-84）。

图3-81　西汉玉铺首

图3-82　西汉中期玉兽首衔璧

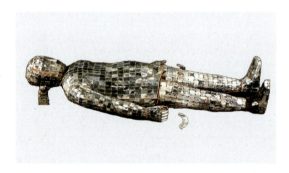

图3-83　西汉中期金缕玉衣（刘胜）

图3-84　西汉中期金缕玉衣（窦绾）

（14）镶玉铜枕　西汉中期，通长44.1cm，通高17.6cm，宽8.1cm。1968年河北省满城县陵山1号墓出土，河北省博物馆藏。枕长方形，两端饰以高昂的龙首，枕下有四个龙爪形矮足。铜枕表面鎏金，并装饰浅浮雕图案和玉雕。枕面和枕的两侧镶玉，作透雕和阴线辅雕花纹。枕面为图案化云纹，枕侧为怪兽纹。枕低有四个长方形孔，孔上嵌玉四块（如图3-85）。出土时枕内还充填有花椒。玉枕是汉代特有的一种葬玉。汉代的玉枕除镶玉铜枕外，还有用整块玉雕成或玉板拼组构成两种。从出土情况看，玉枕都出土于诸侯王及高级贵族的墓葬，使用镶玉铜枕或镶玉木枕，以及整块玉枕的级别，要高于玉板拼构玉枕的级别。

图3-85 西汉中期镶玉铜枕

图3-86 西汉透雕玉饰

（15）透雕玉饰 西汉前期，直径5.4～5.9cm，厚0.3cm，1978年湖南省长沙市象鼻山1号墓出土，湖南省博物馆藏。玉饰呈扁体椭圆形，正面中心镶嵌绿松石，外圈透雕双龙、双凤及双虎，雕刻细致，纹饰繁缛，形象栩栩如生。背面中部有一圆柱形柄，中有一小圆穿孔（如图3-86）。这件玉饰是一种棺饰，就是在棺椁表面镶嵌各种各样的饰物，达到美化棺椁以及避邪的作用。镶棺玉饰的做法，产生于战国，盛行于汉代。西汉南越王墓棺内墓主头顶上方镶嵌一件玉铺首，有避邪之意；中山靖王刘胜妻窦绾棺内壁镶嵌长方形玉板192块，专用来殓尸的葬玉。厚葬的风气到东汉后期逐渐衰落。

（16）玉螭龙纹珮 西汉前期，长5.2cm，宽3.8cm，1987年江苏省徐州市北洞山楚王墓出土，江苏省徐州市博物馆藏。玉珮略作扁平形，主体为一鸡心形饰，围绕心形饰以透雕、圆雕、浅浮雕和阴刻等手法琢刻6条形态各异、宛转盘曲的螭龙，造型生动，镂刻精细（如图3-87）。

（17）镂空蟠螭玉饰 西汉后期，长7cm，1984年安徽省怀远县皇姑坟汉墓出土，安徽省怀远县文物管理所藏。玉饰中间为一个椭圆形心形体，中央有一圆孔，围绕心形体用镂雕和阴刻的技术，雕出形象生动的三条螭虎。翘耳、闭嘴、体形转折，活泼有趣（如图3-88）。这种玉饰，实际上是汉代玉器中常见的心形玉珮。西汉螭虎纹饰出没升潜，势加狂飙，表现了西汉盛世生气勃勃的社会精神面貌。

图3-87 西汉玉螭龙纹珮

图3-88 西汉镂空蟠螭玉饰

（18）扶几玉人　西汉中期，高5.4cm，1968年河北省满城县中山靖王刘胜墓出土，河北省文物研究所藏。玉质洁白晶莹。玉人作圆雕，脸形瘦长，长眉短须，束发于脑后。顶戴小冠，冠带扎于颌下。身着宽袖、右衽的长衣，腰间系方格纹带。玉人正襟危坐，双手置于几上，神态庄重安详。底平，阴刻五行十字隶书铭文"维古玉人王公延十九年"。玉人发现于棺椁间，是了解当时衣着冠束的珍贵资料（如图3-89）。

（19）玉舞人珮　西汉晚期，高5cm，1977年江苏省扬州市妾莫书木椁墓出土，江苏省扬州市博物馆藏。玉料呈白色。体扁，镂雕而成，以匀细的阴线刻目、鼻、口和衣褶纹。玉人身着长袖拖地裙，一手高举过顶，一手甩向身侧，作翩跹起舞状。上下各有一小圆孔，可穿系结缀为饰（如图3-90）。

图3-89　西汉中期扶几玉人

图3-90　西汉玉舞人珮

（20）玉鹰　西汉早期，长7cm，宽5cm，1966～1976年陕西省咸阳市周陵公社渭陵附近出土，陕西省咸阳市博物馆藏。玉质近白色，局部有玉璞的红皮色。通体圆雕而成，两翼平伸，尾羽散张，形如猎物前的俯冲势（如图3-91）。

（21）玉牛　西汉，高7cm，长10cm，宽7cm，1974年陕西省蒲城县贾曲公社汉代遗址出土，陕西省博物馆藏。玉牛由上部呈青色、中部呈黑色、底部呈灰白色的玉料琢成。牛作卧态，以简洁的艺术手法磨琢牛的双角、耳、目、足和尾，与茂陵霍去病墓汉代石雕的手法极相似，当为同期物（如图3-92）。

图3-91　西汉玉鹰

图3-92　西汉玉牛

2. 东汉时期（公元25年至公元220年）

东汉玉器继西汉玉器的传统略有变异，增添了浓厚的装饰色彩，西汉那种挺拔而又刚健之作已难再现。此时，出现了刚卯、严卯等铭刻玉器。

（1）玉扇面形珮　东汉，高6.8cm，横宽15.7cm，1969年河北省定县北陵头村中山穆王刘畅墓出土，河北省定县博物馆藏。玉料呈青色，局部有褐色浸蚀。体扁作扇形。中部有一略作长方形的委角孔，两侧各饰龙与朱雀，间饰流云纹。此珮以镂空加阴刻细丝纹雕琢成。此器中部有一如鸡心珮的环带，唯中孔不是圆形，或即鸡心珮的发展演变形。所饰龙纹，或即辟邪（如图3-93）。

图3-93　东汉玉扇面形珮

（2）玉辟邪　东汉，高18.5cm，长18cm，宽6.7cm，1978年陕西省宝鸡市北郊墓葬出土，陕西省宝鸡市博物馆藏。玉料呈青色，器圆雕而成。作一昂首挺胸、张口露齿、腹饰羽翅的立式辟邪。背部及头顶有圆形及方形柱作插座，似作镇墓器用。惜插座上的饰物已失。此器威武神奇，四周刻卷云纹，为迄今发现最大的一件玉制辟邪（如图3-94）。

（3）玉座屏　东汉，高16.9cm，长15.6cm，1969年河北省定县北陵头村中山穆王刘畅墓出土，河北省定县博物馆藏。玉料呈黄色，局部有褐色浸蚀。器由镂空的两侧支架和上下两块玉屏板卯合而成。屏板两端有长方形榫，榫端各有一圆孔，两侧的支架上下各有一长方形卯孔，支架皆镂雕成双璧相连状，每璧皆透雕一龙缠绕于正中的卯孔。上层玉屏片正中透雕加饰阴线刻作盘膝高坐的东王公，其下部和两侧有跪着的妇女及凤、鸟、鸭、兽等纹。下层屏片正中饰西王母盘膝而坐，其头部两侧饰日、月，两侧各跪一妇人，四周饰龟、蛇、熊等（如图3-95）。玉座屏迄今仅见此一件。出土时发现于该墓的西后室。原两层玉屏板的榫已残断，后修复而成。所饰图案，虽属神话内容，但它是玉器中将人物和景物、动物组合在一起的最早实物，在玉器发展史上占有重要的地位，在美术史上也具有一定的价值。

图3-94　东汉玉辟邪

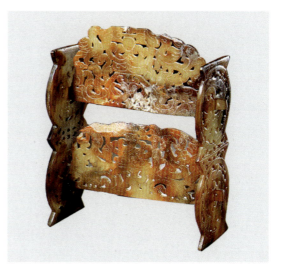

图3-95　东汉玉座屏

（4）玉猪 东汉，长11cm，高2.8cm，宽2.1cm，1977年安徽省亳县董园村一号墓出土，安徽省亳州博物馆藏。玉料原为青色，经浸蚀而呈灰白色。猪系圆雕而成，作伏卧状。嘴端平齐，双耳抿于头侧，额有皱纹，短尾卷曲，呈睡眠态。玉猪在汉代墓中常有发现，当为陪葬物。随时代的不同，玉猪形式有所变化。此器为东汉晚期的代表作（如图3-96）。

总的来说，汉代玉器数量多、种类庞杂，其形制与历代玉器有很多相同之处，特别是艺术加工精益求精。

四、三国、两晋、南北朝

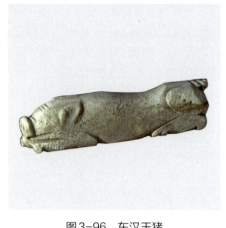

图3-96 东汉玉猪

三国、两晋（西晋、东晋）、南北朝（公元220年至公元589年）历时300多年。除了西晋初年的短暂统一外，整个中国处在分裂割据和南北对峙的局面。由于国家分裂，连年战乱，以至社会生产力的发展遇到了严重的障碍。三国、两晋、南北朝玉器是东汉玉器的继续发展。由于提倡薄葬废除玉柙制，故殉玉甚少。所见此期出土玉器，似为简化了的东汉玉器。但在佩玉方面的情况有所不同，因汉末丧乱，玉珮失传，经魏侍中王杰"始复作之"。从出土玉珮来看，此时玉珮完全是一种前所未有的新型佩饰，并传至明代。此期佛教弘扬并日趋民族化，对玉器也曾产生了直接影响，这就是以玉造佛，玉不足便以珉或石代之。

晋《起居经》记载了"咸宁三年，敦煌上送金刚，生金中，百淘不消，可以切玉，出天竺。"这说明当时人们对金刚石的物理性能、来源已有明确的认识，因"天竺"为印度的古称，显然我国历史上所利用的金刚石来自印度。

从晋代起，古式礼器、佩饰的生产和利用逐渐减少，而代之以金银珠宝、金银嵌珠宝、首饰等，玉器造型有锁形、心形、人物、飞天、花形、凤形、鸟形以及象征吉祥的佩玉形式等。

北魏时由于印度佛教传入我国，以致利用天然地质景观和岩石资源，就地凿岩和雕刻的石窟艺术大大兴起，如驰名世界的敦煌石窟、麦积山石窟等。

三国、两晋、南北朝时期的代表性玉器如下：

（1）玉杯 三国（魏），高13cm，口径5cm，1958年河南省洛阳市墓葬出土，河南省洛阳市文物工作队藏。玉料呈白色，体圆、直身、盘足，通身光素无纹。器形规整，抛光细润，有汉代遗风（如图3-97）。

（2）玉双螭鸡心珮 东晋早期，长7.1cm，宽4.6cm，厚0.4cm，江苏省南京市中央门外郭家山墓葬出土，江苏省南京市博物馆藏。玉质呈青色，经浸蚀而呈灰白色。体扁，略作长方委角形，中央有一椭圆穿孔。两面饰纹相同，皆镂雕双螭虎，一大一小，作出入于流云状。鸡心珮始自汉代，至魏晋时仍有所见。此器为当时的代表作（如图3-98）。

（3）玉辟邪纽印 东晋早期，通高1.7cm，印身长2.6cm，宽2.2cm，江苏省南京市中央门外郭家山墓葬出土，江苏省南京市博物馆藏。玉料呈青白色。印身作长方形，印面平素，印纽镂雕一螭虎（如图3-99）。

（4）玉龟纽印 东晋早期，通高3.5cm，印身长2.8cm，江苏省南京市中央门外郭家山墓葬出土，江苏省南京市博物馆藏。玉料呈青白色，有轻度浸蚀。印身作正方形，无字，纽饰龟形（如图3-100）。

图3-97　魏国玉杯

图3-98　东晋玉双螭鸡心珮

图3-99　东晋玉辟邪纽印

图3-100　东晋玉龟纽印

（5）玉云纹剑首　北燕，直径4cm，厚1.4cm，1965年辽宁省北票县西官营子冯素弗墓出土，辽宁省博物馆藏。玉料呈灰黄色，体圆，正面隆凸，浅浮雕流云纹，底面平，中央阴刻一方槽，槽心一圆穿，以纳剑把。此器出土时与残存剑身同置一处，是玉制剑首无疑。玉剑首，自春秋晚期出现始，至南北朝时期一直沿用，其中战国至两汉时期尤为兴盛，以后逐渐减少。此器的发现，为了解南北朝时期玉剑首的形式提供了十分珍贵的实物资料（如图3-101）。

（6）玉盏　北燕，高3.3cm，口径6.8cm，1965年辽宁省北票县西官营子冯素弗墓出土，辽宁省博物馆藏。玉料呈半灰半黄，满布黑色斑纹。体圆，直口，底略向内收，并有浅圈足。口沿有一凸粗和若干道阴细弦纹。玉盏体薄工细，是该墓出土的唯一立体玉器，在同期墓中亦不多见，极为难得（如图3-102）。

图3-101 北燕玉云纹剑首

图3-102 北燕玉盏

（7）玉马头形饰　六朝❶早期，长4.7cm，宽1.3cm，1955年江苏省南京市光华门外墓葬出土，南京博物院藏。玉料呈青白色，立雕而成。马平嘴，三角形耳竖立，椭圆形目，闭口，脑后有不规则的六角形颈（如图3-103）。

（8）玉耳杯　六朝，高4.7cm，口径9.8～17cm，安徽省芜湖地区出土，安徽省博物馆藏。青玉质，局部有褐色浸斑。体椭圆，两侧各有一对称的半月形耳。杯直口，收腹，底有一随形的圈足。通器光素无纹。耳杯，又名羽觞，始于战国，盛行于两汉和魏晋南北朝时期，多为漆和琉璃及金属、陶瓷制品，玉制耳杯数量较少，此器为六朝时期的代表作（如图3-104）。

图3-103 六朝玉马头形饰

图3-104 六朝玉耳杯

---

❶ 六朝（222～589年），一般是指中国历史上三国至隋朝的南方的六个朝代。

（9）玉龙凤形珮　六朝，高5.8cm，厚0.4cm，1951年江苏省南京市邓府山3号墓出土，南京博物馆藏。龙凤珮作环形，通体透雕成龙凤纹。龙曲身成环形，龙首下垂，尾稍残。龙背上站立一凤，作回首状。这件玉珮成环形，应是一种图案化的玉环。将龙凤形象雕于一器，更具有龙凤呈祥、大吉大利之意（如图3-105）。

（10）玉透雕龙纹鲜卑头　南北朝，长9.5cm，宽6.5cm，上海博物馆藏。整器呈扁平长方形，通体镂空，四边有圆形小孔。正面为一条卷曲匍匐状玉龙，龙身饰鳞纹、网纹。背面两侧刻有铭文两行：第一行为"庚午，御府造白玉衮带鲜卑头，其年十二月丙辰就，用工七百"。第二行为"将臣范许，奉车都尉臣程泾，令奉车都尉关内侯臣张馀"。据考证，这件鲜卑头是南朝宋文帝的御用物，是皇帝衮服上的玉带头。鲜卑，是一种兽，因为鲜卑人崇拜它，把它用作本部落的名称，同时把它的形象用在金属带钩上。鲜卑头即是带具的一端饰物。这件玉鲜卑头是晋式带具中带扣对面的饰牌，是承袭匈奴东胡带鐍之制而来的（如图3-106）。

图3-105　六朝玉龙凤纹珮

图3-106　南北朝玉透雕龙纹鲜卑头

五、隋、唐、五代十国

1. 隋代玉器

公元581年，隋文帝杨坚推翻北周称帝，建立了隋朝（公元581~618年），结束了西晋以来国家长期分裂的局面。公元605~618年，著名工匠李春利用大量的石材在今河北省赵县洨河上主持创建了驰名中外的"赵州桥"（又名安济桥）。

隋代玉器出土不多，主要以李静训墓出土玉器为代表。隋李静训墓出土有白玉盏、玉钗、玉兔等；隋周太后的外孙女墓中出土的项链由28颗金珠穿缀而成，上嵌有不同颜色的宝石，端有纽扣，镶有鹿纹蓝宝石，金链垂坠。

（1）金口玉盏　隋，高4.1cm，口径5.6cm，足径2.9cm，1957年陕西省西安市李静训墓出土，中国国家博物馆藏。玉料呈白色，体直口，上阔下微平底实足，镶金卷唇。通体光素无纹，造型简练，抛光细润，是隋代墓葬中不多见的出土珍品（如图3-107）。

（2）玉钗　隋，长8.1cm，顶端宽1.8cm，1957年陕西省西安市李静训墓出土，中国国家博物馆藏。双股，顶端较下端略宽，剖面为圆形，下端出尖，为当时贵族妇女发髻装饰（如图3-108）。

图3-107　隋代金口玉杯

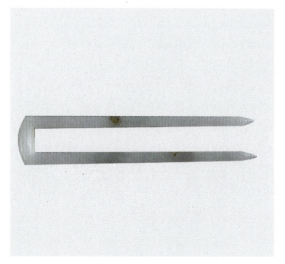

图3-108　隋代玉钗

2. 唐代玉器

隋末农民大起义沉重打击了豪强地主阶级的统治，李唐势力乘机建立了大唐帝国（公元618～907年）。唐代国力富强，丝绸之路畅通，帝都长安外商云集、商业繁荣，已是一国际大都会，西域玉器随之流入长安，宗教玉器也逐步兴起。

当时的文人学士如钱起、韦应物、白居易、李贺、李商隐等对蓝田玉至为重视和喜爱，曾作诗赞之。夜光玉在唐代亦被视为佳品，王翰的《凉州词》中有"葡萄美酒夜光杯，欲饮琵琶马上催"的绝句。绿松石在唐代已经大量使用，如贞观十五年（公元641年），文成公主带入西藏的礼物中就有绿松石饰物。琥珀在唐代也很有名，李白在其《客中作》诗里就有"兰陵美酒郁金香，玉碗盛来琥珀光"之名句。砚石资源的开发利用在唐代获得了很大的发展，当时不但重视雕刻艺术，而且注重砚石质量，并发现了安徽的歙石、广州的端石、山东的红丝石、甘肃的洮石等优质砚石资源，创制了澄泥砚。园艺石在唐代亦开发利用，它是营造、装饰、美化园林和庭院的彩石，如著名的太湖石。

此期社会一扫两汉厚葬之风，以殉金银器、铜器、陶瓷器为主，偶有玉珮。所以此期墓葬出土玉器甚少，其玉器多出自窖藏和塔基。传世玉器大多保存情况良好，保持着昔日面貌。可以了解它有两个特点：一是玉器皿雍容华贵，其器型、装饰与同时代金银器相似，显然是受其影响（如图3-109、图3-110）；二是肖生玉受到隋唐雕塑艺术的熏陶，动物玉雕肌肉丰满、健壮有力。表现出性格特征，重神似。做到气韵生动，神采奕奕，胜似两汉。

唐代玉器在形制方面出现了大量花、鸟、人物，富有浓厚的生活气息。具有实用价值的玉制杯、盘等普遍增多，并出现了表示官阶高下的玉带饰物等。陕西西安南郊何家村窖藏出土文物达1000多件，其中金银品277件，玛瑙、水晶及其他宝玉石制品众多，玻璃制品40多件。这是当时长安兴化坊某王府的窖藏，其中的玛瑙牛首角杯呈红白花斑纹饰，十分美丽。牛头写实，头形、嘴、眼、角制作都很逼真，牛颈向上弯曲，呈爵形杯，是一件很新颖的造型玉器。还有玉带十副，其质地为玛瑙及其他玉石。玉带为唐宋官员所用的玉饰腰带，用之以区分官级之高低。《演繁露》记载："唐制五品以上皆金带，至三品则兼金玉带。"一般玉带由铊尾、銙和带扣组成，铊尾即带头，銙即带板，带扣是有舌之环，以勾贯带头，使之铰定。唐代玉带只有銙板是玉做的，即带的中段嵌玉板。

图3-109　唐代刻花赤金碗

图3-110　唐代歌舞狩猎纹八瓣银杯

（1）玉猪　唐，长5cm，广东省韶关地区罗源洞张九龄墓出土，广东省博物馆藏。玉料呈青碧色，立雕，体圆，作伏卧状。以阴线刻猪耳、目、足和尾（如图3-111）。

（2）玉骑象人　唐，高5.3cm，长7.3cm，故宫博物院藏。玉质呈青色。象作跪卧式。上有一人，身着窄袖束腰长袍，足穿长筒靴，深目高鼻，右手举于背，左手置于膝，一腿盘起，一腿外伸，侧坐于象背。形态生动，富有浓厚的生活气息（如图3-112）。

图3-111　唐代玉猪

图3-112　唐代玉人骑象

（3）玉人物纹椭圆杯　唐，高4.9cm，口径8.5～14.9cm，故宫博物院藏。玉质呈青色，局部有白斑。俯视杯口形如橄榄，腹下收，底有一圆纽形足，整体似羽觞而无耳。腹外沿阴线刻"四逸"，或褒衣博带，或着窄袖短衣，或盘腿而坐，或跪踞于席，作饮酒畅谈状。近足处饰卷草式云纹一圈。此器的人物形象及服饰貌似晋时士大夫，反映当时不重仪表、崇尚清高、纵酒作乐的逸士风度，与南京西善桥东晋墓出土的"竹林七贤"画像砖及宋画院"六逸图"的风格近似。但杯体似羽觞而无双耳及器底所饰卷草形云纹等，似又较晚，其下限当不晚于唐（如图3-113）。

（4）玉飞天　唐，高3.9cm，宽7.1cm，厚0.7cm，故宫博物院藏。玉质呈青白色，局部有浅黄色斑。以镂雕加饰阴线等工艺，飞天作凭云飞翔状，头上有高髻，长目小口，面部端庄慈祥，生意盎然。上半身裸，着肩披飘带，肌肤丰腴圆润。下身着裳裙，裙带飘逸，全身婀娜多姿，轻盈自如。下托祥云，作飞舞状（如图3-114）。目前中国发现最早的飞天形象是在新疆克孜尔千佛洞内的壁画中。飞天，早期多作男像，后逐渐演变为娇美的女性。从传世品看，玉制飞天始于唐代，考古发掘的出土品，较早的在五代和金墓中已见。

图3-113　唐代玉人物纹椭圆杯

图3-114　唐代玉飞天

（5）玛瑙牛首角杯　也称羚羊首杯。唐，长15.5cm，口径5.9cm，1970年陕西省西安市何家村窖藏出土，陕西省博物馆藏。此杯选用红色玛瑙雕琢而成，器体采用角杯造型，杯身下端雕出生动羚羊首，羊眼圆睁高凸，双耳自然贴于脑后，羊角弯曲连接杯口，杯口饰双圈凸弦纹，嘴鼻部装有类似龙嘴状的金帽，能够卸下，内部有流。整个器形似一横置牛角，又如羚羊平卧，精巧而又稳重。器体抛光精致，晶莹瑰丽，熠熠生辉（如图3-115）。

（6）玉人物纹带板　唐，长3.5～5.4cm，1970年陕西省西安市何家村窖藏出土，陕西省博物馆藏。青玉质，体扁，计16块。其中铊尾2块，正方形銙4块，一边弧圆、一边平直形銙10块。带板的正面皆以浅浮雕加饰阴线纹琢刻成奏乐胡人形象，肩身披飘带，身着短衣，足穿尖靴，或跪或坐，神态逼真。背面平素，有与鞓结扎的穿孔。传世唐代饰玉带板较多，但饰动物纹和全套的带板尤为罕见。饰纹精美，完整无缺，极其难得（如图3-116）。同墓葬出土还有玉兽纹带板，长3.5～5cm，青玉质，体扁，共15块，其中铊尾2块，方形銙13块。每块正面均以浅浮雕加饰阴线琢成不同形式的动物各一，有立有卧，皆栩栩如生。背光素，各有供与鞓结扎的穿孔。

图3-115 唐代玛瑙牛首角杯

图3-116 唐代玉人物纹带板

（7）玉献壶人带板 唐，高6.2cm，宽6.7cm，厚1.3cm，故宫博物院藏。新疆白玉。体呈扁方形，正面用浅浮雕加细密的阴线纹琢饰一"胡人"，卷发，深目高鼻，身穿窄袖紧身服，脚穿长筒靴，肩披飘带，手执凤首壶，人物盘腿而坐，神态自然。背面平素无纹，四角各有对穿的两孔，供与革带结扎用。所谓"胡人"，一部分指阿拉伯民族。所执凤首壶，为阿拉伯波斯一带流行的器物。此带板既是一件艺术品，又反映了唐代中国与阿拉伯民族友好往来的一个侧面（如图3-117）。

（8）玉吹笙人带板 唐，长4.9cm，宽4.6cm，1981年西安市郭家滩出土，西安市文物局藏。玉带是鞓（皮革带）、銙（带的镶嵌物）、铊尾（嵌在皮带后部）三部分组成。此带銙为白玉，正方形。銙正面为奏乐人，其发分梳两髻，双手捧笙吹，腹部隆起，盘腿做圆形茵席上，两侧身披翻卷拂舞的飘带。人物形象生动，生活气息浓郁。特别是两眼，虽简化至三角形状，但全神贯注之态表现得淋漓尽致。雕琢技法是起底刻，用阴线细线勾勒人物各部分及服饰、茵席。这种用短细阴线作装饰，是唐代流行的技法之一（如图3-118）。

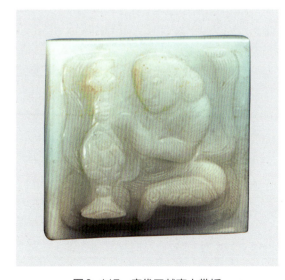

图3-117 唐代玉献壶人带板

图3-118 唐代玉吹笙人带板

唐代著名的丝绸之路就是由甘肃经新疆到达印度、波斯、欧洲的。其商队来往不但扩大了丝绸贸易，而且开通了珠宝、玉器、瓷器等百货的流通。日本为向中国学习科学文化，也曾派使节给唐朝送来了珍珠、丝绸、琥珀、玛瑙等。中国鉴真和尚东渡日本，则给日本人民带去了中国文化，且其随员中有玉工，物品中有玉环、水晶手镯、玳瑁碟子等。越南南部国家林邑，在唐天宝八年（公元749年）送来了一百串珍珠。

3. 五代十国

晚唐藩镇割据，地方经济发达，朝廷亦无法控制全国局势，招致唐亡后出现五代十国的分裂局面。从公元907～960年在我国历史上被称为"五代十国"时期。由于连年战乱，生产遭受破坏，因而其科学文化事业并不兴隆，宝玉石业的发展亦显然不及唐代。

六、宋代

公元960～1279年，在我国历史上称为"宋代"，并有北宋、南宋之分。经过晚唐、五代十国的分裂局面，契丹族占领渤海全部土地，人口之厚称雄东北，南进幽燕。赵匡胤篡后周建立宋朝，平定中原，统一全国，与辽、西夏、大理、吐蕃等地方政权对峙。到了宋代基本完成了全国的统一，社会经济得到了恢复，生产力得到了发展，科学技术和文化事业取得了一系列突出的成就。"宝石"一词至迟在宋代即被起用。

宋代玉器直承五代玉器，进一步市庶化，与当时的各种风俗结合，碾琢了大量的小件玉器和佩饰。玉器皿仍在金银器的影响之下而又有所损益，其纹饰却均为宋代本色。龙穿花图案即其一例。在绘画艺术尤其是人物、花鸟、花卉、山水等画科濡染下，镂空的人物、花鸟、花卉等题材的玉饰件无不琢治生动，形象逼真。立体的镂空玉件有着完整的构图，以方寸玉表现了繁杂的社会内容和神瑞寓意，充满着画意。乾隆帝弘历在观赏宋玉时，在他的藏玉诗中便抓住了这一点，并命名为"玉图画"。他一语点破宋玉的时代特点。以我们今天的眼光来衡量乾隆的看法，也应肯定这位清代皇帝的艺术鉴赏力。

在宝玉石矿种方面，宋代开发利用的有灵璧石、蓝田玉、昆山玉、寿山石、青田石、花岗石、大理石、太湖石、各种砚石等。浙江省的青田石资源相传也发现于宋代，并开始用来雕刻图章、笔筒、笔架、墨水池、香炉、石碗、石槽等。宋对砚石资源的认识和开发利用亦有许多重要进展，发明了"抄手砚"。且宋砚在造型、墨堂处理、方圆关系方面均使人感到朴素、大方、实用，不仅端石、歙石、红丝石等久负盛名，砣矶石、澄泥砚等也受人尊重。

由于宋代考古风极盛，因而仿古玉（铜）器的生产获得了蓬勃的发展，如模仿西周时代著名的"六器""六瑞"等。这些玉器虽然仿照古代玉器的造型，但在设计、原料的选用、加工技术等方面仍然要适应时代的特点，因而与真正的造型仍有差别。实际上，这种仿古玉器是当时玉器造型的发展和水平的再提高。为了制作古代礼器，宋代在宫廷中专设有"玉院"，即皇家玉院。皇家玉院和官办玉器作坊雇佣了大批手工艺人，并配备有不少工奴，为皇家和官僚们生产玉器。许多著名大都市店铺林立，出现了繁荣的集市贸易，金银珠宝买卖兴隆，珠宝店铺与玉石作坊往往组合在一起，成为"前店后工"的工商企业。

在玉器形制和纹饰方面，宋代玉器以龙凤花鸟为主，兼有其他形制的造型玉器。已知其出土作品小件多、大件少，线条花纹繁缛，有仿古蟠螭纹、回纹、乳钉纹及凤牡丹图集等。玉雕人物就有观音、佛像、飞天、羽人、小孩、老人和仕女等。他们或为圆雕，或为浮雕，造型和工艺技术优劣不等。兽、鸟、花卉作品多为写实，有的则与砚滴、镇纸、杯碗等相结合。宋代其他玉制器皿和工具的造型则更为繁复，已知有炉、鼎、尊、觚、觯、爵、卮、匜、杯、碗、壶、盘、鉴、洗、水承、小盂、砚滴、笔筒、笔架、镇尺、镇纸、筷子等。

"玉不琢，不成器"，这是南宋王鳞《三字经》里的名言，其语意深刻。但也同时说明宋人确实认识到了雕琢对于玉器生产的无比重要性。宋代玉器加工往往综合发展在造型和纹饰方面，各种深浅浮雕、圆雕、镂雕技术等融为一体。陈性《玉纪》称："宋琢，方而工致，能起花五六层，元明因之，勿如也。"这种风格唐代少见，至宋代始得到发展，有起五六层花佩饰出现。在制作玉珮时，佩饰两面纹饰作交错安排，并统一安排眼位打眼，丝工则按两面纹线斜向镂空，再分别将两面花纹碾轧。对于中间的玉料，有经碾轧可起三、四层花饰，这就是"起花五六层"。

（1）玉透雕折枝花锁　北宋，直径7.2～9cm，1974年北京市房山县长沟峪石椁墓出土，首都博物馆藏。玉料呈青色，体扁，略作椭圆形。器以镂空加线刻制成两朵折枝八瓣花缠绕交接状。对称平衡，雕镂精巧，为迄今所知最早最精美的以折枝花组合而成的玉器之一（如图3-119）。

（2）玉荷叶杯　南宋，高3cm，口径9.8～11.5cm，1974年浙江省衢州市王家公社史绳祖墓出土，浙江省衢州市文物管理委员会藏。白玉质。俯视呈两片张开的荷叶，大叶作杯身，小叶覆盖杯把。在大片荷叶的背部雕有盛开的荷花及荷叶。镂雕卷曲的茎为杯足和把。通体还以阴线刻叶和花的脉络。器出土时原有一缺口。此器为迄今所知同类作品中最早的一件，是设计巧妙的珍贵艺术品（如图3-120）。

图3-119　北宋玉透雕折枝花锁

图3-120　南宋玉荷叶杯

（3）玉兔形镇　南宋，高3.6cm，长6.7cm，宽2.6cm，1974年浙江省衢州市王家公社史绳祖墓出土，浙江省衢州市文物管理委员会藏。玉料呈白色。兔作伏卧状，双目前视。以简练的阴线刻饰爪、耳、须、目和尾。四足间略饰毛纹，余皆光素无纹。此器形体生动，纹饰简洁，是南宋琢制玉动物形镇的代表作（如图3-121）。

（4）玉兽耳云龙纹炉　宋，高7.9cm，口径12.8cm，故宫博物院藏。玉料呈青灰色，原经火轻度烧灼。体圆，口外撇，圈足，两面饰兽首衔云耳。炉正背两面饰纹相同，皆在满饰工字形墙壁纹锦地上，隐起一只三爪的升龙。其下饰水波纹，侧有朵云纹。内底部阴刻清高宗弘历御题七言诗。此器虽形如青铜簋，但所饰龙纹和云纹，与常见的宋云龙纹相似。其制作年代当在宋代。器上七言诗为清乾隆四十三年（公元1778年）所刻。乾隆虽知此器与商周器物略异，但也难以断定成于何时。据诗可知此器确经火烧，至少在刻诗之前已藏入清宫，是一件稀见的传世珍品（如图3-122）。

图3-121　南宋玉兔形镇

图3-122　宋代玉兽耳云龙纹炉

（5）玉龙把碗　宋，高7.3cm，口径14cm，故宫博物院藏。玉质呈乳白色，局部有褐色浸斑。体圆，通器呈六瓣花形，口沿饰连续的三角形几何纹，腹部于花瓣处开光❶，开光内外在回纹锦地上隐起变形的夔凤纹。近足处和足沿通饰莲瓣纹。器侧镂雕螭龙为把。龙首高于碗口，前两爪紧握口沿，后两爪伏于碗壁。此器形近唐代金银器，纹饰仿商周青铜器图案而有变化。碗把螭龙与黑龙江省阿城县金上都遗址出土的长方砖上的龙纹相似，故其年代最晚不下宋代。此碗造型规整，纹饰华而不俗，是所见玉制器皿中佳品之一（如图3-123）。

（6）玉云璧连环器　南宋，通长6.8cm，最宽5.7cm，厚0.7cm，1974年浙江省衢州市王家公社史绳祖墓出土，浙江省衢州市文物管理委员会藏。玉料呈青色。器用一块玉料琢制，由璧和云形饰两部分组成。云形饰呈心形，上有一心形孔和方形孔，阴线刻云纹。璧光素无纹。有一方形穿孔纽，与云形饰方形孔套扣环接，可活动（如图3-124）。此器形式特殊，世不多见，用途不详。

图3-123　宋代玉龙把碗

图3-124　南宋玉云璧连环器

---

❶ 开光本意为"点睛之笔"。

（7）白玉镂空云龙带环　宋，高7.9cm，宽6.7cm，厚1.8cm，故宫博物院藏。白玉质，带环系用镂雕手法精制而成。两件为一副，皆为圆形，片状。周缘饰二十连珠纹，中部以镂空云纹为地，上透雕云龙，玲珑剔透，轻灵巧妙。龙为丹凤眼。上唇长而尖，角短弯至脑后，发向前冲，颈细长，躯如蛇，成S形。腹部有节状纹，足四爪，左上爪持一火珠。两件玉环所雕云龙方向相反，龙回首相望，四目相视，张口探爪，造型生动。带饰两侧横贯一扁孔，可穿带，下有扁环以悬挂其他饰物。宋代是龙纹向规范化、艺术化发展的重要阶段。宋代龙纹强调传神、气势与美感，在制作上力求精美（如图3-125）。

（8）青玉人物山子　宋，高14.9cm，故宫博物院藏。玉呈青灰色，局部有褐色斑。通体镂空。正背面纹饰不同，正面雕一老丈双腿并齐，端坐于松树下，手持拐杖，背靠山石。身旁有一仙鹤，伸颈低首啄食仙草。背面雕一童子身穿肥大长袍呈站立状，身后一有灵芝形角的鹿相随在后，背部衬以牡丹和山石。宋代玉山子应是宋画衍变出来的一种新的艺术形式，它把平面、单线勾勒的画面，变成在形体、质感、量感、空间都与之不同的主体雕塑。这个山子有吉祥祝福的含意，一面用松、鹤表示松鹤延年，另一面用鹿、牡丹表示福禄同春。山子不仅构图优美，意境深远，而且雕工秀润工整，有"远望以取其势，近看以取其质"的效果（如图3-126）。

图3-125　宋代白玉镂空云龙带环

图3-126　宋代青玉人物山子

七、辽、金、元代

公元916年，契丹族领袖耶律阿保机创立契丹国，两年后建都皇都。公元947年改国号为"辽"，改皇都为上京，它与北魏对峙，是统治中国北部的一个王朝，公元1125年被金所灭。女真完颜部酋长阿骨打于1114年起兵反辽，1115年即皇帝位，国号大金，建都会宁，1125年灭辽，与北宋接壤，1127年攻入宋都汴梁，俘徽、钦二帝。赵构继位以杭州为行署，史称南宋，与金对峙长达108年。金亦为统治中国北部的一个王朝。公元1234年灭亡，共统治120年。公元1206年，蒙古族领袖成吉思汗建立全蒙古政权，后忽必烈定国号为"元"，并于元十六年灭南宋，统一全国，建都大都（今北京）。辽、金、元都是北方以游牧业为主的少数民族贵族统治者所建立的国家，他们的统治使玉石业按其民族特点发展，生产出来了许多既有气魄，又很粗犷奔放的特殊玉器。

1. 辽代玉器

辽代（公元916～1125年）玉器与宋玉相似，但也有不少不同之处。如辽代通过后梁或直接接受唐玉的传统，还有其远古的玉文化根基也不可忽视。如今辽宁省朝阳市北塔地宫出土一件红山文化玉斧，就是辽境先民供奉掩埋的。这说明辽境必有红山文化玉器流入，对契丹族玉器产生很大影响。辽境碾琢的玉器中不乏玉飞天、玉摩羯，这反映了辽境推行密宗的佛教政策。辽境盛产玛瑙，故善用玛瑙碾琢各种器皿和动物。目前受到出土玉器的局限，我们还不能全面地认识辽玉，但青玉双鹅带盖小盒、金链白玉竹节盒、白玉熊三件玉器和玉雕都是在辽境所碾，并代表了契丹族的审美观，它们在题材上、形式上均与宋玉有别。

（1）玉飞天　辽，长5.2cm，1970年内蒙古自治区翁牛特旗解放营子墓葬出土，内蒙古自治区赤峰市文物工作站藏。玉料作青白色。体扁，略作三角形，镂雕而成。飞天头戴平顶帽，身着短袖衣长腿裤，肩披飘带，作飞于天际状。身下饰浮动云朵。玉飞天常有所见，但出土者甚少。此器琢刻精细，为辽玉代表作（如图3-127）。

（2）玉双鹅带盖小盒　辽，高3.8cm，长9.3cm，1950年辽宁省义县清河门西山村四号墓出土，辽宁省博物馆藏。玉料呈青色，通体有褐色浸蚀。器由盖和盒两部分组成。盖原已散失。盒随形以浮雕和阴线琢饰双鹅。两鹅一前一后，作蹲伏状。鹅颈相互勾连。双鹅前端有一圆口，口内空，作管状盒腔，可贮物。口较盒腔稍缩小。两侧面各有一穿绳小孔。此盒是以动物形为饰的早期实用器之一（如图3-128）。

图3-127　辽代玉飞天

图3-128　辽代玉双鹅带盖小盒

（3）金链白玉竹节盒　辽，高17cm，宽4.4cm，1967年辽宁省阜新县塔营子出土，辽宁省博物馆藏。此器以竹节式圆筒形盒为主体，盒为六节状，最上节为盖，余五节为身，每节阴刻枝杈痕，相当逼真。身盖相连，启合灵便相宜。两侧出贯耳，两条金链分穿其中，上以金环总之，可手提金环，或挂在跕蹞钩上，十分便捷。链下各镶一蓝玻璃茄形坠，并包叶状金片。此盒综合应用了玉、金、玻璃等三种不同材料及其工艺，制作精美。主次搭配得体，显得十分典雅、和谐，气度不凡，疑为内廷之物，是一件不可多得的契丹玉器（如图3-129）。辽代玉器蕴含了中原汉族文化及宋代玉器艺术诸多成分，同时也显示了契丹族的民族风格、宗教信仰及其文化艺术各种鲜明的光彩。

（4）玉熊　辽，长6.5cm，高3.8cm，宽1.5cm，1978年内蒙古自治区巴林右旗白音汉窖藏出土，内蒙古自治区巴林右旗文物馆藏。玉料呈白色。立雕，兽短尾长鬃，小耳尖嘴，作弓身而卧状。以玉料原有褐色巧作鬃毛和尾毛，是辽代玉雕动物中有代表性的作品（如图3-130）。

图3-129　辽代金链白玉竹节盒

图3-130　辽代白玉熊

2. 金代玉器

金代（公元1115～1234年）玉器直承辽、北宋，又与南宋（公元1127～1279年）并行。然女真人生活习俗更接近契丹，所以金玉除了包括获自北宋的玉器之外，还有从南宋购入或战争中缴获的，也有的是在金境内按照朝廷制定或庶民要求由汉族玉匠碾制的。前两部分是两宋玉器，后一部分为金代女真族玉器，这一部分金玉以"春水""秋山"两种玉器为代表。女真族妇女头戴的"玉逍遥"及男巾上的玉饰件以及拴在腰上的玉饰或佩在身上的玉珮等亦属女真玉器。从上述几种玉器来看，宋、金玉器表现的社会生活及装饰题材是浑然有别的，有中原内地与边疆草原的区别，但二者表现的手法与艺术处理则是统一的。或者说基本上是统一的，也就是说是很难区别的。由于金代内地所碾的玉器也是出自宋匠之手，因而两个在政治上对立的朝廷，所制玉器的工艺与艺术却是互为沟通的，其沟通的桥梁则是南宋玉人。

（1）玉"春水"饰　金，高6.5cm，宽8cm，厚2cm，故宫博物院藏。玉料呈青色。体作椭圆形，正面弧凸。通体以镂空加饰阴线纹雕成。饰一只大雁躲藏在荷丛之中，上有一海东青向雁俯冲而下，作追啄状。背面有一随形的椭圆形环，环内两侧有横穿的长方孔，可供结系。似是腰带或冠帽缀饰。海东青又名鹰鹘、吐鹘鹰，主要生于我国黑龙江流域。它体小机敏，疾飞如电，勇猛超凡，自古以来深得我国东北各民族的喜爱。有人进行驯养，用以捕杀大雁和天鹅。这类玉饰，辽、金、元各代皆有所见，亦有出土物，其中无锡元代钱裕墓出土的一件，堪称代表作。此类纹饰，据考为"春水"图（如图3-131）。

（2）玉"秋山"饰　金，高6.5cm，宽4.5cm，厚1.6cm，故宫博物院藏。青玉，局部有紫红色。体扁平，浮雕加阴线饰纹。两面图案不同，一面下部饰一回首蹲伏的猛虎，上部饰林中奔跑的双鹿。另一面饰鹰鸟立于枝头。此类器，据考为"秋山"内容，属金代遗物（如图3-132）。

图3-131　金代玉春水饰

图3-132　金代玉秋山饰

（3）玉人　金，高5.1cm，宽1.8cm，1973年黑龙江省绥滨县中兴公社墓葬出土，黑龙江省博物馆藏。玉料呈青色。立雕而成。玉人头戴纱帽，身着短衣长裤，左手执蕉叶背于肩上，右手下垂，颈下佩项链，两腿交叉，作行走状。玉人似为儿童，刻画生动，为金代玉雕人像的代表作（如图3-133）。

（4）玉藻鱼　金，长5.7cm，高3cm，1973年黑龙江省绥滨县中兴公社墓葬出土，黑龙江省博物馆藏。玉料呈墨黑色。扁体，鱼似鲤，镂雕成口衔折枝莲荷形，以阴线琢刻鱼鳞及荷叶脉胳。雕镂精细，生动逼真（如图3-134）。

图3-133　金代玉人

图3-134　金代玉藻鱼

通观两宋与辽、金玉器，它们反映的生活方式不同，在装饰题材上也各有特点。但在碾琢工艺和艺术处理上都是一致的，不论宋玉还是辽、金玉，都以追求生活的真实为要旨。处理器皿造型十分讲究比例适中、平衡稳重，像官窑瓷器那样有着简洁秀美、典雅轩昂的艺术格调；人物、禽兽都很注重解剖，比例关系十分准确，神态自然，表情生动，令人感到真实而亲近。绝大多数宋玉碾法娴熟、用砣精练，线条如行云流水，起伏转折宛如鬼斧神工。正如明人高濂所评："宋工制玉，发古之巧，形后之拙，无奈宋人焉。"宋玉在我国玉器艺术的历史上占有极为重要的一席，以形神兼备的艺术魅力，攀登上玉器艺术的又一高峰。

3. 元代玉器

蒙古的统治者早已接受中原玉文化传统，也是极其喜爱、尊崇玉和玉器的。蒙古在统一中原入主中华之前曾远征至欧洲、西亚和印度，劫持了大批工匠和金银宝石，客观上对中西文化和工艺美术的交流起到了积极作用，使战国始盛的金玉结合的做工发展到与宝石相结合的新阶段。元代玉器主要是继承宋、辽、金玉器的传统，碾制了春水、秋山玉以及玉押、带扣、帽纽等新式玉器。"玉如意"这种高级馈赠品则为元代玉器的一大发明和重要成就。现知元代开发利用的玉石以绿松石最为有名，当时称"甸子"。

（1）玉虎纽押　元，高2.7cm，边宽3.5cm，安徽省范文虎墓出土，安徽省博物馆藏。玉料呈青白色。纽凸雕一虎，印作方形，印面有阳文印押符号（如图3-135）。

（2）玉龙纽押　元，高4cm，边长5～5.8cm，故宫博物院藏。玉料呈白色。纽镂雕一龙，面作长方形，上有剔地阳文符号。押是古代文书契约上签字或代替签字的符号。此押原为清宫旧藏，纽上三爪卧龙，形似元代风格，应为元代帝王用器（如图3-136）。

图3-135　元代玉虎纽押

图3-136　元代玉龙纽押

（3）白玉螭纹连环带环　元，通长12cm，宽5.1cm，厚2.1cm，故宫博物院藏。玉质青白，微有沁色。器体为一方环连接两块方形带饰，环上雕琢灵芝。一侧带饰中心有一孔以供钩扣，绕孔四周凸雕一螭，另一侧带饰凸雕一螭口衔灵芝。背面雕一圆形纽，可接束带。元代玉器上螭纹多用素地起突的凸雕技法，螭衔灵芝也是元代常见纹饰。此器时代特点明显，为元代螭纹代表作品（如图3-137）。

（4）白玉龙首带钩环　元，高2.3cm，最宽3.8cm，故宫博物院藏。玉呈粉白色，尾部多黑赭色沁。分钩环两部分。钩呈琵琶形，钩为龙首，龙首中生双角后弯，角周为发，粗眉上卷成勾云纹，圆眼凸出，鼻梁高隆，宽鼻，大嘴微张，三绺长发后披。钩尾浮雕加镂雕水纹，上面盛开荷花，四周荷叶相衬，是一幅元人荷塘小景图画，上有皮色，背面琢圆形荷叶为脐。环口隐起云纹，环尾镂雕一高起云龙纹，蟠屈躯体，龙首回顾，吻长微卷，尾和后肢在空中舞动，似龙在升腾翻飞，气势雄伟，勇猛奔放。带环分开样式见于战国和汉代，此种带钩环合体，是古代钩与环配套使用的沿袭，使其更加精美、高贵和艺术化（如图3-138）。

图3-137　元代白玉螭纹连环带环

图3-138　元代白玉龙首带钩环

（5）白玉镂空凤穿花璧　元，直径9.3cm，厚0.6cm，故宫博物院藏。器体正面镂雕一展翅飞翔的凤，并衬以缠枝牡丹，背面平磨，内外缘各有弦纹一周，雕琢精美，风格华丽。随着时代的发展，凤纹也不断演变，唐宋时期牡丹花纹出现后就和牡丹花结合起来构成凤穿牡丹的题材。有单凤口衔牡丹拖着美丽的长尾飞舞，有双凤拖着长尾在牡丹花中追戏，也有比翼双飞，双凤口衔花枝在云间对舞等，成为宋元时期流行纹饰之一（如图3-139）。

（6）青玉龙纹双耳活环尊　元，高22.9cm，口径6.4～8.2cm，足径6.8～9.9cm，故宫博物院藏。玉质闪青灰色，有绺纹。圆雕，直颈，阔腹，长方口，口沿外饰弦纹。颈部两面浮雕云龙纹，肩部有弦纹两道，内有两组凸起的回纹，在两组中间又琢一卧于土字上的夔龙纹。腹部回纹锦地，上有四组重环纹，环上阴刻勾连云纹。长方形底足，足上部有相对的重复三角纹，足下阴刻回纹，颈两侧有双兽活环耳。这件玉尊是仿古玉器，元代出土和传世的立体玉雕陈设品极少，此玉尊可称为绝品（如图3-140）。

（7）玉牧马镇　元，高5cm，长12cm，故宫博物院藏。玉料呈青灰色，似经火烧。镇圆雕而成，雕琢一人一马。马作回首跪卧状。马侧坐一牧马人，头戴尖顶橄榄形帽，身穿长袍，腰间束带，圆目高鼻，腮留短须，手拉马缰，神态自如。牧马人的衣着，与元代雕塑人像近似，当为同期物。雕琢粗放，形象生动，颇富生活气息（如图3-141）。

（8）玉双人耳礼乐杯　元，通耳高7.2cm，口径11cm，故宫博物院藏。玉料呈白色，局部有红色浸痕。体圆，腹部下收，圆圈足。镂雕对称的童子人形耳，脚下托祥云。器口沿饰圆珠纹一圈。腹外以墙壁纹为地，浮雕通景的十仕女奏乐图。仕女有坐有立，各持不同乐器。腹内及底部列有32个如意头形朵云，皆浮雕而成（如图3-142）。

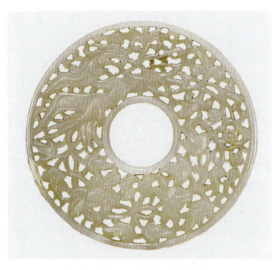

图3-139　元代凤穿牡丹花璧

图3-140　元代青玉龙纹双耳活环尊

图3-141　元代玉牧马镇

图3-142　元代玉双人耳礼乐杯

（9）青玉镂空龙凤纽　元，高7.5cm，底径7cm，故宫博物院藏。玉呈青白色，局部有原皮黄褐色。体圆形，上弧凸，底内凹，并有穿孔可与炉盖结缀。通体镂雕加线刻一五爪云龙穿插游戏于盛开的牡丹花丛中的纹饰图案。龙首在纽的顶部，龙首较长，双角以鹿角伸向脑后，张口露齿，双眉粗如火焰，双目小而有神，须发潇洒飘逸，龙颈细长而弯。凤的形象清秀飘逸，姿态驰骋纵横，轻灵舒展。牡丹花枝叶繁茂，国色天香，配置匀称适宜。作者利用原皮俏色成花叶，设计巧妙。牡丹花纹饰也成为自唐代以来，人们喜闻乐见的富贵吉庆的象征。象征祥瑞的龙凤与象征富贵的牡丹花浑然一体，使图案充满了美满温馨祥和的气氛（如图3-143）。

（10）渎山大玉海　元，高70cm，口径135～182cm，最大周长493cm，膛深55cm，北京市北海公园团城玉瓮亭内存置。玉质青白中带黑色。体椭圆，内空。体外周身浮雕波涛汹涌的大海和浮沉于海中的海龙、海马、海猪、海鹿、海犀、海螺等，形态各异，栩栩如生（如图

3-144)。膛内光素无纹,内阴刻清高宗弘历御制诗三首及序,概括了大玉海的形状与经历。其序曰:"玉有白章,随其形刻为鱼兽出没于波涛之状,大可贮酒三十余石,盖金、元旧物也。曾置万岁山广寒殿内,后在西华门外真武庙中,道人作菜瓮。……命以千金易之,仍置承光殿中。"又据清宫内务府造办处档案载,玉海曾于乾隆十一年、十三年、十四年和十八年进行过四次修饰,将原来的纹饰略加修改。

玉海是目前所知最早的一件重达3500kg的大型玉雕,作于元代至元二年(公元1265年),距今已有七百余年。它的制作,继承和发展了我国琢玉工艺上"量料取材"和"因材施艺"的传统技巧。此外在俏色方面也有独到之处,玉海形体厚重古朴,气势雄伟,雕刻纹饰既粗犷豪放,又细腻精致,具强烈的神秘感和浪漫色彩,确是划时代的艺术珍品。

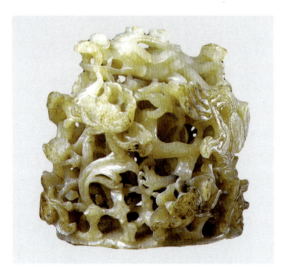
图3-143 元代青玉镂空龙凤纽

图3-144 元代渎山大玉海

从工艺角度检验元代玉器,确与宋代接近。但显得粗犷简率,有的琢磨较潦草。从艺术手法来看,也与宋、辽、金一致,虽不敢说毫无变化,但其变化也是微乎其微的。所以,有人曾经说过,元代玉器"在我国玉器史上又呈现出一次小变,而形神兼备的玉雕艺术至此已宣告结束"。总之,我国古代玉器艺术的现实主义传统奠基于秦,发展于汉,又经历唐与宋两次变化与提高,在元代打上了休止符。

八、明代

公元1368年,明太祖朱元璋称帝,建都南京,国号"明"。高档宝石的大量应用是明代宝玉石业发展的最大特点。明清两代玉器离开宋、元形神兼备的玉器艺术轨道,走向工艺化、装饰化、商品化、鉴赏化的拟古主义的道路,也可以说这是一次不正常的扭曲了的变异。这条拟古主义的道路不是玉器特有的,在绘画、雕塑及各种工艺美术分支都普遍地沿着这条道路由高峰滑向低谷。

明代对石雕资源的开发利用不仅较之前代发展尤速,而且技艺高深、繁荣空前,进一步标志着我们中华民族科学文化事业的发展达到了很高的水平。明代宫殿即多用汉白玉大理石建造,特别是其石栏杆、石跳踏垛、华表、石狮、石螭首以及日晷、嘉量等。寿山石在明代也广为用之,如福州寿山一带不仅居民普遍开采，而且寺院的僧侣亦是如此，他们用寿山石制成香炉、佛珠等宗教用品，以馈赠八方游人。

在宝玉石加工方面，明代的宫廷玉业和民间玉业都得到了高度发展，其中仿古玉器的生产更为发达，特别是青铜器造型玉器的发展。

按用途可将明代玉器分为饰用玉器、礼仪玉器的基本类别。其形制虽然千姿百态，但在玉器生产中占重要地位的仍为人物、动物、花鸟、山水等形制的玉器。朱元璋第十子朱檀墓和北京明十三陵中的定陵中都出土了具有代表性的宝玉石器物。

1. 明代初期玉器

明代初期（洪武—天顺，公元1368～1464年）的玉器尚求精工，尤其宫廷用玉更是如此。汪兴祖墓（洪武四年，公元1371年）出土云龙带板，朱檀墓（洪武二十二年，公元1389年）出土白玉葵花杯以及清宫旧藏白玉镂雕蟠龙纹带环都是明初玉器的佼佼者，从中尚可看出宋元遗风。

（1）玉云龙纹带板　明早期，长8.9cm，宽7.4cm，江苏省南京市中央门外张家洼汪兴祖墓出土，江苏省南京市博物馆藏。羊脂白玉料。体扁圆，上作葵瓣形，下附一半圆形环。正面镂雕一游龙戏珠纹，间缀云纹，边有随形框。器底部托金片，并有扣可与鞓结缀（如图3-145）。玉带出土时，鞓已朽，存玉带饰十四块，其中四块呈葵瓣形，镂雕游龙戏珠纹；八块呈半葵花形，仅镂雕云纹。此墓出土的玉带，是迄今所知明代玉带出土的最早遗物。玉带板饰龙纹和其下有半圆形环扣的结构，尚有宋元遗风。所出十四块带板的数目与形状和明后期不同，是元代向明代过渡期的典型作品。

（2）玉花形杯　明早期，高3.2cm，口径7.3cm，1971年山东省邹县朱檀墓出土，山东省博物馆藏。玉料呈白色。杯作圆体，形若一盛开的五瓣花。以藤状枝叶饰作柄和托。雕刻精细圆润，为朱檀墓乃至明初墓葬中最精美玉器之一（如图3-146）。

图3-145　明初玉云龙带板

图3-146　明初白玉花形杯

（3）白玉镂雕蟠龙纹带环　明初，直径8.6cm，故宫博物院藏。玉质青白色，局部有浅褐色皮，体扁圆，通体镂雕为一团龙，躯体蟠绕成圆环形。龙首部突出，作正面像。双角向后，发向上飞扬，双眼上翘。长须，鼻端呈如意形，躯体粗壮。神态威猛，具有浓厚的图案花色彩，颇具宫廷风格。环背后有一环扣。作品构图饱满，气势磅礴，有强烈祥瑞气氛。明代大量使用龙纹，由于朱元璋出身寒微，登基后便积极利用龙的图案来神话自己。衣食住行各种用具皆以龙为饰。整个器体图案繁简得当，主次分明，颇具匠心（如图3-147）。

2. 明代中期玉器

明代中期（成化—嘉靖中，公元1465～1544年）玉器已发生变化，从现存的此期玉器的大多数来看，确实已摈弃了宋元玉器的现实主义传统，进而转向装饰化、工艺化、玩赏化的拟古主义道路方向。

（1）青玉兽面纹冲耳炉　明中期，通高14.7cm，口径11.9cm，足距5.4cm，故宫博物院藏。器圆形直口，宽唇出沿，外侧阴刻山字纹。腹部回纹地，浅雕三组兽面纹，兽口各吞一柱形足，三足鼎立，足外侧琢变形蝉纹。炉底为浅分裆形，凹成三等份，底里起脊，以三兽首组合体。口沿上有双冲耳，耳部中间有一拱形孔，其外侧网纹上浅雕相对螭纹。紫檀木盖，鸳鸯衔莲盖纽（如图3-148）。玉炉以商代早期的青铜鼎为模本制作。青铜鼎一直沿用至后世，供器和陈设器的炉大多作成鼎的形状，所以鼎炉并称。玉炉造型典雅、庄重古朴，又配以深紫檀木，色泽凝重，有着独特的审美价值。

（2）青玉云纹螭耳匜　明中期，高13.3cm，宽10.3cm，天津市艺术博物馆藏。此器口沿刻云雷纹，肩和腹底部刻勾云纹。腹部上下二道弦纹，中刻繁密的云纹组成两方连续的图案纹饰带。镂雕一螭为柄，螭头如鼠，圆耳，下唇底有须。螭身上有表示关节的卷云纹，匜底有椭圆形圈足。此器为明代仿古玉器，造型同青铜匜。雕琢精致，设计巧妙（如图3-149）。

图3-147　明初白玉镂雕蟠龙纹带环

图3-148　明中期青玉兽面纹冲耳炉

图3-149　明中期青玉云纹螭耳匜

3. 明代晚期玉器

明代晚期（嘉靖中—崇祯，公元1545～1644年）商业经济发达，资本主义因素缓慢成长，促使玉器生产进一步商品化。一些目光短浅的玉作坊片面追求利润，牺牲其艺术性粗制滥造。玉器美学价值大为降低，良材精工的玉器极为少见。此期玉器适应社会要求，玉茶具、玉酒具增多。玉佩饰品种也极为丰富，为市庶大众所喜爱，收藏古玉之风在城市相当盛行。但古玉有限，一批古玩商便组织玉匠磨制伪古玉，依式制造以欺骗藏家，获取高值。这类伪古玉留传下来的很多，往往被误断为旧玉或宋玉。此时，治玉工艺相当普遍，各个商业发达的城市都有玉肆。然治玉业最发达的城市有两处：位于北方的帝都，集中各地良工为贵族、显吏作玉；江南的苏州玉业之艺堪称工巧，数全国第一，留下了名工陆子冈的名字。陆子冈，明嘉靖、万历年间苏州琢玉名匠，"名闻朝野""可与士大夫匹敌"。于器物上款署作者姓名，在我国玉器中极为罕见，出土物就更加难得。陆子冈善于雕刻各种造型的玉器，尤其擅长平浅刻，其章法脱俗，为后世师表。其作品落款为"子冈""子刚""子刚制"。陆子冈款玉器传世尚多，除去清代与近代仿造的玉牌子之外，尚有簋、壶、樽、洗、花插及簪等器，但难辨其真赝。故陆子冈玉的真面貌尚有待今后系统地整理和深入地研究。

此期玉器不论是器物还是肖生都有着装饰趣味，与绘画、雕塑的关系较为疏远。与当时的工艺美术互通，本质上是归属于工艺美术。这一点与宋、元玉器截然有别。这与当时的文人画泛滥、雕塑艺术的工艺化、珍玩化有着密切关系。在工艺上精雕细刻者甚少，刀法繁杂琐细者则较多。这种现象在宫廷玉器中亦可见到。即使万历帝朱翊钧墓所殉玉器也是精工优玉者较少。此时还有一个值得注意的现象就是玉与金细工、宝石镶嵌组合为一个成品，如朱翊钧生前所用嵌红蓝宝石金盘托玉爵杯是帝王玉中玉、金、宝石三结合的新器物。孝端、孝靖皇后棺内所出之白玉镂空寿字镶宝石簪、累金丝镶宝石光座白玉立佛鎏金银簪、白玉兔金镶宝石耳坠等首饰都是皇家作坊所制的玉、金、宝石首饰。这些首饰尚属工精料实的上等玉器，亦不乏典雅华贵的气质。在东南地区的富绅墓中也出土了一些与此类似的玉、金、宝石首饰，这是时代风尚之反映，不分尊卑，君民咸宜。所不同者只有材质优劣、做工繁简之别。

（1）玉竹筒形壶　明晚期，通高12.4cm，口径8.5cm，故宫博物院藏。玉料呈青色。体圆，作三节竹筒状，底、盖皆平。器把与流皆琢制成由竹节上长出的枝条状。把上镂雕一穿，可系绳。盖顶中央凸起一坐姿寿星老人为纽（如图3-150）。竹，通常比之君子，或以其四季常青而寓意长寿。此器典雅精巧，寓意吉祥，是明晚期典型的实用工艺品。

（2）青玉八仙图执壶　明晚期，通盖顶高27cm，口径6～7.8cm，足径6.5cm～8.2cm，故宫博物院藏。执壶为扁圆形，中空，细颈丰腹，口和足为椭圆形，盖顶纽为镂空骑鹿寿星老人。盖斜面为三云鹤纹，边沿及壶口为俯仰山字纹。器腹两侧面浅浮雕加线刻有八仙图，颈部两侧剔地阳文草书五言诗，在诗文与八仙之间点缀仙鹤、祥云和松竹梅等纹饰。夔式柄，柄顶站立一兽。流与壶颈之间镂雕灵芝纹相连。高足边沿阴琢山字纹，其上弦纹两周，设计精巧，造型庄重，做工粗犷有力，是明代实用的陈设品中之珍贵玉器。此器是明代嘉靖、万历道教盛兴时期的代表作（如图3-151）。

（3）青玉螭耳杯　明，通耳高6.7cm，口径7.1cm，足径4.9cm，故宫博物院藏。杯圆形，撇口，颈部微收，鼓腹，圈足两侧有镂空双螭耳，螭头及前爪伏于沿，尾分两叉贴于杯壁，一后足蹬尾。此杯造型十分优美，既能实用，又可作为艺术品供陈列赏玩（如图3-152）。

（4）青玉龙把匜　明，高7.8cm，长5.8cm，宽3.6cm，故宫博物院藏。匜呈长口，长方形圈足，口略外撇，把镂雕一变形古式螭龙，腹部浮雕凤鸟纹，凤鸟呈站立行走状。镂琢细腻，简朴生动（如图3-153）。

图3-150　明晚玉竹筒形壶

图3-151　明晚青玉八仙图执壶

图3-152　明代青玉螭耳杯

图3-153　明代青玉龙把匜

（5）玉爵杯　明万历年间，通高14.5cm，金托盘高1.5cm，直径19.7cm，重499.5g，1956年北京市定陵万历皇帝墓出土，北京市定陵博物馆藏。玉料呈青色。体略呈椭圆形，杯作仿古青铜爵。口沿有一对凸纽，镂雕一龙为柄，底有三个牙形足周身饰仿古纹。玉爵底托为金盘，盘中央高凸呈山形，以承玉爵。盘内饰龙纹，并嵌各种宝石（如图3-154）。

（6）玉花耳杯　明万历年间，通高6.8cm，杯高5.5cm，杯直径5.8cm，杯足高1.2cm，托盘直径15.9cm，1956年北京市定陵万历皇帝墓出土，北京市定陵博物馆藏。玉料呈青色。体圆，撇口，圈足，镂雕对称的花形耳，上嵌红宝石各一。杯壁薄如纸，通体光素无纹。杯底托一圆形鎏金银盘，盘内嵌各式宝石和玛瑙等（如图3-155）。

图3-154　明晚玉爵杯

图3-155　明晚玉花耳杯

（7）玉碗　明万历年间，通高15cm，金盖高8.5cm，重148g，金托盘直径20.3cm，重325g，1956年北京市定陵万历皇帝墓出土，北京市定陵博物馆藏。器由玉碗、金碗盖和金托盘组成。玉碗呈青白色，圆形，撇口，圈足，内外光素无纹。碗盖为黄金质，顶饰仰莲花形纽，通体镂雕龙草纹。碗托亦为金质，作圆盘状，中央有一凸起圆圈，用以承托玉碗。盘边沿饰云纹，盘底满饰线刻龙纹（如图3-156）。

（8）玉"合卺杯"　明，高7.5cm，横宽13cm，故宫博物院藏。杯由两个直筒式圆形器连接而成。底部有六个兽首足，杯体腰部上下各饰一圈绳索纹，作捆扎状。一面镂雕一凤作杯把；一面凸雕双螭作盘绕爬状。两螭之间的绳索结扎口上有一方形图章，上刻隶书"万寿"两字。杯身两侧分别有剔地阳文隶书铭文、杯名及款式。一侧为："湿湿楚璞，既雕既琢。王液琼浆，钧其广乐。"末署"祝允明"三字。诗上部有"合卺杯"三字，另一侧为："九陌祥烟合，千香瑞日明。愿君万年寿，长醉凤凰城。"诗上部有"子刚制"三字（如图3-157）。

图3-156　明晚金盖托白玉碗

图3-157　明晚玉合卺杯

(9) 茶晶梅花花插　明，高11.4cm，口径4.2cm，足径3.8cm，故宫博物院藏。圆雕，粗梅树形，中空，可插花，随形圆口，木纹平底足。外表凹凸不平，呈自然树形。底和口部凸雕梅枝，以天然白色琢出盛开的梅花，老干新枝，生动、自然、形象、妙趣横生。系素白水晶俏色佳作。在新枝之间琢双竖行阳文草书"疏影横斜，暗香浮动"八字，并署阴文"子刚"一圆一方印，为琢有子刚款的珍贵玉器。梅花白色俏，成为茶晶俏色绝世品（如图3-158）。

(10) 玉环把杯　通盖高10.5cm，口径6.8cm，1962年北京师范大学出土，首都博物馆藏。体圆，由器和盖两部分组成。盖顶正中有一圆形纽，上饰水涡纹，靠近外沿有三个卧狮，成等距三角形，每两狮间各饰一兽面。盖沿饰云纹。器外腹以蚕纹为锦地，上隐起螭虎和夔凤纹。底平，外侧有三个兽首足。腹侧有一环形把，把上有凸出的象形纽饰，象鼻自然内弯成一孔，可穿系。把下有剔地阳文篆书"子刚"两字。纽顶和把的上部圆孔，原似作穿嵌活环套链用，可惜原活环套链已丢失。玉杯出土于康熙十四年埋葬的墓中。墓主人为康熙朝一品官索额图的幼女。推测此器传至康熙时，作为墓主人的珍贵物品陪葬入墓的，是迄今所知子刚款玉器出土物中极难得的一件，又是其所仿古玉器的代表作。这件环把杯的发现，为研究子刚款玉器提供了重要的实物资料（如图3-159）。

图3-158　明晚茶晶梅花花插

(11) 玉山水人物纹方盒　高6.2cm，口径7.2cm，故宫博物院藏。玉料呈青色。由盖和盒两部分组成。体呈正方形，下略收，方形圈足。盖面弧凸，上剔地阳纹山水人物和行书"桃江含宿雨，柳绿带朝烟"诗句。盒内空，可贮物。盒与盖四外壁上下通景饰梅花、荷花、山茶花和石榴。盒底中部在凸起的方圈内，剔地阳文"子刚"篆书款（如图3-160）。

图3-159　明晚青玉环把有盖樽

图3-160　明晚玉山水人物纹方盒

总之，明代玉器由宋元的艺术道路返归工艺美术的途径，可以说是一种倒退，其时代烙印是十分清晰的。

九、清代

公元1616年，发迹于白山黑水之域的满族首领努尔哈赤本为明代守边将军，后叛明自立后金，建立了后金政权。二十年后，皇太极改国号为"清"。顺治元年（公元1644年），清世祖入关，定都北京，以后逐渐统一了全国。至宣统三年（公元1911年），辛亥革命发生，推翻了清朝，结束了两千多年的君主制度。

由于清朝服制以满族为本，玉带已不复存在，其他朝廷用玉也有调整。并且清初中央政权受蒙古准部的干扰，不能到达嘉峪关以西，玉路受阻，影响到清代玉器的发展。至乾隆二十五年（公元1760年）清军平定准、回二部分裂主义分子叛乱之后，在新疆地区行使了正常的统治权，年贡玉2000kg（私贩未计），此后清代玉器方有了新的转机，迅速地跨进繁荣期。至道光元年停止玉贡，张格尔叛乱，玉路再度受阻，清代玉器便进入衰落期。清廷消灭了太平天国之后，经济略有复生，清代玉器工艺如同夕阳西下，回光返照，随着1911年清皇室逊位而告终。长达二百多年的满族统治对玉器工艺的发展起到重大的推动作用，从质、量两个方面衡量，可以肯定达到了中国玉器史上的最高峰。

清代开发利用过的宝玉石资源品种甚多，其中除了从国外输入的金刚石、红宝石、蓝宝石、猫眼石、碧玺、祖母绿、紫牙乌等高档宝石外，还有国产的碧玺、雨花石、玛瑙、绿松石、菊花石、昆山石、绿冻石、五花石、寿山石、田黄石、青田石、鸡血石、各种砚石等。

以清代的玉材来源而论，当时全国所用玉材主要来源于新疆和缅甸，前者提供了优质的昆山玉，后者提供了翡翠。除用高级翡翠玉材生产出了极丰富的扳指、翎管、马镫、烟嘴、龙钩等外，一般翡翠制品也充斥民间，这是因为加工翡翠或做翡翠买卖能"平地暴富"。

宫廷玉器在玉山子、薄胎、压丝、仿古玉器、金玉复合器物等方面的生产很有成就，其他如人物、动物、插牌、烟壶、首饰等造型与工艺技术加工也达到历史上的最高水平。

按艺术特色和用途将清代玉器分为礼仪玉器、首饰、服饰、器皿、用具、陈设品、玉山子、插屏、玉石盆景和百宝嵌等。

（1）礼仪玉器　礼仪玉器有玉册、宝玺、礼乐器、祭器等。

玉册为帝王祭祀、礼告天地的册书，通常用玉片制成。

清代用玉石制作的乐器有笛、磬、萧等，常用于礼仪吹奏。如乾隆二十六年（公元1761年）制作的碧玉磬，递次减小形制为十二音律。

清代祭器为用于宗教活动和祭祀祖先、社稷的器物。由于满族人民十分讲究宗教、礼仪风俗，因而对祭器倍加重用。其常用祭器有玉制的爵、铃、杵、嘎不拉碗、净瓶、钵、海灯、圭璧、龛塔、佛像等。

（2）首饰、服饰玉器　清代的首饰、服饰玉器相当复杂，有的衣着袍袖全用米珠、金银线制成。满族官宦人家妇女的头饰除古之簪钗外，还用扁方卷发，梳成高发髻式，发上珍珠、宝石、翡翠挂坠累累。扁方长30cm，宽3cm，厚0.6cm左右，多用翡翠、白玉制成，平素无纹。清代还规定有官家朝服制度，男官顶戴花翎，朝珠挂于胸前；妇女有指环、项饰、手镯、朝珠和各种佩饰，有的有制度，有的为华丽妆饰。

清代贵族官吏都有朝服，其上饰有顶戴花翎和朝珠。亲王、郡主、贝勒、贝子全为皇族的近亲，被封为奉恩镇国公者戴红宝石顶；公、侯、伯和文武官一品戴珊瑚顶；二品为起花珊瑚顶（即在珊瑚正面雕有"寿"字）；三品为蓝宝石或蓝色透明玻璃顶；四品为青金石顶；五品为水晶或白色透明玻璃顶；六品砗磲顶；七品金顶；八、九品为起花金顶。上述"顶"即顶戴，在清制官帽中，其正中顶纽为顶，称"顶子"。顶子下系翎管，翎管插以花翎，合称"顶戴花翎"。通常翎管用珊瑚、青金石、翡翠及其它玉石制作。插花翎的眼有单眼、双眼和三眼之分，其中以三眼翎管的品级最高，五品以下为单眼。

（3）玉制器皿　玉制器皿的生产在清代亦获得了蓬勃的发展，其中以乾隆年间最为鼎盛，一般包括有仿古器皿、实用器皿、薄胎和压丝器皿等。

（一）第一期（公元1644～1759年）

自清军入关开始至乾隆二十四年，此期玉石材料来源不多，为缓慢发展时期，其玉器继承了明代的风格。康熙、雍正两朝玉器碾琢甚少。从仅存玉器可知，康熙朝玉器本工应是精碾细琢、丰满华丽；雍正朝玉器本工体薄轻盈、光素无华。

（1）玉鸡心珮　清康熙，长7.7cm，宽4.6cm，1962年北京师范大学出土，首都博物馆藏。玉料呈深碧色。体扁，略作长方委角形。中心一圆穿，一端尖凸一牙脊，一端弧圆，若心形。两面饰纹相似，近尖凸的一端侧角镂空一螭，近弧圆的下角浮雕一鸳鸯。螭出没于流云之中，鸳鸯浮游于水波之上，栩栩如生（如图3-161）。

图3-161　清康熙玉鸡心珮

（2）玉双夔耳杯　清雍正，高4.3cm，口径6.4cm，故宫博物院藏。青玉质。体圆，撇口，圈足，两侧各镂雕一对称的变形夔龙为耳。通器光素无纹，底中央阴刻隶书"雍正年制"四字款。迄今所知，玉器中刻年款者罕见。清代刻款始见于雍正年间，数量亦不多。这是其中的一件代表作（如图3-162）。

（3）玛瑙光素杯　清雍正，高6.7cm，口径10.5cm，足径4.2cm。故宫博物院藏。这件玉器采用灰白玛瑙，带少许黑、褐、黄等色调的色斑和条带，淡雅而沉静。杯上为圆形大侈口，腹壁较直，底部为小圈足，足部中心阴刻双直行"雍正年制"四字篆书款。全器光素无纹饰，主要以造型、雕工和质料来显示它的艺术性（如图3-163）。

图3-162　清雍正玉双夔耳杯

图3-163　清雍正玛瑙光素杯

（二）第二期（公元1760～1812年）

自乾隆二十五年至嘉庆十七年，此期玉石材料来源丰富，玉业空前繁荣，加工技艺成熟，琢制成了许多大件玉器，成为清代玉器史上的丰碑，在中国玉器发展史上亦占有十分重要的地位。

乾隆朝玉器则集历代玉器工艺之大成，做工谨严，一丝不苟。乾隆本人对清朝玉器艺术及生产极为关心，循循善诱或严加斥责，指引方向。他热爱玉器，下了不少的考证工夫，留下了有关玉器鉴赏、评论、考证、鉴定的诗文800余首（篇）。内廷收藏的玉器大部分是乾隆朝碾制，其中有些玉器是臣下进贡的。嘉庆时期，玉器勉强维持乾隆时代玉器做工与风韵，但其有形无气的弱点已暴露无遗。

乾隆朝玉器分为时作、仿古、仿痕等三种。

1. 时作玉器

时作玉器品种繁多，以陈设玉器和实用玉器为代表，提倡画意，不少玉陈设上碾有故事、人物、花卉、禽兽等绘画性图案。

（1）田黄石三联章　清乾隆，此玺印是一整块田黄石雕刻而成。由两枚方形玺和一枚椭圆形玺及联接的锁链组成。方形玺均长2.6cm，宽2.6cm，通高10cm；椭圆形玺长径3cm，短径2.3cm，通高10cm。故宫博物院藏。此玺为清朝乾隆皇帝做太上皇时所镌刻，是乾隆皇帝非常喜欢的御用宝玺。方玺印文一阴一阳，阳文为"乾隆宸翰"，阴文为"惟精惟一"；椭圆玺印文为"乐天"（如图3-164）。田黄石质晶莹剔透，润泽如脂，刻工精细，显示出雕刻者极高的造诣和工艺水平，为清代御用珍品。

（2）玉盏——青玉三螭纹盏　清乾隆，通高7cm，盘长15.5cm，宽12cm，盏长8.5cm，宽6cm，故宫博物藏。此器属于陈设品，它由盏托及盏两部分组成。托为椭圆形，中心凸起盏座，座饰莲瓣纹与乳钉纹。托沿外雕镂三螭，盏托底篆书"乾隆年制"款。盏为圆形，敞口，凹足，盏外侧也雕三螭，盏底镌刻"乾隆年制"四字篆书款（如图3-165）。

图3-164　清乾隆田黄石三联章

图3-165　清乾隆青玉三螭纹盏

（3）玉盘、玉碗　清代的实用玉制器皿有盘、碗、杯、碟、壶、盒等，多用于宫廷。北京故宫博物院陈列有碧玉刻诗盘一对，玉质深厚、青润、铿锵，盘中隶书，笔锋琼劲。碗有白玉碗、玛瑙碗、翡翠碗等，精致者有纹饰和诗款。

①玉刻诗大盘　清中期，高9.6cm，口径65.3cm，重约15kg，故宫博物院藏。玉料呈深碧色。体圆，撇口，圈足，光素无纹，内底阴刻隶书清高宗"御制诗"。从诗的内容看，知玉盘为乾隆二十二年（公元1757年）追剿新疆上层贵族叛变分子阿睦尔撒纳时缴获。玉盘浑厚持重，

光洁温润，与同期内地玉器有明显的差异，为厄鲁特族玉工琢制。它是一件反映历史事件的珍贵遗物（如图3-166）。

②玉刻诗大碗　清乾隆，高8.6cm，口径24cm，故宫博物院藏。玉料呈青色。体圆，撇口，圈足，内光素，腹外周身阴刻清高宗弘历"御笔"七言诗及其自注。此碗料为新疆和田地区山产玉，成器于清乾隆五十三年（公元1788年）。与此碗大小形状相同的还有一件，今亦藏故宫博物院，该碗上刻有此诗之序言。此碗器大体薄，抛光细润，玉质精美，是所见玉碗中最大者和材料优良者之一，极为珍贵。诗、序及自注中，除讲到此器玉料的来源以外，还述及当时春秋两季采玉入贡和私人采玉贩玉及清政府禁而不止的情况，是当时历史的真实反映，亦不失为一文献资料（如图3-167）。

图3-166　清代玉刻诗大盘

图3-167　清代玉刻诗大碗

（4）玉杯、玉盒　清代玉杯形制很多，纹饰秀美，既实用又是艺术品；玉盒形制更是多样，有圆盒、角盒、方盒、扁方盒、棱盒，大到食品盒，小至粉盒，精美异常。盒盖与盒身子母口严丝对缝，纹饰吉祥、福寿、如意。大盒中尚有若干小盒组在一起，分布均匀，相互协调一致。按禽类外形制作的玉盒，如鹌鹑盒、鸭盒、鸡盒、鸟盒等，身为膛，上身口盖下身口，完整统一、协调、新颖，既写实、又有变化，装饰性很强。北京故宫博物院珍藏的清代金胎珊瑚桃盒，内为金胎，外包珊瑚，呈桃形，桃体二分组成盒，珊瑚有九龙戏珠寿字，选料精、嵌装严，工艺一丝不苟，为很难得的精品。

（5）其他玉制用具　指的是人们日常生活所使用的玉石器物，如如意、刀把、扳指、拐杖头、推胸、香囊、别子、扇坠、旱烟嘴、冠架、文房用具等。

如意古称挠头杖、痒痒挠，又称"不求人"，后来演化成吉祥器物，用于喜庆和婚礼。大如意长一尺以上，小的在手内可把玩。有用白玉、翡翠、玛瑙、珊瑚制作的，也有用金、檀木嵌玉片制作的（如图3-168）。

清代刀把多为金银错宝石嵌玉制，供贵族使用。因满族好骑射，故清廷帝王每遇围猎、巡猎或征战，便全副武装，腰佩刀剑。其刀剑就有玉把，玉质洁白温润，嵌有各色宝石，有的还有压丝金银错，制作精致。

扳指呈筒状，多用羊脂白玉、翡翠等高级玉石制作，筒厚0.5～2.0cm，全素无纹饰或者浅浮雕纹饰。

别子为玉珮的一种，因其形制圆润，便于腰间别坠，故名"别子"，也称"腰坠"。其造型多取古珮式，但多有变化，为明清常见的玉珮，有双别子、福寿别子及具有代表各种吉祥喜庆的别子等。

香囊为盛放香料的小盒子，其盒镂空，可散发出香味。玉制香囊，做工精细，嵌有宝石，纹饰以花草或吉祥图案为主。

推胸是把玉石制成光滑平面，在人体的有关部位进行按摩的器物，由于多制成胸部按摩器，故称"推胸"。

清代玉制文房用具不仅品种甚多，而且作品更为精彩，特别是玉笔筒的深浅浮雕、人物、山水、亭台楼阁均极精美，还有镇尺、镇纸、砚滴、砚台等，其形制和纹饰千姿百态、美不胜收（如图3-169）。

图3-168　清代玉如意

图3-169　清代水晶蛙形镇纸

（6）艺术构思和造型的玉器　属于此类的玉器如独立的玉制人物、仙人、佛像、飞鸟、禽兽、草虫、花卉等，在清代也获得了全面的发展，其中有的憨厚、淳朴，有的文静大方，有的气魄雄伟；既注意题材与用材的结合，又注意在写实手法中表现出各种造型的神态特点，以及这种造型与别的造型密切结合等。清代人物造型虽然男女老少都有，但以小孩为最多。小孩光身圆润，动作顽皮，十分惹人喜爱，如四喜珮、三婴洗等。其他的在山子或其他造型中表现出多子多福的吉祥形象。鸟兽造型也是清代玉器生产中广泛选用的题材，取用了吉祥、喜庆、福禄等方面的音义，如蝠通福、鹿通禄、兽通寿、羊通阳、象通相等，都表示一定的寓意。

①玉站式罗汉　清中期，高18cm，宽7.3cm，厚4.5cm，故宫博物院藏。此器圆雕，罗汉脚踏方头鞋，身穿僧衣，腰系绳带，右手扶带头，左手抬于胸前，持万年青一束。光头，前额凸起一肉瘤，长眉，眯眼，脸有皱纹，两耳垂肩。该器部分刀法硬朗而粗犷，但磨琢光润（如图3-170）。

②玉坐式罗汉　清中期，高11.5cm，底宽7.8～9.7cm，故宫博物院藏。玉料呈青绿色，圆雕。罗汉身披饰墙壁纹和朵云纹的袈裟，着宽袖长袍，左手握拳外露，盘腿端坐在蒲团上（如图3-171）。

图3-170　清中玉站式罗汉

图3-171　清中玉坐式罗汉

③青玉坐佛像　清中期，高13.6cm，底宽8.3cm，厚4.1cm，故宫博物院藏。圆雕，佛为结迦趺坐，手印为定印相，应为阿弥陀佛即无量寿佛。手腕上各戴一圆镯，身披长宽衣，胸部饰缨络和结束飘带，头饰螺髻发，头顶肉髻，双耳垂肩，双目微闭，嘴角含笑，座为椭圆状。该器造型文静，佛态安详，所雕线条流畅自如，抛光精致，显示出清代玉雕的高超技艺（如图3-172）。

④碧玉观音像　清中期，高28.8cm，宽10.7cm，底厚4.8cm，故宫博物院藏。圆雕，呈站立状，赤足，着长衣，宽袖垂至膝下，一手搭于手背，一手半握念珠，念珠呈"8"字扭曲状下垂，珠串上带一穗带。头披长巾，中间低垂，掩饰高髻上部，华冠正中是结迦趺坐化佛。眼睑下垂，胸前饰缨络。在中国佛教雕塑中，早期观音多为男相，南北朝时始有女相（如图3-173）。

图3-172　清中玉坐佛

图3-173　清中碧玉观音

⑤玉山子　清代的玉山子作品很多，其中有的小巧，可以陈设于案头；有的重达千斤、万斤，置于室内，气势雄伟，富有大自然的生机。艺术大师在设计玉山子时，总的要求是以景为主题，按天然玉石材料的形状、颜色、绺裂分布状况等进行设计，然后去其瑕疵，掩其绺裂，使其造型、颜色、质地相互结合，搭配得当，浑然一体。在具体设计和制作过程中则应采取机动灵活的战略战术，随质立意，按形布局，可粗工，也可细工；可浮雕，也可深雕；可人物，也可山水；可竹篱茅舍，也可亭台楼阁；可牛羊成群，也可鸟语花香；可远近景分明，也可远近景交替，以收到玉材、立意、工艺三方面统一的效果。因此，玉山子是玉器造型中自由度大，能充分发挥设计者和玉匠的才华，做到料尽其用的佳作。著名玉山子有"大禹治水图"，"会昌九老图""秋山行旅图""丹台春晓图""桐荫仕女图"等。

● 玉"大禹治水图"山子　清乾隆，高224cm，宽96cm，重约5330kg。故宫博物院藏。玉料呈青色，绺纹较多。通体立雕，重山叠岭，流泉飞瀑，古木苍松遍布其间。在险峻的悬崖绝壁上，处处洞穴深秘，聚集着成群结队的开山导石的民工，他们有的用锤钎凿石，有的用镐刨砂砾，有的用简单的杠杆机械提石打椿，一派热烈的劳动场面。正面中部山石处，阴刻"五福五代堂古稀天子宝"十篆书方印，背部下方有"八征耄念之宝"六篆书方印，上方阴刻清高宗弘历题《密勒塔山玉大禹治水图》楷书七言诗及其自注。器下有60cm高随山底形状铸造的嵌金丝褐色铜座（如图3-174）。

此玉山子的设计画稿是根据清宫收藏的宋代以前的"大禹治水图"画轴临摹而成，包括正、背、左、右四张，并画有制作打钻的部位和钻孔的大小。制成的顺序时间是：乾隆四十六年二月十日完成画稿；随后又制作蜡样，于同年三月二十七日送乾隆皇帝阅示，五月七日批准后发往扬州琢磨，扬州担心天气炎热会使蜡样熔化，便按照蜡样制作了木样。同年九月，扬州动工雕琢玉山子，至乾隆五十二年（公元1787年）六月完成。然后通过水运，于同年八月十六日将玉山子运到了北京。乾隆五十三年（公元1788年）正月二十五日命如意馆玉匠朱永泰在玉山子身上刻字，将乾隆皇帝的诗和款识刻于其上，这大概又用去了一年的时间。最后，将"大禹治水图"玉山子置放在乾隆居住的乐寿堂，现北京故宫博物院乐寿堂，也就是今天人们亲自观赏到此杰作之地。玉山子的景象雕琢，如层峦叠嶂、岩洞幽壑、流水、古木、花草、人物、车马等，无不细致入微，人们三一群、俩一块，有的凿岩，有的击石，有的推车，有的用杠杆机械橇运……多么壮观；男女老少，五官、四肢、身躯活动等都雕琢得合情合理、准确清晰，这不仅说明当时艺术大师们构思设计十分巧妙，而且工具运用自如，充分体现出了伟大的创造才能和卓越的艺术成就。乾隆皇帝在此玉山子背面题诗曰："功垂万古德万古，为鱼谁弗钦仰视。画图岁久或湮灭，重器千秋难败毁。"

这样大的玉器作品，想当年从密尔岱山（密勒塔山）玉石矿进行开采、运输，然后设计、加工、雕琢，其整个过程一定遇到了许多极其巨大的困难。密尔岱山位于今新疆莎车县（古叶尔羌城）正南方的昆仑山中，被认为是新疆境内发现最早的原生玉矿产地，以生产大块玉石而闻名。

● 青玉"秋山行旅图"山子　清乾隆，高130cm，底宽70cm，厚30cm，铜座高25cm，故宫博物院藏。此山子由扬州制作，玉山为立雕的耸立的高山，一条羊肠小道自山脚蜿蜒至山顶，其间雕几座小桥，路上和桥山有行人数个，有步行的，有骑驴的。正面左侧山腰处有四间房舍高低错落，内有品茗小憩的行人，近山顶左侧有一座高大的城门，重檐垂脊，极其雄伟壮观。其余部分均为危岩和点缀其间的苍松翠柏。山背后悬崖更加陡峭，几株松树倒挂岩隙，更增伟岸、奇险之象。这件山子是根据乾隆时宫内画家金廷标的《关山行旅图》为蓝本雕作的。于乾隆三十一年（公元1766年）十一月十三日初制坯于北京，后运至扬州经四年的琢磨方告完成。制成后受到乾隆皇帝的赞赏，他在乾隆三十五年（公元1770年）和乾隆三十九年（公元1774年）两次为其赋诗，其中一首写道："和阗贡玉高逾尺，士气外黄内韫白。量材就质凿成图，不作瓶罍与圭璧。关山行旅绘廷标，峰岭叠叠树萧萧。画纸一面此八面，图观悦目尤神超。崖龉之处路疑断，云栈忽架接两岸。乘驴控马致弗同，跋涉艰苦皆可按。大蒙至此万里余，图中隐括殆尽诸。各有恒情每廑彼，不宝异物徒鎈予。"由于乾隆非常喜欢这件作品，因此就安置在他退位后居住和游乐的乐寿堂内（如图3-175）。

图3-174　清代"大禹治水图"玉山子

图3-175　清代"秋山行旅图"玉山子

● 玉"桐荫仕女图"山子　清乾隆，高15.5cm，宽25cm，厚10.8cm，故宫博物院藏。新疆产白玉，局部有玉璞原来的红皮色。器中间有一圆月形门，上嵌半月形扉门二扇。门半开，中留一缝。门内外各立一长衣少女，一人手持如意，一人双手捧盒，并透过门缝相互观望呼应。作者利用玉质的白色和红色皮浸，巧妙地琢制成茂密的桐荫蕉丛、垒石假山和石桌石凳，描绘成美丽的江南庭园景色。器底部略平，光素无纹，阴刻清高宗弘历"御题"诗和"御识"文。据诗文可知，此器成于清乾隆三十八年（公元1773年）。由苏州玉匠琢制。玉料是制碗时剩下的弃物，玉工巧运心灵，就玉璞的原形原色和取料时留下的圆洞，因材施艺，制成此图，堪称巧夺天工。器成后，深得乾隆的赞赏，称"义重无弃物，赢他泣楚廷"。意即玉工之"义"，比之卞和在楚国宫廷中不怕断足致残，多次哭献玉璞之举还"重"（如图3-176）。

⑥玉九龙瓮　清乾隆，通座高134cm，最大口径117cm，故宫博物院藏。玉料呈深碧色。体作不规则的圆形，内有膛，可贮水。外壁浮雕形状各异的九条龙，出没于云水和山间。底下凸，嵌入饰海水江山纹的紫檀木座中。瓮内阴刻清高宗弘历与内廷诸臣联句，计千余字。据联句和清宫内务府《各作成做活计清档》记载，玉瓮的材料重约2000kg，乾隆四十一年（公元1776年）初开始设计画样，由清宫造办处于乾隆四十四年（公元1779年）完成，前后共经四年。除玉料和从新疆运入京都的费用外，仅制作费用白银计九千八百四十七两二钱四分九厘。玉瓮制成后，置放在紫禁城乾清宫东暖阁，至今仍在原处（如图3-177）。

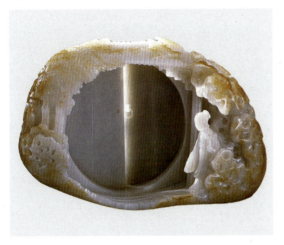

图3-176　清代桐荫仕女图玉山子

图3-177　清代九龙玉瓮

⑦玉插屏、玉石盆景　插屏是以山水、人物、字画为题材而浮雕出的立屏，其中以玉石为原材料者称玉插屏。汉代已有出土，明、清时代大为兴盛。

玉石盆景是用天然玉石为材料，经过艺术加工，种植或分布在盆中，使之成为自然景物缩影的一种陈设品。它分为原生造型盆景、盆花盆景、金本果树盆景。原生造型盆景是以天然形成的玉石或其他奇形怪石为原材料，稍加或不加修琢抛光，置于盆中而制成的盆景。珊瑚、孔雀石、青金石、玛瑙等都有，这一类盆景以欣赏宝石、玉石的自然美为主；盆花盆景多以草木花卉为造型，其花和叶则用玉石制作，然后用铁丝把花、叶连接起来，裹上丝绒，塑本栽于盆中。这种盆景取材比较广泛，用材也不一，有用宝石、绿松石、珊瑚等制作的，也有用一般玉石制作的。金本果树盆景以玛瑙、和田玉等作果，然后塑本，做成果树栽入盆中。如果树木贴以金箔，则为金本果树盆景。

2. 仿古玉器

乾隆时代玉器虽然仍在商品化、工艺化、装饰化、玩赏化的轨道上前进，但是由于乾隆提倡画意、主张仿古彝，便给其玉坛贯注了新的血液，遂而提高了艺术表现力和审美效果。玉器皿仿古造型特别发达，有仿青铜器的彝器、水器、酒器，如鼎、炉、尊、簋、觚、卣、瓶、壶、罐、爵、觥等；有变化了的新创造的玉器形制，如亭子炉、薰等。

炉有盖，盖上有顶纽，造型不一（如图3-178）。如果顶盖做成亭子塔式则称亭子炉，炉盖镂空者称为薰炉。薰的造型有圆球形、椭球形、海棠形、涡角形等，其纹饰多为变化了的花卉图案，少数为青铜器上的纹饰，故又称为"花薰"。薰是明清特别是清代的主要玉器形制，多以雕工细腻著称，为典型的精工作品（如图3-179）。

玉石尊多为艺术品，造型多有变化，有鸟形、鸡形、凤尾形等，尊为清代大量生产的玉器作品（如图3-180）。玉觚为喇叭形口，细腰，高圈足（如图3-181）。

玉壶为敛口，深腹，有盖。盖上往往有纹饰，有的还有底座。其形制有普通的壶形、瓶形、鸡心形、鱼篓形、月圆形、双鱼形、美人扇形、蒜头形、动物形、人物形等，有的有兽头，有的有纹饰，有的刻有诗款，有的则与杯、碟成套。不仅风格殊异，而且用途多种多样，既有各种古式壶，也有瓜棱壶、执壶、茶壶、酒壶等（如图3-182、图3-183）。

图3-178　清中翡翠兽面纹双耳炉

图3-179　清中碧玉兽面纹花薰

图3-180　清晚玉天鸡尊

图3-181　清乾隆玉龙耳活环觚

图3-182　清代玉三鸠纹执壶

图3-183　清代玉提梁壶

鼻烟壶始传于明代万历年间，意大利传教士利玛窦贡鼻烟，并传之鼻烟之法，尔后我国始盛行吻鼻烟，并制作鼻烟壶。其壶口直腔，圈足不挖底，配以用其他料制成的盖，盖镶耳挖，作挖取鼻烟用。耳挖有金属的、象牙的、骨质的，视壶之高贵程度而定。最早的鼻烟壶用五色玻璃制作，后有用博山套料、瓷、玉石制成的。优质玉石鼻烟壶产于苏州，大多具有山水风景、亭台楼阁纹饰的鼻烟壶；有的利用玉石颜色的不同，勾琢人物、草虫、博古、禽兽等，十分雅致。另外，古月轩和内画鼻烟壶素享盛名。古月轩以瓷、玻璃、铜胎珐琅为薄胎壶，饰以彩画，足底有"古月轩"三字，尤以瓷胎为最有名。透明料质薄胎鼻烟壶的彩画在膛内称为内画壶。如果将内画壶画上山水人物、花鸟草虫、写上草隶篆字体诗词，则具有大作之风雅。方寸之地，能容下内容如此丰富的画面，足见发明者之艰辛和作画者技艺之高超。

乾隆年间所制仿古玉偶有按《考古图》仿李公麟藏玉，绝大多数是仿青铜器而制的玉彝器，并镌"大清乾隆仿古"或"乾隆仿古"铭，有古色古香的特殊韵味。乾隆提倡仿古彝器，一方面由于他的慕古思想所致，另一方面是为了纠正苏州专诸巷玉作出现的各种流弊而发的。据他的诗文所记，可知他已基本达到了纠正时弊，制止"玉厄"的目的。

青玉钟表纹六方瓶：清乾隆，高28.8cm，宽14.5cm，厚5.5cm，故宫博物院藏。此器属于变形仿古玉器，但在这件作品处理上，制作者有意识地把古代青铜器上的装饰方法引用到玉瓶的创作中来，使普通变得不再平常，堪称化腐生肌，点石成金。这件作品最为突出的特点有三：一是出脊。出脊是商周青铜器上经常采用的装饰方法，一般以方齿状出脊为主要形式，该器在六个边棱上各有一条出脊，其形式为图案化的双连夔凤的连续组合。二是瓶盖也是六方体，但为锥形六方体。盖纽为顶部穹窿形锥体，内空，边缘开穹窿式小窗。整个盖体连同盖纽形似塔状，这在盖顶造型中罕见。三是瓶腹纹饰。瓶腹为浅浮雕钟表纹。近代机械表是明末传入中国的，大约在康熙时期制造机械钟表业逐渐兴起。在玉器上以钟表为饰极为少有，尤其是在这样一件带有浓厚仿古气息的玉制作品上出现更是前所未有。该器颈部和足部的前后两面均有圆形开光的浮雕纹饰，颈部有"卍"字纹，足部有"寿"字纹，双耳镂空出鸠栖花枝形象。这三者的结合，无疑表达一种万寿无疆、吉祥平安的美好祝愿（如图3-184）。

青玉仿古召夫鼎：清乾隆，高25.15cm，长20.9cm，宽13.8cm，故宫博物院藏。这件玉鼎是仿造古代青铜召夫鼎的形制而制成的仿古玉器。器形长方形，口沿带方唇，外饰一周雷纹，口沿左右两边为双立耳，腹部四面饰变形兽面纹，腹部四边棱及两个前后面中夹饰有"T"字形方牙出戟。腹下为四根柱足，外侧饰变形蝉纹。鼎内底刻乾隆隶书题诗："和阗贡玉来虽多，博厚尺盈亦致艰。材拟召夫今作鼎，祥非王母昔贻环。亚形还与摹铭款，龟采宁当视等闲。事不师古说闻匪，惭因赏并把吟间。"末署"乾隆丙申正日御题"并"几暇怡情""得佳趣"二方章。鼎内侧壁上仿刻古铭，外底阴刻"大清乾隆仿古"之直行隶书款（如图3-185）。

3. 仿痕玉器

仿痕玉器是指乾隆朝通过新疆回部伯克等首领购自北印度而贡入内廷的莫卧儿王朝玉器而言，因它来自北印度，可能由于买卖两方都按照传统说法，仍称"莫卧儿"为印度，故内廷亦称为"痕都斯坦"玉器，痕都斯坦即印度克什米尔地区。痕都斯坦玉器是带有阿拉伯风格的玉器，它的异国情调及其薄胎、隐起花纹、嵌金银丝及宝石等工艺打动乾隆。他做了五十六首诗来歌颂痕都斯坦玉器。既然皇帝喜欢，养心殿造办处玉作及苏州、扬州等玉肆便加以仿制或摄取其图案以装饰时作玉。这种仿痕玉成为清代玉坛上的一种时髦活计，以致还影响到今天的玉工艺。

清代的薄胎和压丝器皿具有鲜明的时代特色。薄胎就是把玉石器皿的胎体制作得很薄，这是

图3-184　清乾隆青玉钟表纹六方瓶

图3-185　清乾隆青玉仿古召夫鼎

清代引进的高水平的工艺技术，其名称为"痕都斯坦"做工，也称"温都斯坦"。此地区用玉石制作的盘、碗等玉器，多将胎体磨得很薄，再饰以连草纹。乾隆皇帝见到后，对这种工艺技术产生了浓厚的兴趣，于乾隆十六年至二十四年引入。自乾隆三十三年至六十年这二十八年间，乾隆帝作有赞"痕玉"的诗30余首，称赞此器"莹薄如纸"。后来，清代宫廷玉匠亦习此作使之成为中国玉石器皿造型中的一种常见类型。其实，薄胎玉器在清代以前就已出现，如宋代就有花形白玉杯，明代有雕花白玉杯，它们的胎体都很薄。只是到了清代，这种薄胎玉器作品才多起来，并在工艺技术上吸收了"痕玉"的优点，从而形成了专门名称。

玉双叶耳碗：清乾隆，高3.3cm，口径13.1cm，故宫博物院藏。玉料呈青色，间有墨黑色斑。体圆形，作盛开的八瓣花形。平底，口沿两侧各有一外凸的形式相同的卷叶状耳。此器体薄身轻，具有浓厚的异域风情，当系维吾尔族玉工所作，于清乾隆时贡入内廷（如图3-186）。

玛瑙花鸟纹罐：清乾隆，高7.1cm，口径4.1cm，腹径8cm，底径5.8cm，故宫博物院藏。此器采用缠丝玛瑙制成，层次感较强。罐口为圆口圆唇，短束颈，平肩，近直腹，无足。全器满饰减低阳文，分三区，上区位于肩部，饰浅浮雕俯印花卉纹；中区由肩部至中下腹部，由数个交错的不规则开光分为大小不一的纹饰区，有的饰宝相花，有的饰勾云纹，有的饰相对双鸟，基本是对称图案化的处理方法。下区位于腹部最下端，饰六组几何龙纹，底部中心凸雕双圈纹，内圈中阴刻双直行篆书"乾隆年制"四字款。这件作品具有浓厚的痕工风格，痕玉的特点是多实用器皿，其造型纹饰多以花叶蔬果为题材，用浅浮雕和阴刻技法琢成，而且器薄体轻，被形容为"薄如纸，更轻于

图3-186　清代玉双叶耳碗

铢"（如图3-187）。

压丝嵌宝与薄胎出现在一个器皿上，这是清代很盛行的一种工艺技术。清代玉器的压丝有压入的，也有嵌入的。压入的与玉平面无间隙，使作品浑然一体，有如金银交错的效果，如白玉压丝嵌宝碗就是压入的。而嵌入的常高出玉面。

我国早在春秋战国时期，人们就已经将玉石嵌入金属器物上，有"金镶玉"之称，这些金镶玉与清代玉的压丝嵌宝不同，后者是用金银宝石装饰玉，金银丝在玉器上呈金银错效果。金镶玉历代都有作品出土，如金镶玉钱、金镶玉杯等，它们均为镶嵌技术，而压丝技术则是在清代开始出现的，如压丝四联盒。著名的白玉错金嵌宝碗，玉质凝脂，洁白无瑕，胎薄、碗口敞，有桃实双耳，外以底足为中心，向碗腹错金蕃草纹样，蕃草顶出红宝石，五瓣花朵、四瓣花朵，把碗托得显甚为富丽。碗的内腹壁琢楷书，其内容为乾隆皇帝赞此碗的五言诗句："巨材实难得，良匠命精追。"碗内心刻有"乾隆御用"隶书四字，笔锋流利，足见乾隆十分喜欢这一玉碗。

图3-187　清乾隆玛瑙花鸟纹罐

（三）第三期（公元1813～1911年）

这个时期适值外国帝国主义侵入，清廷腐败，割地赔款，皇亲国戚大概无法致力于玉器玩赏，因而玉器生产走下坡路，工艺技术水平下降。许多稀世文物、大量国宝在外国侵华战争中竟被掠夺，民间有不少玉器珍品还被迫以廉价向外国出口。

道光、咸丰时期玉器陷入低谷，所谓"同治中兴"为清代玉器的复生提供了客观的社会环境，此时苏州、扬州、宁波、杭州等地玉作已成废墟，苏州专诸巷由于重建稍有恢复。和阗玉缺乏，以岫岩玉代之，只有北京玉作在几次浩劫中保存了元气，尚有较为缓慢的发展，它的水平可从光绪二十年（1894年）碾造的玉石仙台群像见其一斑。

玉石仙台：清光绪二十年（1894年），北京制造，高130cm，长117cm，宽96cm。故宫博物院藏。此器为慈禧六十寿辰时大臣恭进的寿礼。此仙台前窄后宽呈梯形，坐落在紫檀嵌银丝的台桌上。它以"群仙祝寿"为题材，用紫檀木雕成"蓬莱仙境""洞天福地""玉宇瑶池"三仙洞，由近及远上升排列，或位于峻峭的山峰上，或巍然屹立于海水中。西王母手持如意端坐在"玉宇瑶池"洞内，二侍女手持宫扇侍立于两侧。洞外的蟠桃树硕果累累，白猿正在给西王母献寿桃。八位仙人手持宝物从四面八方赶来为西王母祝寿。高岩深谷中植被繁茂，梅花鹿雀跃其间，蝴蝶翻飞翩翩。匠师用玉石、翡翠、玛瑙、水晶、珊瑚、

图3-188　清光绪玉石仙台

象牙、青金石、孔雀石等珍贵材料，雕琢出白猿、老寿星、八仙、童子、梅花鹿以及翠柏灵芝、奇花异草，表现出仙境之神奇美妙（如图3-188）。

清代玉业发展的成就主要表现在以下四个方面：

①全面继承了中国玉器的传统，不但对古玉进行了深入的研究，仿制了大批古代玉器，而且还大量改变和发展了玉器造型，特别是在器皿造型、薄胎艺术和玉山子等方面突出成就。

②对玉器的设计、工艺加工和选材用料方面有了重要突破。其最突出的是立意、布局、雕琢均向情景方面发展，薄胎和压丝技术相结合，以及刻字、题款等，从而形成了清代玉器的新风格。

③玉器生产工艺细致入微，一丝不苟，无论是大件还是小件，都具有极其精湛的工艺技术水平，令人难以达到。

④清代是我国古代宝玉石来源最广泛、最充足的时期，几乎各种宝石、玉石、石雕材料都有，尤其是翡翠用量之多，大大超过了前代。

已如上述，我国万年玉器的艺术轨迹并非笔直，而是曲折、崎岖的，其进展也是缓慢的，各地区的发展又是不平衡的，它的古拙—象征主义—现实主义的循序渐进的发展道路是正常的。然至明清，玉器艺术的发展出现了扭曲转折，这种变异是正常的还是反常的，这当然不是孤立的现象，不宜就事论事地加以讨论。

第四节　近代和现代玉器特点

一、近代（公元1840～1949年）

公元1840年鸦片战争之后，我文明古国沦为半殖民地半封建社会。神圣的国土被瓜分，勤劳的人民被蹂躏，丰富的矿产资源被掠夺，大量珍贵的宝玉石艺术品和文物被盗至海外。例如，清咸丰十年（公元1860年），英法联军攻陷北京，大肆掠夺被誉为"万园之园"的圆明园中的全部珍宝，并纵火焚毁，这就是世所共知的"火烧圆明园"；清光绪二十六年（公元1900年），八国联军攻陷北京，珠宝文物再一次遭到了侵略者的洗劫，包括古代玉器在内的中国艺术精品损失惨重。而且清廷官吏还与侵略者相互勾结，狼狈为奸，大肆盗窃中国的珍宝、玉器、文物。1911年，震惊中外的辛亥革命发生，清朝灭亡。从这时起，至1949年的38年里，中国经历了军阀混战、第二次世界大战及日本侵华，国贫如洗，民不聊生，即使在这时，侵略者也丝毫没有忘记掠夺中国的珠宝、玉器、文物。而一些军阀、官僚、买办等则对侵略者的意图心领神会、投其所好，盗卖已经出土的文物犹感不足，还盗掘古墓，把埋藏地下的大量无价之宝贩运国外。例如1928年，军阀孙殿英就曾炸开清东陵，盗掘了慈禧、乾隆的墓葬。

半殖民地半封建社会的中国玉器保留了其封建社会玉器的特色，又从清代宫廷玉器中彻底摆脱出来，变成了特殊的商品。这种商品又作为中国古老文化之一而受到世人重视，特别是由于它在"东方艺术"中居核心主导地位，并以经济贸易为主导，刺激和促使玉器品种及其造型不断发生变化，并转变为适合中国时俗和外国时俗的样式，不合时宜地被改造，镶在金属上的宝石被移为别用等。这就是半殖民地半封建社会玉器生产的最大特色，也是中国宝玉石业发展史上的新阶段，即商品玉器的生产和贸易阶段。它具有两个重要含义：一是对玉器艺术或"东方艺术"的强烈追求，这是中国玉器能长期具有吸引力的基本条件；二是适应玉器市场的需要，这是当时宝玉石业能够发展的基本前提。

二、现代（公元1949年至现在）

现代玉器已经脱离了古代的礼制内容，其形制和纹饰都与古代大不相同，主要突出其佩饰玩赏及经济价值功能。总结现代玉器的基本特点如下。

①用料之巧妙大大胜于古代。工艺美术师们总是运用最好的构思，最恰当的造型，最合适的方法以烘托出色泽美，并使美丽的天然色泽与形制巧妙结合，从而设计出俏色作品。俏色作品的设计和制作蔚然成风，这是玉雕和石雕业发展在用料方面的一项重大成就。

②造型艺术以写实为主，使玉雕和石雕作品更接近自然界和人类社会生活的真实。

③工巧发展到了前所未有的高水平。

现代玉雕和石雕作品的工巧主要包括两个方面：一是学习和利用古代玉石雕刻珍品的工艺技术，发挥其所长，如薄胎、压丝等；二是崇尚精雕细琢，如衣纹叠控飘洒、花卉穿枝过梗、飞禽走兽张嘴透爪等。

现代中国玉器还有南北派之分，南派以上海为代表，包括江苏、浙江、安徽、广东等地。他们讲求用料大胆，造型新颖，工艺纤巧。北派以北京为代表，包括北方各省市，他们讲求用料严谨，造型协调统一，工艺精湛。

现代玉器按用途可分为三大类，即佩饰类、艺术品类和保健品类。

1. 佩饰类

佩饰类是以人身佩戴为用途、美化人身为目的玉器。它从极珍贵的钻石、宝石到一般的玉石首饰，种类极其庞杂，又是世界珠宝玉器业的主要经营品种，又直接服饰于人身上，从某种意义上说，它是人们生活的必需品。我国随着物质、文化生活水平的提高，佩饰类越来越受到消费者的重视。从低档到高档，符合各个层次人们的消费水平。所以它是世界上消费量最大的类别，包括传统的珠宝翠钻及玉石首饰。

（1）珠宝翠钻 珠指珍珠，有海水珍珠和淡水珍珠，有天然与人工之分。珍珠一般加工比较简单，只需打眼和穿串或镶嵌就可以作为首饰了（如图3-189、图3-190）。宝指宝石，有天

图3-189 珍珠耳饰

图3-190 珍珠胸针

然与人工之分。它专指狭义上的宝石，即矿物单晶体，不包括矿物集合体的玉石。宝石的品种很多，有珍贵宝石和一般宝石。一般来说，宝石磨制的造型有一定的规律性，如有特殊光学效应的宝石磨制成弧面型，这样才能显示出特殊的光学效应，像星光、猫眼、月光效应等。透明宝石要磨制成刻面型，以显示它的内在美——光泽及颜色等（如图3-191、图3-192）。钻指钻石，钻石是宝石之王，是现代宝石中的重要品种，是世界宝石市场的佼佼者。它主要磨成刻面型，以表现它的高色散、强光泽之美（如图3-193）。翠指翡翠，它是现代玉石之王，尤以绿色为贵。磨成弧面型以显示其质色之美（如图3-194）。这些首饰石一般没有华丽的纹饰，是以质、色而称奇，多用于镶嵌，有戒指、项链、吊坠、耳饰等首饰。

图3-191　碧玺珠串

图3-192　石榴石戒指

图3-193　蓝色钻石饰品

图3-194　翡翠戒指

（2）玉石首饰　玉石作为首饰的形式有戒面、随形、戒箍、马镫、珠串等，多表示玉石的质色之美（如图3-195）。另外有一类是花饰，即在玉石首饰上琢磨有纹饰。如浮雕花鸟、人物、兽等小巧造型的花饰石，可嵌于戒指上或其他坠饰上。还有别子，是花饰坠饰的主要造型，两面雕花，造型多样，有小的圆雕动物首饰、片雕动物小挂件等（如图3-196）。

图3-195　马鞍形翡翠戒指

图3-196　浮雕松鹤翡翠吊牌

佩饰类首饰石多与金、银等贵金属结合，宝石首饰石以K金及铂金为底饰的较多，也有以银、亚金、铜为底饰的。首饰的价值主要取决于石的质量、底饰材料和款式，价格从几元到几万元不等，相差悬殊。在挑选成品首饰的时候，要注意石的质地要匀，不带脏绺，颜色纯正艳丽，光泽强，透明度高的，还要注意造型是否有缺陷等。

2. 艺术品类

玉制艺术品也称为"玉件""雕件"，它是以造型艺术为主的玉器，包括大、中、小件，有一定的形象和纹饰。主要品种有人物艺术品、山子、动物、器皿、花卉花鸟以及真石盆景等。

（1）人物艺术品　以古装人物为主。古装人物有仕女、老人、佛、观音、小孩、仙人等形象。现代的人物打破了传统，开始反映现实生活中的人物形象，有一定的欣赏价值。

仕女多为古装小姐打扮，手拿花扇，发髻卷于头顶，发丝下垂至背，长裙拖地，宽袖下垂，腰围二道裙，系带束腰打结，脚下衣纹作碎步姿态，表现了仕女身段秀丽、表情娴静、心地善良的特点。

老人形象比较多，多表现的是喜庆特点。主要刻画脸部特征，宽衣大袖，如寿星、财神等（如图3-197、图3-198）。

图3-197　翡翠寿星

图3-198　翡翠财神

佛常见为大肚佛，这是人们比较喜爱的佛，坐、立都有，它以大肚翩翩、哈哈大笑为特点，各种档次料都可以制作（如图3-199）。

观音也是人们喜欢的人物形象，有童子观音、渡海观音等，常以慈眉善目为特征。观音和佛是现代玉器雕件的主要畅销品种（如图3-200）。

图3-199　翡翠五子闹佛摆件

图3-200　翡翠观音摆件

小孩的形象为古画中的百子图造型，也有光身顽童的形象，多以稚气、顽皮、活泼生动为主（如图3-201）。

仙人的制作较为随便，形象和姿态随料的条件而定。由于仙人形象有一定的特征和表情，技术难度大一些，做不像反而不美，俏色作品多出于此（如图3-202）。

人物艺术品的用料有以下特点：用料比较干净，地子均，色匀。尤其是人脸的料质、料色要明快干净；多色玉料常被利用作为俏色作品；高级料的人物造型出入很大，很少有相同的出现；人物设计根据料质、料色等情况，采用不同技法，做成不同部分。

图3-201　和田玉童子骑兽

图3-202　和田玉仙人图摆件

（2）玉山子　现代玉器中主要指大型玉雕作品，多选用历史典故和名山大川作为创作题材，难度较大。这种作品既要考虑料的情况，又要顾及题材的特点，做到料和内容统一起来，这在玉料的审查和设计上要花很大工夫，并要有一定的艺术想象力。这种作品既有重要的价值又有一定的欣赏韵味，是一些现代琢玉大师们的重点设计对象，在玉器雕琢艺术上是一种重要的艺术精品（如图3-203、图3-204）。

图3-203　和田玉"野趣"山子

图3-204　翡翠"闲趣"山子

（3）动物艺术品　以动物为题材的玉器。古代动物富有造型生动、变化自由、写实与装饰手法熟练的特点。现代动物作品只注意写实。这方面玉器用料杂，高、中、低档都有，大、中、小件也都有。按动物的造型可分为写实动物、想象动物和动物形器皿等。

写实动物包括现实生活中有的动物，如马、牛、羊、猪、狗、虎、狮、鸡、鸭、鹅、鱼等（如图3-205）。想象动物包括辟邪、龙、瑞兽、凤等（如图3-206）。动物形器皿是指把器皿做成动物的形象，如牛尊、鸡尊、龙盘、虾盘等。

图3-205　翡翠奔马

图3-206　翡翠貔貅

（4）器皿　制作器皿是玉器中最难的工艺技术，它在用料、设计、琢磨、抛光、配座等方面都有自己的特点。目前大量生产的器皿是仿清代玉器皿和古代青铜器皿。器皿造型最重要的是规矩适称，造型和纹饰协调，选料严格，脏、绺要去除干净。器皿中炉、薰、瓶是常见造型（如图3-207、图3-208）。

标准炉是圆腹、缩口盖，盖上有顶纽，腹两边有耳环，下有脚足。质量标准是选料干净，安排适称，琢工细腻，纽、耳造型大小合适、紧凑。瓶的造型多样，瓶身有素的，有周身花纹的，也有浮雕花纹的。薰从上到下分为顶纽、盖、腹、中柱和底座。顶纽一般雕成龙、兽头；盖作镂空花饰；腹有素的，有浮雕花纹的；两耳作镂空雕，两耳垂环；中柱随造型变化，可长可短，也可不要，底足以浮雕花饰为主，各部分可以丝扣相连。

仿青铜器的器皿有尊、垒、觥、觚、鼎、爵等（如图3-209）。有的造型很美，是玉器中的佳作。其他器皿造型还有碗、杯、壶、盘、碟、盆、洗等（图3-210）。常规产品和精品都有生产。北京继承了薄胎和压丝技术，另外也有内画技术，使玉器皿技术达到了历史上的最高水平。器皿中的子母口在质量要求上也很重要，以深浅适中、规矩严谨为好。

图3-207　和田玉炉

图3-208　和田玉瓶

图3-209　和田玉觥

图3-210　碧玉碗

（5）花卉花鸟　以技巧表现写实花卉花鸟的品种。花卉要做到飘洒玲珑，穿枝过梗，衬托的草虫也要做得栩栩如生。在用料上有以下特点：花卉常傍以瓶身、花插或山石静物；选料较整齐，料色多明快，质地也较坚韧；花卉花鸟成品的料质要优于原料的原形。玛瑙和高级料的花卉造型变化较大，工艺也比较细，一般要把旺的料全部占上，把脏和绺用镂空和去绺的方法去掉，使料的成色提高，这是花卉花鸟用料的最大优越之处；一般用草虫、小动物作为花卉的陪衬，来增加花卉产品的情趣，有螳螂、蝈蝈、蟋蟀、甲虫、蝴蝶等。

花与木、鸟相搭配，取用中国传统的吉祥语，如岁寒三友（松竹梅）、四君子（梅兰竹菊）、松鹤延年、喜上眉（梅）梢等。花卉产品发展到现在的水平，在历史上是没有过的（如图3-211、图3-212）。

图3-211　翡翠兰花

图3-212　翡翠牡丹

（6）真石盆景　用真正的宝石和玉石做成的盆景花卉。有单种花卉、多种花卉、金本果树盆景等。这种盆景用珐琅作盆，浆料塑本，铁丝裹绒拴花和叶、果制成。花用艳色玉石，叶用绿色碧玉、岫玉、墨绿玉等制作。果用玛瑙、芙蓉石、岫玉、东陵石等做成桃、石榴、佛手等果实。检验盆景的质量以使用原材料的品种、制作的造型、做工的粗细程度为准，包括叶、花、果的磨制形状、颜色搭配、树木与花卉的造型是否协调等。好质量的花卉盆景应是花形艳丽，叶形活泼，树木质感强烈，盆栽大小合适。

除盆景花卉以外，还有果品、植物瓜果、蜡台、玉石镶嵌艺术品等。果品是指把各种水果及蔬菜放入一个盘子里或篮筐里，表现一种果实累累、年年丰收的景象（如图3-213）。植物瓜果艺术品多表现吉祥如意、多子多福的寓意，有葡萄、香蕉、苹果、桃子、佛手、黄瓜、柿子、辣椒、茄子等（如图3-214）。蜡台是用玉石做成花瓣的形象，将花的心部装上蜡碗，作盘状花形，放于桌上，用于点蜡的实用装饰物。玉石镶嵌艺术品是用玉石镶嵌到其他金属器物上，组成画面或图案，既可平嵌，也可浮雕嵌。

图3-213　翡翠果篮

图3-214　翡翠瓜瓞绵绵

玉器艺术品的品种还有很多，不能全部描述出来。随着现代文化生活的不断需要，人们的需求时刻发生着变化，玉器艺术品为适应新时代的要求，也会不断涌现出来。以造型艺术为主的玉器艺术品，代表着我国玉器艺术，是世界上绝无仅有的，也是享誉海内外的"东方艺术"的具体体现。

3. 保健品类

保健品类玉器是以人身保健为主要用途的玉器。在古代人们就认为玉能驱病除瘟，除佩戴玉饰可以避邪外，还曾掀起过食玉之风，认为食玉可以延缓衰老、使身体健康之功效。现在也有这样的说法，认为经常与玉石接触，可以治病。这种说法的产生源于玉石体内含有对人体有益的微量元素，长期与之接触，人体就会从中吸取有益的微量元素，从而达到保健的目的。众所周知，珍珠既是高档的装饰品，又是保健的良药，它含有人体所需的多种氨基酸，食珍珠可以使人皮肤光泽滋润，延缓衰老，也可以治疗很多病症。除真正具有治疗作用外，玉石还对人们有一种心理上的疗法。长期以来，形成神秘功效的玉石，在人们心目中已扎下了根，佩戴它，欣赏它，与之接触，就会在人心目中产生一种特殊的感情，使人们忘掉忧愁，心情舒畅，这本身也是一种心理的治疗。

市场上的保健品类玉器有面摩器、玉靠垫、玉坐垫、玉枕、保健球等。面摩器是用玉石做成的滚筒状玉棒，中间用粗铁丝串起，做成滚子状，用于面部按摩。所用玉石多为岫玉、大理石玉，以颜色均匀、透明度高为佳（如图3-215）。玉靠垫与玉坐垫、玉枕都是用丝线把众多小的玉片串起来，做成靠垫形、坐垫形、枕头形。玉片有圆形和方形，所用玉料有软玉、碧玉、岫玉、大理岩玉等。保健球是用玉石磨制成的圆球形大球，一般成对出现，用于放在手上来回转动，以舒筋活血、活动手部关节为目的，由岫玉、软玉、大理石玉等玉石制成（如图3-216）。

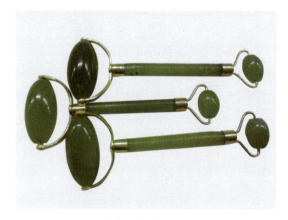

图3-215　岫玉面膜器

图3-216　大理石玉保健球

以上对现代玉器的分类只是大略的概括，目前对现代玉器还没有较系统准确的分类方法，而且作为玉器艺术来说，它不受品种的限制。佩饰中有艺术品，艺术品中也有佩饰；人物中有动物、花卉，花卉中也有人物，它们之间并没有严格的界限，你中有我，我中有你。另外也有一些产品不好归类，这些现象都说明玉器的分类较困难。古代的玉器就表明了这一点，每一种形制的玉器其功能和用途并不是一成不变的，它随着时代的变化而变化，往往一件玉器有多种功能与用途。

玉器的命名方法也没有严格的要求，一般有两种命名方法：一是原料名称加上产品名称。这种命名方法直观易懂，如白玉如意、青玉碗、翡翠别子等，这种命名方法适用于一般的玉器形制和品种。第二种方法是琢玉大师给雕件起的名字。这种方法适于大型有一定典故及寓意的雕件山子，如老子出关、三顾茅庐、岱岳奇观等。

综上所述，从古到今，我国玉雕业的发展大致可以分为三个阶段：第一个阶段从石器时代至秦代，这是我国玉雕业的创立和大发展时期。其中最有成就的是新石器时代、商代、周代、战国时代，玉器从生产工具发展到了对仪礼、饰用等器物的大规模生产和使用；第二阶段从汉代至明、清时代，这是我国玉雕业的繁荣时期，更是以宫廷玉器为主的阶段，其中汉代、唐代、宋代、元代、明代、清代尤为突出；第三阶段从鸦片战争至今，玉雕业表现出多样性和复杂性，因时代和需求不同，制造玉器以面向世界为主要潮流。

第四章

古玉器的沁色及作伪辨伪方法

第一节　古玉器的沁色 / 177

第二节　古玉器沁色的作伪及辨伪方法 / 183

第一节　古玉器的沁色

　　汉代前的古玉有的取材于地方玉，有的是来自新疆的和田玉，大都取材于河床中的子料或山流水料。这两种玉料因剥离矿床时间很久，在不同的外界环境下，其自身已形成了玉皮和沁色。但是古人制玉却认为皮和沁全是杂质而将其去掉只保留玉的精华部分。而年代久远的古玉器大部分都带有沁色。我们如今看到真古玉的沁色大都是成器后沁入的。玉质不同、地域不同、土壤环境不同、埋藏时间不同等因素造成玉的沁色也不同，有时一件玉器上会有几种沁色。分辨古玉的各种沁色可以断定古玉的真伪。

　　沁色是指玉埋入土中，一定时间后会与其周围的地下物质发生不同程度的物理和化学反应，会使玉器本身的颜色和质地发生一定的变化，这种色质的变化就是沁色。古玉被埋入土中，其环境不同及入土时间的长短决定了沁色的程度。沁色是一种由沁变到质变的过程。质变所需的时间很长，至少在千年以上。

　　一块古玉，无论是"传世古"还是"出土古"，经过岁月的洗礼和水土的浸蚀，必然会留下种种色质和印记，从而为鉴别古玉提供了可靠的依据。并且这种受沁的古玉出土之后，经过人体的长期盘玩，其体内的物质成分受到人气的涵养，从而使古玉原先的沁色发生奇妙的变化，呈现出五光十色的色彩。

　　出土古玉沁色之丰富，由入土的时间、地点、受沁深浅程度不同所致。由于沁色是由外而内沁入玉内的，有沁色的古玉一定会在玉表面留下一些自然的痕迹。一般来说玉器入土的时间越久，沁色也会越重。但西北地区的土质干燥，玉器入土不易受沁；东南地区的土质湿润，玉器入土易被浸蚀。因此，古人有"东土不如中土，中土不如西土"之说。当然不管东南西北，这里也有入土地点具体环境的问题，一定要具体情况具体分析。

　　清末民初的古玉鉴藏家刘大同先生在《古玉辨》中这样说过："夫宝玉之可贵者，晶莹光洁，温润纯厚，结阴阳二气之精灵，受日月三光之陶熔。其色沁之妙，直同浮云遮日，舞鹤游天之奇致奇趣，令人不测。较之宝石，徒有光彩，而少神韵，能夺人之目，而不能动人之心者，则远胜十倍矣！"古玉之所以"能动人之心"，就是因为它在地下沉睡几百年、几千年之后，会因为受地下各种化学物质的影响，从而产生各种各样匪夷所思的色彩、质地的变化——沁色。既然沁色是受"阴阳二气""日月二光"的影响产生的，又是那么美不胜收，于是有沁色的古玉就成了人们刻意追求的目标。往往一块古玉因为沁色美而身价骤增百倍，而各种沁色也成了鉴识古玉的重要手段。

一、出土古玉器的沁色

　　根据古玉产生沁色颜色的不同，把出土古玉的沁色分为七大类。

1. 紫、红色沁色

　　从沁色物质角度而论，这种沁色包括铁沁、朱砂沁和血沁。颜色种类有宝石红、鸡血红、朱砂红、樱桃红、洒金红、枣皮红、膏药红、孩儿面等。一般铁沁颜色褐红（如图4-1、图4-2），朱砂沁颜色大红（如图4-3、图4-4），血沁颜色赤红，称枣皮红，色深称"酱瓣紫"。另外也有茄皮紫、棕毛紫。

图4-1 汉代铁沁剑格

图4-2 汉代紫红沁玉镂空龙凤纹套环

图4-3 汉代朱砂沁玉五瓣花纹剑首

图4-4 汉代朱砂沁玉熊虎相戏剑珌

2. 绿沁

绿沁的主要沁色物质为铜沁。受铜沁的古玉色如翡翠。这是因为铜器入土后,产生铜绿,玉器与它接触,铜绿就会渗入其中,出土复原后其色泽比翡翠更加娇嫩滋润。主要颜色有鹦哥绿、葱绿、松花绿、白果绿等(如图4-5、图4-6)。

3. 黄沁

黄沁的沁色物质包括土沁和松香沁。玉埋入土中,总会受到土的浸蚀,受土浸蚀较轻的称为"土沁""土锈",较重的称为"土浸"或"土斑"。一般入土时间长的古玉,其土锈、土斑用刀也刮不掉,因为含沙性的土渗入玉的肌理,已与玉合而为一了。受土沁的古玉颜色有鸡油黄、桂花黄、秋葵黄、老酒黄、栗子黄等(如图4-7-图4-10)。受松香沁的古玉色如蜜蜡,呈淡黄色。

图4-5　西汉镶铜玉绿沁盖杯

图4-6　宋代绿沁玉凤簪

图4-7　汉代土沁玉筒器

图4-8　商代土沁柄形器

图4-9　汉代洒金黄沁玉鹰

图4-10　宋代洒金黄沁玉螭纹环

4. 白沁

考古上认为受地火影响的古玉则变成白色。地火则为地下的含磷物质，包括毛发、矿物质等。白沁颜色有鱼肚白（泛青）、鸡骨白、象牙白（微黄）、米点白和糙米白等。另外，大量的考古发现，久埋于地下的玉器可产生钙化现象，强烈的钙化甚至可使玉器全部钙化，通体均呈灰白色，这种钙化的玉器代表年代非常久远（如图4-11~图4-14）。近年来从地质的角度研究表明，白沁是玉器长时间风化的结果，白沁并没有改变玉器材料的主要成分。

图4-11　良渚文化鸡骨白沁玉琮

图4-12　战国象牙白沁玉璧

图4-13　商代钙化鸟形珮

图4-14　西周白沁玉鱼

5. 青沁

受青沁的古玉色如青天，这是由于服装上的靛蓝渗入到玉的纹理所致。青沁颜色有潭水苍、蟹壳青、雨过天青、竹叶青、虾子青、鼻涕青等（如图4-15、图4-16）。青沁颜色淡，变化小，一般不易鉴别。

6. 黑沁

黑沁是主要由水银对玉器产生的沁色，受水银沁的古玉通常呈不同程度的黑色。水银沁有地中水银沁和殉葬水银沁之分。地中水银是指地下原有的水银；殉葬水银是指为保护尸体而放置的水银。依放置水银的多少分为大坑和小坑之分。大坑为帝王和达官贵人之墓，死后用水银浸泡尸体。完全受地中水银沁的古玉，呈黄白色或微黑、微青的颜色；完全受大坑水银沁的古玉则呈黑漆色；小坑水银沁的古玉颜色在黑的深度及广度上比大坑要逊色，为灰黑色。古玉上的水银沁，大则连成一片，小则成块分布。更有的像线一样细，都因玉质纹理坚密的不同和所处的环境不同而别，但均有色泽黝黑光亮的共性（如图4-17～图4-20）。黑沁是否与地下含锰物质有关，需进一步进行研究。

图4-15　西周青沁玉蚕

图4-16　春秋青沁玉瑂

图4-17　商代芝麻点状水银沁鸟形珮

图4-18　战国芝麻点状水银沁玉带钩

图4-19　西周点状水银沁玉珮

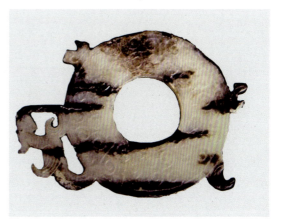

图4-20　战国水银沁玉璧

7. 花沁

花沁是指古玉因受多种沁色的物质共同作用而产生的花色。包括蛤蟆皮、洒珠点、碎瓷纹、唐烂斑、金带围等（图4-21～图4-26）。古玉所埋葬的环境，一般都是沁色物质多种多样，所以古玉大部分为花沁，只是在沁色种类上以某种色沁为主，而其他沁色为辅。

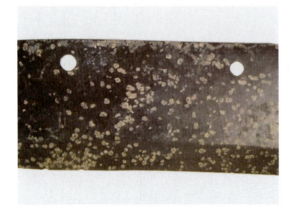

图4-21　商代蛤蟆皮沁玉刀

图4-22　良渚文化碎瓷纹沁玉钺

图4-23　汉代钉金沁玉蝉

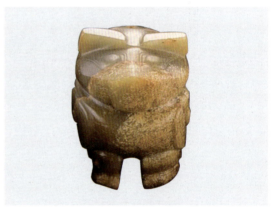

图4-24　商代唐烂斑沁玉鸮

图4-25　良渚文化玉带状沁冠状饰

图4-26　宋代黄白沁玉绶带鸟蜻蜓珮

出土古玉除沁色颜色发生变化以外，在玉质上也有变化。这种玉质上的差异，主要与地质环境有关。一般说来，地气寒冷干燥、酸化作用小的地区，出土的古玉玉质明净干爽、棱角纹理清晰、损蚀小，包括西北地区（如图4-27）；地气温湿、酸化作用强的地区，出土的古玉玉质大都纹理不清并且损蚀较多，包括南部各地区。抛开地域，出土古玉又有干坑和水坑之分，墓中有水谓之水坑，水坑之玉多霉菌；墓中无水的称为干坑，干坑之玉多蛀孔（如图4-28）。

图4-27　汉代玉龙无沁色

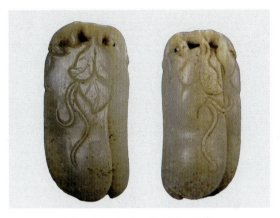

图4-28　清代干坑蛀孔玉豆荚

二、传世古玉器的沁色

除出土古玉器具有沁色之外，传世古玉器也有沁色特征。把传世古玉器的沁色称为"包浆"和"牛毛纹"。

传世古玉器由于经过人的长期把玩，久而久之，人体的有机物质就会对玉产生作用，使玉的表面包有一层温润光泽的油脂，俗称"包浆"。同时，人的气血（有机物质）也会因为时间的推移渗入玉的纹理，使玉的表面布满血丝，壮如牛毛，若隐若现，俗称"牛毛纹"。这种包浆和牛毛纹便是我们鉴别传世古玉器的两大要素。

第二节　古玉器沁色的作伪及辨伪方法

一、古玉器沁色的作伪

古玉器的作伪，包括伪作出土古玉器的沁色、传世古玉器的包浆和牛毛纹。古玉器的作伪很高明，也很难识别，古玉专家及文物鉴定专家都有走眼的时候，更何况一般爱好者更易上当受骗了。古玉器作伪方法很多，主要的传统古玉器作伪方法如下：

（1）伪造黄土锈法　把玉器涂上胶水埋入黄土泥中，使玉器表面沾满黄土斑。埋的时间越久，所生的黄土锈就越像古玉的黄土沁。可这种伪造的土沁易剥掉，而真正的土沁不易刮掉。

（2）伪造血沁法　通常有三种方法。①用猪血和黄土混合成泥，放入大缸中，将玉器埋入其中。经较长时间后，玉器上就会有土咬黄土锈、血沁等痕迹。②狗玉：将狗杀死，让狗血淤积在体内，把玉器放入狗腹之中，缝合后埋于地下。数年后取出，玉器上会发生土花斑纹，形同古玉。但是这种方法仿制的古玉必留有新玉的颜色及雕琢痕迹。③羊玉或羊腿玉：用色泽好的玉料琢制成古玉器形制，而后置于活羊腿中，再把伤口缝好。数年后取出，则在玉器上会出现血色纹理，看似真的传世古玉。但仔细观察羊玉会有干涩之感，不如真的传世古玉那样温润，这种方法仿制的玉器多为小件。

（3）叩锈法 古代伪造土锈及铁锈的方法。相传是在乾隆年间，无锡人阿叩发明的方法。具体方法是用铁屑拌玉器坯料，然后用热醋淬火，而后埋入潮湿地下十几天，取出后再埋入交通要道地下数月后取出。这时玉器已被铁屑腐蚀，出现橘皮纹，纹中的铁锈呈深红色，有土斑，极似古玉。

（4）伪造鸡骨白法 也称为煨头。将玉器用火烧烤，使玉色变为灰白，然后用冷水泼玉。玉取出后极似古玉中的鸡骨白。但这种方法伪造古玉不温润透明，有干性无灵气。凡是煨头，必有火烧后形成的细裂纹，而真的鸡骨白古玉则没有细裂纹出现。

（5）伪造黑斑法 通常有三种方法。①将玉器用水煮热放在铁箅上用火烧烤，一边烧一边抹蜡油，直至产生黑斑。②将玉器用泡湿的旧棉花包好，并以柴火微微烧烤，待棉花干后再用水浇，当黑色入骨不浮在表面，又不发白，则黑斑就做成了。③用黑色的乌木屑或暗红色的红木屑煨烤，不伪造的地方用石膏贴上，其他地方都能沁上颜色，与受水银沁的古玉相似。

（6）伪造牛毛纹法 将玉器用乌梅、浓灰水加热煮，趁热取出，放在风雪之中，时间约一个昼夜，玉器就会出现头发丝细的冻裂纹痕。再用红颜料浸泡或煨烤，红色牛毛纹就出来了。这种方法伪造的古玉也叫"风玉"。但真正的牛毛纹多有曲折现象，且粗细不均，而伪造的牛毛纹则不然。

（7）油提法 把各种颜色的油烧至90℃左右，把玉器吊在油中煎炸，有颜色后再换部位，煎炸的时间越长其颜色就越深。这种方法上色其色能渗透到玉理。

（8）梅玉 把质地松软、品级较差的玉料雕成玉件，用浓度很高的乌梅水煮，玉料的松软部分会被乌梅水溶解成空洞，使玉料呈现被水溶蚀的痕迹。然后用油提法上色，冒充"水坑古"。人们把这种伪品称为"梅玉"。

二、古玉器的辨伪方法

鉴别古玉器的真伪是玉器鉴赏的一项重要内容，也是一项十分复杂而实际的工作，要求具有丰富的经验，广泛的历史文化知识和专业技巧。鉴别主要包括玉器玉料及制作时代的鉴别。

玉料的鉴定主要依靠岩石学、矿物学及物理化学等方面的知识和科学方法，通过现代的测试技术对古玉的材质，即古玉的矿物成分及结构进行测试，定出玉料的名称。玉料材质的鉴定相对来说是容易的。而制作年代的鉴定，即断代，目前也没有一个统一的科学的鉴定方法。古玉真伪的鉴别应该是地质学、矿物学、岩石学、考古学、历史学等多学科知识与现代科学的测试方法相结合，才能得出相对确切的结论。但由于古玉毕竟存在出土古和传世古，流传于民间的古玉也不计其数，对其出土的情况不能得到明确的信息，势必造成鉴定上的困难。加之社会作伪技术的高超，便使古玉的辨伪难上加难。

综合文献，对古玉的辨伪主要包括以下几个方面：

1. 古玉器的形制

形制是器物给人的第一印象。了解每个时期每个朝代出现和流行的玉器形制特点，就可以根据该器物的发展演变,某时代该具有的特征,来进行玉器形制的鉴别。

2. 古玉器的纹饰

纹饰与形制一样,代表玉器的时代特点。了解每个时代流行的纹饰及同一种纹饰的演化特点,是鉴别古玉的又一个重要的方面。

3. 古玉器的琢工

一块玉必须经过多道工序才能成为一件玉器。琢制时的锯片、钻孔、雕琢等加工情况是判断古玉真伪的重要依据。了解每个时期的琢玉技术的发展,包括工具的发展,刀工的发展,是鉴别古玉的有力证据。古代用玉具有等级差别,地位低下的阶层是不能用玉的,所以大多古玉的琢工都是非常精细的。

4. 古玉器的玉质

了解各个时期、各个遗址的玉料来源及玉质特点,是鉴别古玉的重要方面。原始社会遗址出土的玉器,玉料大多来源于当地的玉矿。要想辨别原始社会出土的玉器材质,就要了解原始社会各个地区的古玉矿床。如红山文化的玉器一般是由辽宁岫岩县出产的黄绿色的岫岩玉及透闪石质玉制成。而后期的出土玉器的玉料来源,由于交通的发达,玉料的使用可能来源于离遗址文化区域较远的矿床。如和田玉可能是商代才开始使用的,汉代才大量进入中原地区。翡翠是明末传入中国,清代才较多使用。而且古代用玉多为子料和山流水料,玉质大多细腻,在宫廷用的玉料中,质量大多是上乘的。

5. 古玉器的沁色

古玉器表面往往有沁色,是古玉器因长期把玩或埋藏,由其周围介质的浸蚀作用而自然形成的。由于介质的种类和量的不同,以及被浸蚀的时间长短,或者发生浸蚀作用的环境差异,致使沁色在颜色的种类、深浅及分布上呈现较不均匀的特征。一般说来,作假的沁色颜色不自然,感觉是像涂上去的,比较跳,比较醒目,有裂处颜色显得深,而缜密处颜色进不去。真正的沁色由于经过千百年的接触渗透,缜密处也有沁色。裂处虽然颜色较深,但较自然,与整体连成一片。另外,受沁的古玉多为子玉,而作假的古玉多为山料。作假的牛毛纹放大观察,其牛毛纹处无凹陷现象,并沿裂隙分布。而真正传世古玉的牛毛纹除伴有包浆外,一定要有几根依一定方向排列的、纤细的纹理,如同牛毛,并且有凹陷下去的现象。

古玉的受沁是一种自然现象,与人为的染色有着本质的区别。如伪造的"鸡骨白"干枯似石,缺乏玉特有的温润感;人造血沁仔细嗅来有一股血腥味,且迄今的考古发掘得到的玉器中未发现有此种沁色。至于用油提法上色的玉器,油腻感很难消除。

6. 古玉器的表面磨痕

对古玉器表面残留的磨制痕迹进行仔细观察,也是鉴别古玉和仿品的重要依据。

古玉器表面虽光滑,但因长期把玩或埋藏,局部由于磨损或浸蚀而显得略有些"自然的小凸凹";古玉器的大的圆弧面较圆滑,一般不出现"小平面";表面残留的磨痕不甚平行,粗细不匀,深浅不一;阴纹线斜槽中残留磨痕的走向一般与线、槽壁的走向垂直;镂空透雕的孔壁中,往往残留锯镂痕迹,其走向总是顺着孔壁的走向,并常会出现细窄的通花孔壁,这一特征在现代快速玉器加工中是很少出现的;古玉器凸出部位明显比凹进去部位磨损大,而且亮度好;古玉器上残留的磨痕为暗灰色,有油脂感和陈旧感;钻眼的孔壁除了两端孔径不一致外,还在孔壁中见有来回锥磨的痕迹。

上述特征表明,古玉器表面残留的磨制痕迹是古代琢玉工艺特殊性的印记,其特征往往是微妙的和不易察觉的，只有全面地认识它才能在鉴定仿制品中把握要领。

7. 古玉器的伤残痕迹

古玉器的伤残是因为长期把玩，或因为埋藏，又经盗掘出土，再经辗转流传，多次易手，总会留下偶尔磕碰或摔伤的痕迹。

其主要特征为：古玉器边角部位或尖锐部位易出现不经意的崩边或裂口；崩边面或裂口断面常沾染陈旧的沁色；断面上无磨痕；断面上的凸出部位因长期把玩而略显光滑。

一般来说，古玉器的伤残痕迹是较难辨别的，但如结合古玉器的其他特征，还是能够加以区别的。

以上几点，概括地说明了古玉鉴别的方法。但由于古玉的特殊性，我们对其了解不甚准确，造成鉴别上的困难。除以上的鉴别方面外，还要靠古玉研究专家和古董商们的丰富经验、广博知识并与现代的科学方法相结合，并查找研究历史文献的记载。了解中国古代各朝名物制度，对玉器的鉴定有重要参考价值。充分吸收古董商们的丰富经验，同时代艺术风格的比较，可帮助间接推断年代。考古出土玉器是古玉鉴定的最重要依据。

第五章

玉器的加工工艺

第一节　古玉器的雕琢工艺 / 188

第二节　现代玉器的雕琢工艺 / 195

"玉不琢，不成器。"一块美玉只有经过琢玉艺人的奇妙构思和鬼斧神工般的琢磨，才能成为一件精美绝伦的艺术珍品。中国琢玉工艺经过几千年的发展，以精湛的技艺和优美的纹饰而著称于世，成为世界上独一无二的艺术，享有东方艺术之称。琢玉大师以自己的勤劳智慧，把玉质、玉色、工艺技术、艺术、民族特色融于一体，琢成的玉器是中国的瑰宝，是世界艺术之林宝贵的奇葩。

中国制玉工艺方法起源于祖先的生产劳动。在中国第一部诗歌集《诗经》中就有琢玉技术的描绘："如切如磋，如琢如磨。"这种琢玉的工艺从石器时代就已经开始了，经过各个时代的不断发展，使中国琢玉工艺大放异彩。新中国成立后，研制成功了新式琢玉机和许多专用设备，使用钻石粉工具，从而结束了繁重的体力劳动，提高了工作效率，增强了玉雕艺术的表现能力，解决了以往难度大的关键技术问题。然而，琢玉技术主要是手工劳动，现代化设备代替不了人的高超构思和技巧。因此，人的技艺仍起着主要作用。人使用琢玉设备，经过一系列加工程序，才能制出绚丽多彩、技艺精湛的玉器，才能涌现出稀世珍宝。

总之，一件玉器制成，从选料开始，到装进包装匣才算全部完成，凝结着琢玉艺人的心血。一件产品，少则一月，多则数年，稍不留意就有损坏的危险。琢玉艺人历经风险，费尽心机。所以，一件玉器不仅玉料宝贵，而且琢磨之功更是难能可贵。

第一节　古玉器的雕琢工艺

一、古玉器的雕琢工具

通过对古玉器雕琢工艺和出土古玉作坊的老器具的研究，推测古代的琢玉工具主要有砣具、线具、片具、管具和桯具五类。古代玉器的雕琢工艺主要体现在雕琢形制和纹饰及钻孔两大工艺上。

1. 锯形器

锯形器是玉材切割即剖玉的主要工具。锯形器没有锯齿，呈线或片状，使用时安装在特殊的架具上来回拉锯，用于切割玉料。切割处呈现平直薄利的现象。"锯条"远古时期采用软质绳状物，如麻绳、兽皮条、动物筋等。金属诞生后改用金属丝，如铜、铁、钢等。剖玉时两个人对坐着锯，长时间你推我拉。通常在锯上还放装有解玉砂的壶，解玉砂从壶底小洞中不断流出，流到锯痕中，帮助锯形器分割玉。锯形器是一种非常原始的琢玉工具，最早见于良渚文化时期。以后历代也一直在沿用（如图5-1）。

图5-1　锯形器

2. 砣具

砣具是用于切割玉料、雕琢纹饰、制作镂空、打磨器表等工序的主要工具，是各种琢玉工具中，功能最广、使用最普遍的器具。砣具古代称砂碾，又称轮锯或转盘刀，是一种圆盘形的工具。利用简单机械旋转运动的方法，达到截割切锯、勾撤磋磨玉料、使之成型的目的。砣具根据形状有宽砣、斜砣、平砣、大砣、细砣等。

历代砣具多有变化。新石器时代琢玉的工具已具雏形，用石、骨杠制作。在良渚文化的玉琮、玉璧上留有砣具加工的痕迹。商周时期的砣具已用青铜制作，硬度大为提高。战国时期铁器发明，及至汉代钢制工具的出现，从此砣具装置不断完善，砣头硬度逐步提高，使玉器的制作工艺又上了一个新的台阶。直到清代末年、民国初年，都未有较大的发展改变。

砣具根据功能分为轧砣、冲砣、磨砣、木砣、皮砣等。轧砣主要用于切料，切除小面积的余料（如图5-2）。冲砣是粗磨，相当于做坯（如图5-3）。磨砣相对冲砣来说是进一步加工，在坯的基础上磨出细节（如图5-4）。木砣是磨光用的，一般是用葫芦瓢做的，做粗略打磨（如图5-5）。皮砣是动物毛皮制成的，是玉器的最后工序抛光上亮用的（如图5-6）。

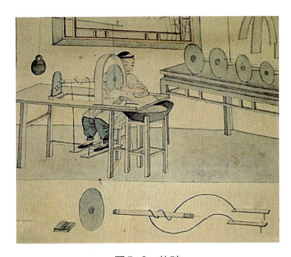

图5-2　轧砣

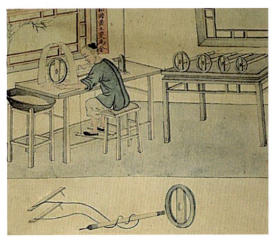

图5-3　冲砣

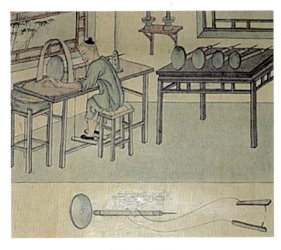

图5-4　磨砣

图5-5　木砣

砣具的出现，具有划时代的意义。它代表了从早期以个人原始手工方式治玉，步入了一个较节省人力的半机械时代。

3. 解玉砂

古代治玉的砣本身硬度不足以磨玉，是靠砣与玉之间的解玉砂一点一点琢磨。琢玉用的砂是从天然砂中淘出的，有红砂、黑砂、黄砂。硬度最高可以达摩氏硬度8~9。捣砂研浆是把磨玉用的砂加工到要求的精细程度。把捣制研好的砂，放到器皿中沉淀，沉淀过程中粗细自然分层（如图5-7）。

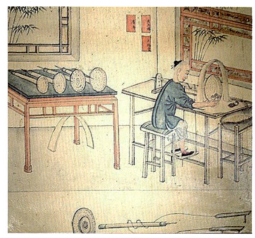

图5-6　皮砣

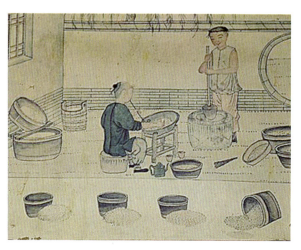

图5-7　捣砂，研浆

4. 钻具

玉饰品必须要穿孔才可以佩戴，玉器皿都要掏膛才能使用，因而钻具是不可少的。钻具可以分为桯钻和管钻两类。

（1）桯钻　桯钻是实心的尖锥状工具。用桯钻所凿的孔，琢磨痕迹呈现上大下小的喇叭状。早期的玉饰多使用桯钻琢孔（如图5-8）。

（2）管钻　管钻有大管、中管、小管之分。虽然孔径大小不一，但是琢磨特征都是圆形的凹痕。用空心状的管钻打磨的孔一头大一头小，常用对钻的办法。故这样在管壁上会出现螺旋状的台痕。从出土玉器判辨，管钻在新石器时代、商朝时期已广为使用。管钻还用于掏膛。特别是明清时期的花瓶、壶、杯等器多用管钻掏膛，其形状如空心铁管（如图5-9）。

5. 水凳

水凳也叫做旋车、木凳，是一种磨玉工具。水凳类似于现在的玉雕机器，只是较为简单。这种工具是在隋唐时期前后出现的。它的主体是由木架构成的，由凳面、凳槽、锅架、支撑架、坐凳、踩板组成。凳面上有前后支撑轴的"项板""山子"。前支撑点叫项板，后支撑点叫山子。两个支撑点把轴架起来。轴有木制和铁制两种。轴端粘接铁琢玉工具，轴中部有绳绕几圈，下连踩板。踩板是竹制的。另一端架在座凳撑上，人在座凳上，两脚上下踩动踩板，以皮带轴转动带动砣头旋转。人的左手拿玉料，右手蘸金刚砂，接触转动的磨玉工具，来琢磨玉器。凳槽做成簸箕状，放金刚砂和产品，凳槽前的锅架上有铁锅，便于接住流下的水和砂。这种手足并用操纵旋转琢玉工具的水凳一直沿用到清代（如图5-10）。

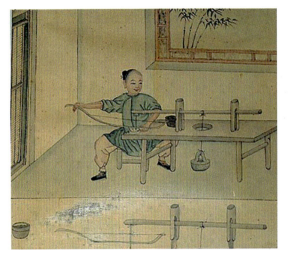

图5-8　桯钻

图5-9　管钻

图5-10　水凳

琢玉时采用解玉砂蘸水，以增强砣头的摩擦力。另外，古玉器抛光也常使用水凳。

6. 刻玉刀

刻玉刀是雕刻玉器纹饰的工具。在碰到管和砣无法琢磨、难度大的花纹时需用刻玉刀描绘。刻玉刀的硬度要比玉大。

良渚文化新石器时代已用刻玉刀，其细如游丝状的兽面饰纹，应是用硬度高于软玉的燧石、石英刻刀绘就的。后世的刻玉刀与早期的不同，有一些专用名称。如《海产十洲记》中记载西海中的流洲有切玉如切泥的昆吾刀。据李时珍《本草纲目》，昆吾刀就是金刚石。有学者研究认为，汉代的刚卯殳书，明陆子冈玉牌，其书体刻绘均系昆吾刀所为。

7. 锼弓子

锼弓子是一种用于镂雕的工具，形状像拉二胡的弓，所用的弦是金属丝做的（如图5-11）。线具包括软性线具、三角棱条具、金属薄刃线三类，主要用来切割玉料、制作镂空等工序。软性线具由双手各持线绳一端，来回拉切，线绳随着施力大小与玉质结构的疏密程度上下起伏，会在切割面上留下由宽渐窄的弧形痕迹；三角棱条具与金属薄刃线都安装在弓形把手上拉锯。三角棱条具的切割处呈尖角状；金属薄刃线则留下平直细利的拉锯痕迹。

用锼弓子镂刻玉器的做法为：先用钻在玉上打孔，再用金属丝穿进，佐以解玉砂，慢慢锼磨。这样拉出来的孔洞挺拔细腻，干净利落。因为金属丝细，且做直线运动，所以拉出来的孔较为方正，有棱有角，不会给人一种圆软的感觉。

锼弓子在殷商时候就已经出现了，历代都有沿用。由于有了这种工具，殷商的镂空透雕玉器多了起来。同时在一件玉器上也能表现出比较复杂的镂空透雕技艺。

图5-11　锼弓子

二、古玉器的雕琢工序

琢玉的工序有相玉、开料、定器、雕琢、打磨抛光、喝蜡等。

1. 相玉

玉最初是以玉璞的形式存在的。玉璞更像是一般的石头，表面由于在自然界中风化作用而失去了其内在的光泽品质。相玉就是慧眼识玉，判断其内在色泽、品质的优劣，再根据其形状、质地等因材施艺。

2. 开料（剖料）

开料是制作的第一道工序。相玉之后，就开始正式动刀了。将玉璞中粗鄙无用的部分剖除出去。这一步可以叫做"去其糟粕、取其精华"。开解玉就是利用锯形器加解玉砂一起将大块的玉石进行分解。剖玉的用具有砣、弓锯、拉锯等，研磨剂是水加解玉砂。

在新石器时代早期，先民们借鉴石器的加工手段，可能采用摔击法使大块玉料分为若干小料。这种方法不可控制，对珍贵的玉料损失较大，逐渐被锯切法替代。锯切法是利用石锯、线锯等对玉料切割成片状或块状以备进一步加工。从器面遗留的制作痕迹分析，锯割是用片状工具加硬砂与水直线运动来回磨切。

利用石锯切割用于片状和形体细长的玉料，有时难以一次成型而采用两面对切。往往因两次切割没有处于同一水平面上而在玉片上留下凸起的台痕，这在粗制玉器中有大量体现。

线锯是用柔性的线状物如麻绳、马尾、动物筋等，将两端绑在弓形木器上制成锼弓或直接用手攥住线状物两端拉动结合解玉砂进行开料的。利用线锯切割玉料会在玉器表面留下椭圆或抛物状弧形痕迹，且这些连续和弧形痕迹彼此不平行。线切割工艺是崧泽文化的首创，它为新石器时代用玉巅峰的到来提供了重要的技术条件。

解玉砂和切割工艺的应用代表着玉料的切割方法在新石器时代晚期就已经成熟，后世也仅在切割工具的材质上随着社会生产力水平的变化而略有变化。

3. 定器

定器是指根据玉的形状特点设计决定器物造型。定器的要求是"显瑜隐瑕"。定器的水平，往往显示一个玉匠的设计水平，影响玉的利用价值。

4. 雕琢

雕琢是指根据定器的造型进行加工。雕琢玉器主要用砣具和水凳，雕琢时利用双脚来回踩踏脚踏板带动绳索驱动主轴，使得固定在轴端的金属砣具带动解玉砂来回往复运动琢磨玉器。古代的砣具雕琢是来回往复运动，现代的电动砣具是单方向的。

雕刻技术有圆雕、片雕、浮雕、镂雕等，工艺十分复杂。琢刻的过程中伴随掏膛、镂空透雕、打孔等工序。

新石器时代的雕琢已经发展有线刻、浮雕、圆雕多种技术，显示出高超的工艺水平。中国古代玉器最主要的纹饰多采用线刻技术，历朝历代都在运用。不同的是在不同时期又有一定变化，成为我们今天断代分期的重要依据。

新石器时代的线刻包括阳线刻与阴线刻两种。琢制阳线的工具，应该是硬石质的窄而扁平的磨具，既方便于减磨玉地子和修磨线形，也便于手持和运用。阳线刻开始于新石器早期，成熟于新石器时代晚期，多用于动物造型和装饰品上。阳线纹的工艺和艺术特征是规整且粗细均匀，线条圆润流畅，自此以后成为历代玉器的重要雕刻技法。阴线刻的形式分为两种：一为宽粗形，二为细密形。宽粗形的线条粗放、简练、刚劲有力，应为坚硬工具反复刻画。新石器时代阴线和阳线在玉器上的出现，使玉器制作工艺完全从石器制作中独立出来，自此开创了我国玉器制作的先河。后世在此基础上在不同时代又有不同的创新，形成了我国古代雕刻技术的基础。

夏代是古代玉器发展史上承上启下的交替时代。青铜器生产还处于萌芽状态，没有广泛应用于玉器的加工制作，所以玉器的雕琢在本质上没有太大改变。

商代的青铜器工具得到普遍运用，在制玉技术上又有新的突破。双勾线是商代的著名雕刻技法。线形为两条阴刻线纹，普遍出现在商代后期的玉器上。商代阴阳纹的琢碾方法大致有两种：第一种浅浮雕，方法是沿纹样两侧边缘分别刻出阴线，再磨去阴线纹样周缘的玉面，使阳纹显示在器面，形成浅浮雕效果；第二种拟阳线，方法是沿纹样两侧边缘分别刻出阴线，再将阴线两侧略加修磨，使线痕加宽，这样中间的阳纹就夹在两条阴线间，形成阴阳交错的艺术效果。

周代社会制度遵古制，青铜工具方兴未艾，所以玉器的雕琢技术发展平稳。春秋时期，各诸侯国的频繁交往为金刚石的广泛应用提供了可能性。阴线刻兼浅浮雕技术也是春秋时期琢玉特点。战国时期是我国青铜时代与铁器时代的过渡阶段。战国玉器中礼器的比例有所下降，装饰用玉的比例大为上升，此外还有相当数量的各种葬玉。战国玉器的雕琢工艺在继承春秋玉器特点的基础上技术更加精细，并在技法上有新的特色和突破。

秦国统一后，百废待兴，然两世而亡。玉器工艺多延续战国遗风，属于两个高潮期中间的过渡阶段。

汉代玉器的制作工艺攀上了我国古代玉器发展的一个高峰。玉器工艺集春秋战国玉器技艺之长，推陈出新，在造型、装饰及加工雕琢技艺方面达到一个崭新的水平。雕琢技法主要有游丝雕、"汉八刀"、圆雕等。游丝雕在东汉玉器上较常见，也称牛毛雕。汉代的浮雕和镂雕技术成就非凡，圆雕技术也达到了历史阶段的一个高峰。

（1）掏膛　即掏膛儿，是琢玉的内部琢磨工艺。如鼻烟壶、瓶、碗、笔筒、杯等玉器，都要掏膛儿。这就需要在制作的时候掏剖出内部的玉。一般是用管钻来掏玉坯的内膛。将管钻置于旋车之上，采用与剖料相同的方法掏玉，最后在膛内留一根玉柱，再用小锤轻振截取。

（2）镂空透雕　镂空透雕也是琢玉过程中进行玉器出现中空或纹饰正反面透过的图案的琢刻方法。

镂空在新石器时代就已常用，在技术上大致有两种。早期的镂空技术属于磨制法，用坚硬的石片形带刃工具，在其表面上用手工推拉研磨。或从一面磨，或两面对磨，把玉器磨透而出现孔洞，在镂空处的边缘一般呈刃状。

良渚文化时期，钻磨法镂空技术已经出现。从出土玉器的镂空部位痕迹看，制作时有的先钻出单孔，有的先钻出连孔，然后可能使用锼弓子或锼条一类工具再进行勾勒。当时的镂空工艺虽然显得比较粗糙，造型也较简单，但这一工艺的出现却是对玉器制作的一种新的突破，它为后世玉器镂空雕的普及和提高奠定了基础。

在战国时期，镂雕技法得到普遍应用，镂雕处布局繁密，图形多样，边缘犀利规整，做工精细。自此直至明清镂空工艺被广泛应用，以多种艺术形态体现，构成了后世丰富多彩的玉器文化。

（3）打孔　打孔用钻，一般大孔用管钻，小孔用桯钻。器皿掏膛都是先用管钻取心，然后用弯子掏。常说的上古玉器上的台阶痕，是因为双面打钻，往往定位有小的误差，贯通后形成台阶痕。

打孔工艺也在石器上早有体现，至新石器时期玉器的钻孔主要用锥钻、桯钻和管钻结合解玉砂钻孔。对于片状器一般采用单面钻孔法，较深的孔多采用两面对钻法。在齐家文化出土玉器中，对两面对钻后的台痕进行修整，使孔形不圆，常见直向研磨的痕迹，应是在两面对钻后用线锯进行修整的结果。这在战国玉器的钻孔上也屡有发现。

从各文化出土玉器来看，从新石器时代早期到新石器时代晚期明显地表现出了钻孔技术由简单向复杂的发展过程。新石器时代晚期玉器钻孔孔径逐渐由小变大，可以满足不同器形的钻孔需求。当时的钻具种类已经比较丰富，钻孔技术也比较发达。但从器物孔径分析，钻体磨损度大，硬度不高。同切割工艺一样，钻孔工艺在新石器时代已经在工具与技术上成熟，后世的发展只是工具材质的变化。

5. 打磨抛光

雕琢好的玉器通过抛光，就会显示出玉温润柔和的光泽。打磨仍然需要砣具，只是砣子的接触面变大了。抛光有很多种方法，可以用含油性的竹木片来回摩擦，也可以用含弱酸性动物脂肪的兽皮摩擦生光。抛光用旱凳，因为可以不用水，也有使用葫芦皮和兽皮的。

新石器时代解玉砂的发明和利用，为玉器抛光创造了有利条件。玉器的抛光，已经超越了实用目的，进入审美范围。最早的抛光技术，可能只是在质地比较细的砾石上或者用砥石在玉器上进行研磨，然后才用动物皮革之类的东西打磨抛光。因此在新石器时代早期玉器抛光技术尚不精湛，器表有高度光泽者为数不多。红山文化时代的玉器，抛光技术有了一定发展。在红山文化遗址曾发现过花岗岩表面抛光达到出现玻璃光的效果。抛光工艺在战国发展至顶峰，可称中国古代玉器抛光工艺的代表。从清代玉器的抛光程度和使用的抛光材料比较，战国时期很可能开始使用细若泥浆状的金刚砂。

6. 喝蜡

古今必不可少的最后一道琢玉工序就是喝蜡或称煮蜡。就是把玉放进大锅里加蜡焖煮，这样使蜡油渗进玉的细小裂缝，起到遮盖绺裂的作用，也能使玉的表面手感更加温润。

综上所述，新石器时代古代先民探索和总结的制玉工艺程序已经达到相当高的水平，后世历代玉雕技术，都可以在此找到渊源。此后直到汉代，随着社会生产力水平的发展，制玉工具逐渐向金属工具过渡。汉代以后，随着钢铁工具的大量运用，古代制玉工具基本已齐备。此后数千年的制玉工艺虽数次起伏，但直至清代，制玉工具再无大的发展。制玉工艺则随着时代的潮流逐渐发展，充分反映了各时代特色。

第二节　现代玉器的雕琢工艺

一、现代玉器的雕琢设备

现代玉器生产的设备在基本原理上与古代琢玉设备没有太大区别，主要有磨玉机、蛇皮钻、开料设备、打孔设备、抛光设备等。

1. 磨玉机

中国玉器琢磨的专业设备，从明代《天工开物》刊的磨玉机图与现代的磨玉机从功能和操作方法上几乎没有大的差别。均使用轮动方法琢磨玉器。在形状上也大同小异。磨玉机在新中国成立前叫"水凳"。新中国成立初期，各地玉器厂又相继研制了新式的磨玉机，有的是在旧式的水凳上做了较大的改动，有的则重新设计。这种新式的磨玉机虽然在功能上与旧式水凳相仿，但在造型、转速及安装工具头方面都有较大的变动。到后来由于钻石粉工具的推广，对磨玉机提出了高转速的要求，各地又在磨玉机转速上进行了改进，并多采用晶体管电路控制无级变速，使用起来更为适宜。最高转速达到每分钟两万转，并且同时还对磨玉机的其他设备进行了改造，研制了许多专用设备。如半自动开料机、旋碗机、磨球机、抛光机、打眼机等。同时也引进了国外琢玉设备，如钻石切割机、钻石磨盘和磨宝石设备、打孔设备等，在引进国外设备的同时，研制了国内的蛇皮钻、超声波打孔、清洗设备。

现代磨玉机的构造由机身、传动和轴端组成。电机通过传动轮带动主轴转动，主轴上可安装工具。当使用磨玉机时，要先看面板电路指示，熟悉电路指示器的功能，进行空车试转、调速、正倒转运行、快慢转运行、升降试验等。磨玉机运转正常后，安装工具头。把工具头调整在和主轴转动一致的同心圆上，使工具转动没有上下左右跳动的现象。工具头有粘接、丝接和卡接几种。在磨玉机上还有照明、吊秤、供水、砂圈、挡板等辅助设备。吊秤是为制作大而重的产品准备的，供水是为用石粉工具冷却准备的，砂圈、挡板是为阻挡水和砂在机器运转中向四处飞溅准备的（如图5-12、图5-13）。

图5-12　现代磨玉机

图5-13　磨玉机轴端

2. 蛇皮钻（吊机）

蛇皮钻由电机、软轴和工具卡头三部分组成（如图5-14）。电机的转动通过蛇皮中的软轴传给工具卡头，工具卡头卡住工具头，使工具头转动来琢磨玉器。使用时可手拿蛇皮钻琢玉（如图5-15）。蛇皮钻磨玉设备的使用越来越广泛，它可以使工具头任意加工产品的各个部位，有灵活方便的特点（如图5-16、图5-17）。

图5-14 蛇皮钻（吊机）

图5-15 用蛇皮钻雕玉器

图5-16 利用蛇皮钻雕琢玉器

图5-17 利用蛇皮钻清晰玉器细部

3. 开料设备

开料设备有丝子锯床、无齿锯床、半自动落架式开料机、托盘开料机、钻石砣开料机等。

（1）丝子锯床 是利用上下两个大轮的旋转带动金属丝转动，将金刚砂带入接触的原材料中，通过摩擦把料锯开。丝子锯以开小料取形坯为好，可按画好的弯曲曲线准确地把料锯开，拐弯抹角非常方便。

（2）无齿锯床 此设备较大，锯条片状无齿，靠传动使锯片转动，带入磨料把料锯开，用于开大料（如图5-18）。

（3）半自动落架式开料机　此机形状如磨玉机，唯主轴以架式支起。通过支点杠杆可以上下活动，使用时，轴头和工具因自重向下自落，与不动之原材料接触，把料切开，适于开中型料。

（4）钻石砣开料机　是摇动丝杆把托料盘推向转动的金刚石砣片上，把料切开。金刚石砣片转速高，用煤油冷却，都装有密封罩。小钻石砣片切割机可开小料和高硬度料，国内外使用很广泛。

其他设备有圆珠磨、旋碗机、开镯料设备等（如图5-19）。

图5-18　无齿开料锯床

图5-19　开手镯料钻床

4. 打孔设备

打孔是玉器生产中一项很重要的工序。古时打孔虽然技术水平很高，但设备很简陋，延续下来的打孔方法，全是手拉钻杆钻孔。目前手工打眼虽然仍有使用，但多被机械打眼所代替。最简单的是把钻头卡在钻床上打孔，用专门设备和超声波机床打孔，不但能提高效率，而且可以打异型眼孔。

5. 抛光设备

抛光玉器的主要设备是抛光机。抛光机造型如磨玉机，唯在机上多了吸尘装置（如图5-20、图5-21）。其他抛光设备有滚光桶和振动抛光机等。产品抛光后的清洗和过蜡喝油，用超声波清洗器和烤箱。

图5-20　抛光车间

图5-21　抛光设备

6. 琢玉工具

琢玉工具可分为铁工具和钻石粉工具、钻孔工具、抛光工具等。

（1）铁工具　铁工具有切削和研磨用的两种。主要铁工具有以下几种。

①铡砣　相当于圆形锯。铡砣安装在磨玉机轴上，转动起来带动金刚砂可以把玉料切开。规格见表5-1。

②錾砣　目前多使用钻石粉錾砣。小錾砣称为勾砣，是勾线、勾面纹使用的，也有顶掖的功能。

③碗砣　铁片制成碗状铆焊在工具头上，用于旋碗。

④轧砣　轧砣轮状，厚度不一，大小不一，边口有平的，有倾斜的，有馒头形的。分别称为平口轧砣、快口轧砣、膛砣等。

⑤弯砣　用粗铁丝制成，用于掏膛。

⑥冲砣　是一铁环状的工具，用于冲磨大的平面。

表5-1　铡砣规格及用途

规格（圆径×厚度）/mm	用　途	能切开深度/mm
900×1.5	铡切大料	350以下
600×1.2	铡切中块料	250以下
500×1.2	切割出坯	200以下
450×1.0	切割出坯	150以下
480×0.8	切割出坯	150以下
390×0.8	切割出坯	120以下
430×0.6	切割高档料出坯	120以下
390×0.6	切割高档料出坯	100以下
300×0.4	切割珍贵料	80以下
250×0.3	切割珍贵料	50以下

⑦磨砣　是一厚铜板制成的圆砣片，大小如铡砣，有的上面车出弧槽，用于首饰石的琢磨。

⑧钉砣　用于勾掖、顶撞，形状似喇叭口，又称"喇叭口"。它的快口既切割又碾轧，用平面还可以顶撞，向里掏掖。

⑨擦条　为一粗铁丝经拍扁后作成，用于擦磨孔眼的不平处。

（2）钻石粉工具　琢玉工具表层涂有钻石粉，就称为钻石粉工具。用于切削研磨硬度较大的玉石原料。其形状和功能与铁制工具相仿，有切铡用的，也有碾轧研磨用的（如图5-22、图5-23）。

（3）钻孔工具　钻弓和钻杆用于手工打眼，用于打小孔。管钻为铁制圆管，最小之管钻用医用针头，大的管钻自制，如碗口钻。超声波打眼机床除一般管钻外，还有异型管钻，可打异型孔。

图5-22 各种钻石粉工具

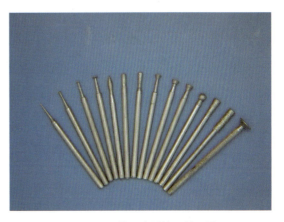

图5-23 常用小型钻石粉工具

（4）抛光工具 与磨玉工具一样。主要抛光工具有胶砣、木砣、葫芦砣、皮砣、刷砣、布带子、石砣等（如图5-24~图5-26）。胶砣又称胶碾，用紫胶加入金刚砂粉制成。有粗细之分，用于抛光。木砣、葫芦砣、皮砣均用于抛光，而刷砣和布带子用于去糙刷亮。石砣用细水磨石制成，用于去糙抛光（如图5-27）。

图5-24 各种抛光工具

图5-25 抛光用胶砣、刷砣、木砣

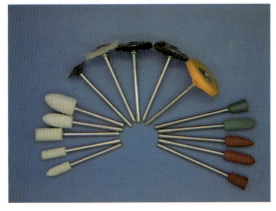

图5-26 小型抛光工具

图5-27 去糙用细水磨石

7. 辅助材料

辅助材料主要有磨料和抛光粉。

（1）磨料 是琢磨工艺的主要辅料。磨料用于研磨玉器，切削作用，没有磨料就不能琢磨玉器。磨料有天然的，也有人工合成的材料。天然的是各种硬质矿石砂，如石英砂、石榴石砂、刚玉砂等。人工合成的有碳化硅、碳化硼和钻石粉等。现在人工合成的材料应用广泛。

磨料要求硬度大于所磨材料的硬度，至少也要和所磨材料相等。如琢磨钻石只能使用钻石粉；琢磨红、蓝宝石则要求磨料硬度大于9，否则就不能对其进行研磨。磨料要有锋刃的棱，能通过滚动摩擦，把玉料表层剥落，起到切削作用。所以磨料的形状有点状、球状、筒状、多面体状、尖状等。另外，磨料的韧性也影响切削能力，因为摩擦压力可使磨料破碎，有的韧性大一些，有的脆性大一些，韧性大的就耐用。可见磨料的硬度、形状、韧性是评价其优劣的标准。

（2）抛光粉 是在玉器抛光过程中所用的主要辅料。多是一些氧化物，如氧化铁、氧化铬、氧化铝、氧化铈、氧化锑等。氧化铁抛光粉呈红色，称"红粉子""铁氧红"，不溶于水，性质稳定，很细腻；氧化铬抛光粉呈绿色，称"绿粉子""铬绿"，不溶于水，性质稳定，也很细腻，但它对人体有害（如图5-28）。其他如氧化铝、氧化铈（如图5-29）、氧化锑、氧化锡等对各种宝玉石抛光都适用。另外也有一些非氧化物及人工合成的抛光粉如碳化硅、碳化硼和钻石粉等。

图5-28 氧化铬抛光粉

图5-29 氧化铈抛光粉

二、现代玉器的雕琢工序

现代玉器的雕琢工序，一般分为审料、设计、琢磨、抛光、清洗及过蜡喝油、装潢六个工序，其中前四个工序是琢玉的主要阶段，后两个工序是玉器的后处理阶段。

1. 审料

设计者见到一块玉料后，不是马上就能构思出一件产品。而是首先研究料的特点，弄清楚料的性质，这是第一道工序。目的是正确合理选用玉石原料。在设计产品中，尽量发挥这块料优良品质，以达到物尽其美。玉石品种多，变化大，首先必须判断玉石的种类及其质量。这主要根据质地、颜色、光泽、透明度、硬度、块度、形状等指标来判断，从而确定作什么产品，力求优材优用，合理使用。必要时，还要进行去皮、切削、挖脏、去绺、追色等审查工艺。以"挖脏遮绺""量料施工",把玉料吃透,避免或减少玉料的缺点。审料是非常重要的步骤,认清玉石的本质,选用精确,巧妙用料,使产品价值倍增(如图5-30、图5-31)。

图5-30 切开的翡翠大块原料

图5-31 切开的翡翠各种尺寸原料

根据生产的玉器品种而定,审查料的侧重点各有不同。例如在设计首饰石的时候,就要注意它的质地和颜色,重点在于突出它的质色之美;而在审查设计一块玉件料时,除要重视质色之外,还要考虑它的颜色分布情况、脏和绺的分布情况以及料的形状等方面。

2. 设计

玉器产品不是定型产品,每件都有变化,设计工作要贯穿玉器制作的始终。首先是造型设计,根据处理后玉料出现的状态,考虑造型和选定造型。

一件完美的玉器,重要的是材质美和造型美的结合。好玉无瑕,作品的完整性是重要的,如果玉器上出现明显的瑕疵,其造型再好,也影响它的价值。因此,玉器的造型设计要服从玉料所给定的条件,使作品成为材料美和造型美的有机结合体。即根据玉料特点设计造型,使造型舒适、流畅和受人喜爱。为此,必须发挥原材料的特点与造型美相结合,突出料的不同特点,如质地、光泽、颜色、透明度等。质地美,即要发挥玉的温润特性;颜色美,即要注意表现艳美题材。造型设计还要从玉材特性出发,保证工艺技术可以制作,如脆性大的料,不可太玲珑剔透;韧性大的料,可作细工工艺。

针对以上审料情况,造型设计不是随意的,它有一定的规律性,造型设计要遵循以下几点:一是用料干净,即挖脏遮绺,使产品上无严重的脏和绺;二是用料合理,把玉料质最美的部分放在最显眼地位,并占用最大体积;三是量料施工,根据玉料的质色,施以最恰当的工艺;四是造型美,形象逼真、美丽、生动、情趣、主题突出,引人入胜。

各种宝石和玉石都有不同的特点,有的料突出的是质地美,有的料突出的是颜色美,有的料突出的是光泽美,有的料突出的是透明度美。造型设计要发挥各种玉料的特点,例如白玉要注意发挥它的温润特性;珊瑚、松石要注意发挥它的颜色特性;玛瑙多色,要注意俏色设计等。对和田玉的选料,要对玉表面仔细观察,如果玉质量好,绺裂和瑕疵少,可依靠颜色和块大小及形状确定选用。方形料宜于器皿造型,三角形料宜于鸟造型,长条形料宜于人物造型。

设计考虑周密后,要在玉料上画绘图形。有粗绘、细绘两道工序。粗绘是制作前,把造型和纹样绘在玉石上(如图5-32);细绘是作出粗坯后,把局部细致的要求绘在坯上(如图5-33)。在制作过程中如出现变化,要随时修改设计,设计者与制作者互相配合,使玉器精益求精。

图5-32 粗绘设计作品造型

图5-33 细绘设计作品造型

玉器生产的设计者,要完成审料、造型设计、产品生产中的设计指导三重任务。玉器产品的生产,本应要求生产者就是设计者。但由于长期形成的生产结构,知识技能水平的限制,不可能每个人都有全面的技能。因此,在玉器生产中能够有设计水平的人是很少的。一般来说,一个设计者要担任一班组的产品设计,对制作人员的产品检查指导,保证每件产品都能达到质量要求。

3. 琢磨

玉器的琢磨工艺是玉器加工技术的主要环节。在审料和设计完以后,制作者利用磨玉机和工具、磨粉等,按设计意图就开始进行琢磨工艺了。技巧千变万化,归根到底是琢和磨。

琢就是利用铡砣、錾砣等,将造型中的余料切除。其手法有铡、摽、抠、划等。铡即切,直线切开;摽指切棱挂角;抠指挖取,即两个角度歪线切割,剜取中间部分;划是铡和抠的反复使用。切,切不到底,抠,抠不完整,是一砣一砣密排着去掉多余的料。琢用于造型出坯工艺(如图5-34)。

磨就是利用冲砣和磨砣等,将造型中的余料研磨掉,有冲和轧的不同方法。在基本造型完成后,还要进行勾、撤、掖、顶撞等工艺。勾是勾线;撤是顺勾线去除小余料;掖是勾撤后的底部清理清楚;顶撞是平整地纹。此外,还有叠挖、翻卷等工艺,把花瓣、衣边做成飘绺。打孔、镂空、活环链等工艺一般是琢磨时一起进行的(如图5-35)。

图5-34 琢磨玉器(出坯)

图5-35 琢磨玉器(细部修整)

琢玉是属于艺术范畴的创造性劳动，琢玉人员的水平是关键一环。中国的琢玉以高超精巧的技艺称誉世界。现在中国的玉雕厂都拥有现代化的先进设备和技术精湛的琢玉艺人，在生产车间进行创造性劳动。艺人们用他们灵巧的双手，碾出精美的玉器。产品经过琢和磨以后，基本造型已经完成了。此外，在制作中还要注意玉性处理，不能因有玉性把宝贵的玉废掉。

在琢玉工艺中，现代玉雕还有机雕工艺，即把质量较差的玉料进行切料后，统一设计成同种造型和纹饰的玉器，用雕刻机和模具在电脑程序控制下，雕琢出一样的成批玉器。这种玉器没有手工雕琢精细，质量稍差（如图5-36、图5-37）。

图5-36　机雕玉器车间

图5-37　机雕玉器模具

4. 抛光

磨制后的玉器表面并不光滑明亮，要使玉器产生光滑明亮的光泽必须进行抛光。抛光的过程是把表面磨细，呈镜面状态，使光照射到其表面有尽可能多的规律性反射，达到光滑明亮的程度。产品的表面受两方面因素的影响：一是产品材质的性质，二是产品表面光滑程度。前者是本质，后者是条件。无论何种玉器，如果表面不光滑，就没有条件形成规律性反射，就看不到材质的光泽。抛光工艺分为磨细和罩亮。

（1）磨细　在抛光工序中磨细也叫去糙，即去除表面的不平整，把表面磨得细腻。磨细是琢的继续，但不是为出造型，而是为抛光。因此，去糙只能去除表面的不平整，不能伤害造型和纹饰，尤其是细部，更不能因磨细而变得模糊。磨细已不使用琢磨工具，换用抛光工具。如果有需要还可以用细水磨石或砂纸进一步磨细。

（2）罩亮　产品经过去糙以后，基本上已达到乌亮的程度，即表面已很细腻光滑。为了使表面有更强的反射能力，还要罩亮。罩亮就是用抛光粉的磨亮。抛光粉粘在旋转的抛光工具上摩擦产品表面，使其表面平整产生镜面反射，达到光滑明亮的程度（如图5-38～图5-43）。

如果经检验光泽不够，还要返回加工程序，运用相应工具重新抛亮。如果是质地相对粗糙的玉件，还可选择机器抛光（如图5-44、图5-45）。即连续使用不同粒度的砂粉或抛光块料拌入震珠置入震机内进行机器抛光，打不到的地方根据需要再手工加工。

玉器的抛光难度，主要是保持造型的特点。制作时使用什么形状的工具，抛光时还要仿效制作工具的形状进行抛光，只不过抛光工具是用革、棉、木、竹、胶、石等材料制成的。首饰石量大，造型简单，除精品、珍品用手工抛光外，大多使用滚筒，由产品和抛光粉之间自相摩擦进行抛光。

图5-38　用刷砣抛光小件玉器

图5-39　用胶砣抛光小件玉器

图5-40　抛光较大摆件

图5-41　抛光观音雕件

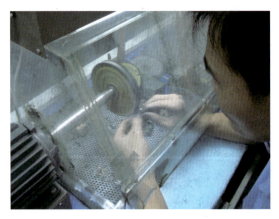

图5-42　用氧化铬粉抛光玉器

图5-43　用竹杆蘸研磨膏抛光玉器

图5-44 机抛的震机

图5-45 机抛震机中的抛光块和玉器

5. 清洗、过蜡、喝油

（1）清洗　产品抛光以后，要把产品上的污垢清洗掉。使用的方法有水洗、酸洗、碱洗、冷洗、热洗、超声波洗等，依产品的材质、造型以及污垢的特点而定。

（2）过蜡、喝油　这是产品抛光后的重要工序，其作用是弥补表面微观不平的现象和保护产品表面不被污染的作用（如图5-46、图5-47）。蜡和油浮在产品表面可产生油亮的效果，显得温润，也可添平微小凹面，加强产品表面光的反射强度。

过蜡是将产品烤热以后，用蜡屑熔化在产品表面上。或者进行煮蜡，即把蜡放在电饭锅里加热熔化，把玉器放在蜡锅里煮一段时间，然后拿出冷却，渗入玉器表面微细纹和凹坑中的蜡就凝固了。喝油是将油脂加热后，放入产品，使产品浸入油脂里。

过蜡、喝油工艺的选择根据产品材质的不同而不同，不能因过蜡、喝油而损坏产品。过蜡、喝油的产品比没有过蜡、喝油的产品要光洁明亮。产品经过过蜡、喝油以后，要在热的时候擦拭和冷后剔蜡，使油脂或蜡分布均匀。擦拭用棉质巾类，以柔软吸油为好，剔蜡用竹、木签子。

图5-46 过蜡工艺的蜡饼

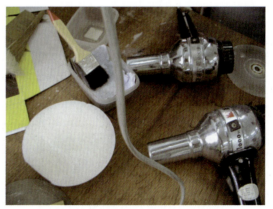
图5-47 过蜡用的热吹风机和蜡沫

如制作仿古玉器，要求经过胶砣磨细的乌亮，不经罩亮就过油、上蜡，以反映古玉特点的亮度。

6. 装潢

装潢就是对玉器进行美化性和保护性装饰。一般玉器都有配座和装匣（盒）两种主要装潢。

（1）座　是玉器的主要装潢形式，它提高玉器的身价，使玉器放置平稳。玉器的座有木、石、铜、铜镏金等，依玉器产品造型而设计。形状多为随形、方形、长方形、圆形、椭圆形等。座的高矮、宽窄、薄厚要看玉器的尺寸，太高、太宽、太厚既不协调，又显得喧宾夺主；太矮、太窄、太薄又显得穷气和不稳妥。

座的造型雕刻以玉器造型为依据，器皿玉器多用素几座，花鸟玉器多用天然山水座，插屏多用支架座，玉山子多用天然石座。木座以硬木制成，雕刻好后干磨硬亮，深色沉稳，十分美观雅致（如图5-48、图5-49）。

图5-48　玉器的木座

图5-49　翡翠雕件的木座

座面承接玉器，按玉器的底部形态把座面挖深一层，叫落窝。落窝的深浅，以放置产品后稳、正、不紧、不旷为好，还要落窝内干净利落。金属座、石座一般在大型的玉器雕件上使用比较多，如大禹治水玉山子用的就是金属座，渎山大玉海用的就是石座。

（2）匣（盒）　匣（盒）也是玉器的主要装潢，是为放置玉器而制作的。有纸、布、锦、木、金属匣（盒）等（如图5-50、图5-51）。匣（盒）内有软囊，用棉或泡沫或塑料添入，并糊有绸布里。绸布里的颜色选择依产品的颜色而定，以托现产品颜色醒目、协调为主。通过匣（盒）的装潢大体能了解产品的高贵程度。匣（盒）的外表以纸、布、锦、裱褙分档次，纸质是低档，布质是中档，锦质是高档。匣（盒）的大小、衬里、面料的选择以及制作工艺，都有严格的技术要求。在玉器的装潢上还应该有作者的署名、产品说明书，以及存放、使用、运输等注意事项，这些都是玉器商品或艺术品所必需的。

装潢除配座和装匣（盒）外，还有成套的包装，在玉器上结穗、镶金银等装饰工艺（如图5-52、图5-53）。

至此，一件玉器从选料开始，到装进包装匣才算全部完成。一件玉器的价值不仅体现在玉料上，而更重要的价值则体现在玉器生产者的劳动和智慧上。

玉器是有别于其他商品的特殊商品，它应用于人们的装饰、陈设、收藏，它不是生活必需品，但它是人们精神生活的欣赏品，是艺术品。从欣赏品、艺术品的角度来说，它又是文化生活中不可缺少的一部分，能在社会中流通。宝石、玉器装饰欣赏有两个属性：一是欣赏石，二是欣赏工艺。石之美决定了它的高贵身份，工艺美决定了它的造型艺术。玉器造型艺术一定要烘托石之本质，这是产生玉器艺术的决定条件，玉器艺术发挥石之本质特点越显著，就越有欣赏价值。然而，艺术必定是艺术，即作品要表现一定的主题，其造型的点、线、面、体的处理，受美学、艺术造型规律的指导，在作品风格上形成一定的格调，在人们的装饰、陈设、欣赏中给予精神上的不同享受。

图5-50　锦匣（盒）

图5-51　木匣（盒）

图5-52　玉器的拴绳结穗

图5-53　玉器配金银镶嵌宝石

第六章

玉器的主要材质

第一节　翡翠 / 209

第二节　软玉（和田玉）/ 236

第三节　独山玉（南阳玉）/ 247

第四节　绿松石玉 / 252

第五节　蛇纹石质玉（岫岩玉）/ 263

第六节　石英质玉石 / 268

第七节　青金石 / 286

第一节 翡翠

"翡翠"一词源于鸟名。汉代许慎在《说文解字》中解释:"翡,赤羽雀也;翠,青羽雀也。"翡翠一词除作为鸟名被广泛流传使用外,更多的时候转为鲜艳颜色的代名词,即翡红与翠绿。到了清朝,翡翠鸟的羽毛作为饰品进入宫廷,尤其是绿色的翠羽深受皇宫贵妃喜爱。她们将其插在头上作为发饰,用羽毛贴镶拼嵌作首饰,故其制成的首饰名称都带有翠字,如钿翠、珠翠等。与此同时,大量的缅甸玉通过进贡进入皇宫深院,为贵妃们所宠爱。这些玉石的颜色也多为绿色、红色,且与翡翠鸟的羽毛色很相同,所以人们称这些来自缅甸的玉为翡翠,渐渐地翡翠这一名称也由鸟名转为玉石的名称了。翡翠在明末清初之际,以其天然艳丽的色泽、缜密坚韧的质地成为了玉石家族中一个重要的后起之秀,而且其价值在近二百年的演变中日益升高,并远远超出了我国传统的玉石——透闪石质软玉,跃居为玉石之王的地位。

自清朝至民国年间,翡翠基本上还是流通于达官显贵、豪门巨贾的掌股之间,成了他们显示身份地位的标记和浓缩财富的珍藏品。现在,翡翠完全走向大众市场,一方面满足了人们美化生活返朴归真的爱美情趣;另一方面满足了人们追求财富保值甚至升值的强烈愿望。

一、翡翠的基本性质

(一)矿物成分

翡翠是由硬玉、绿辉石为主要矿物成分的辉石族矿物组成的矿物集合体,是一种达到宝石级的硬玉岩或绿辉石岩。次要矿物有钠铬辉石、钠长石、角闪石、透闪石、透辉石、霓石、霓辉石、沸石,以及铬铁矿、磁铁矿、赤铁矿和褐铁矿等。"翡"单指翡翠中各种深浅的红色、黄色翡翠,"翠"单指各种深浅不同的绿色翡翠。翡翠按矿物成分分为三种类型:硬玉型、钠铬辉石型和绿辉石型。其中以硬玉型翡翠为主。

1. 硬玉型翡翠

主要矿物为碱性辉石——硬玉,化学式为$NaAl[Si_2O_6]$,以钠、铝含量高为特征。可有少量的类质同象替代,Ca^{2+}替代Na^+;Mg^{2+}、Fe^{2+}、Fe^{3+}、Cr^{3+}替代Al^{3+}。硬玉中若Cr^{3+}替代Al^{3+},会产生绿色;Cr^{3+}替代量变化较大,从万分之几到百分之几,直至形成钠铬辉石。

2. 钠铬辉石型翡翠

主要矿物为钠铬辉石,化学式为$NaCr[Si_2O_6]$,以钠、铬含量高为特征。钠铬辉石与硬玉构成完全类质同象系列。钠铬辉石与硬玉共生,可形成不透明黑绿色的钠铬辉石硬玉岩;如果主要由钠铬辉石组成的钠铬辉石岩,则是翡翠中的干青种。

3. 绿辉石型翡翠

主要矿物为绿辉石,化学式为$(Ca,Na)(Mg、Fe^{2+}、Fe^{3+}、Al)[Si_2O_6]$,介于硬玉和透辉石之间。当$Na/(Ca+Na) \geq 0.8$时为硬玉,$Na/(Ca+Na) \leq 0.2$时为透辉石。绿辉石也是翡翠中一种重要的共生矿物,常以不同比例存在于翡翠中。当绿辉石矿物含量达百分之百时,即为油青种翡翠。

(二)晶系及结构

组成翡翠的硬玉、绿辉石矿物为单斜晶系,多呈柱状、纤维状或粒状。而翡翠是多矿物集合体岩石。结构是指组成矿物的颗粒大小、形态及相互关系。翡翠的结构统称为交织结构，具体有纤维交织结构、粒状纤维交织结构、斑状变晶结构、塑性变形结构、碎裂结构、交代结构等。一般说来，翡翠结构中矿物颗粒越细，结合越紧密，翡翠质地越细腻致密，透明度越好、光泽也强；反之矿物颗粒越粗、颗粒间结合越松散，则翡翠质地就越松散，透明度差、光泽也差。纤维交织结构的翡翠韧性好，粒状结构的翡翠韧性差。

（三）力学性质

（1）硬度　摩氏硬度为6.5~7。

（2）密度　3.25~3.40g/cm³，通常为3.33g/cm³。

（3）韧性　质地坚而韧。

（4）断口　参差状断口。由于硬玉矿物具有两组完全解理和双晶，解理面和双晶面的星点状、片状、针状闪光就是翠性，俗称"苍蝇翅"或"沙星"，是鉴定翡翠的重要特征。颗粒较粗的翡翠"翠性"明显，细腻者不显。

（四）光学性质

1. 颜色

翡翠的颜色丰富多彩，有"三十六水，七十二豆，一百零八蓝"之说，可见翡翠色彩之丰富。翡翠的颜色有红、绿、青、紫、蓝、黄、灰、白及黑等色。

（1）无色及白色翡翠　这种翡翠组成成分单一，一般由比较纯的硬玉矿物组成。无色翡翠结构细腻，颗粒细小，结合紧密，透明度好，质量上乘，价值高，如无色老坑玻璃种翡翠（如图6-1）。白色翡翠结构较粗，颗粒结合不够紧密，透明度不好，造成白色，一般质量较差（如图6-2）。

图6-1　无色翡翠

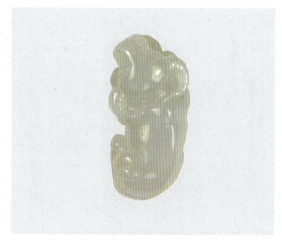

图6-2　白色翡翠

（2）红色和黄色翡翠　也称为"翡"。这种翡翠的颜色成因为次生色，是翡翠形成之后外来有色物质浸染所致。翡翠经常受风化作用，含铁物质渗入翡翠缝隙或颗粒间隙产生颜色。一般黄色多为褐铁矿产生，红色多为赤铁矿形成。红色和黄色经常出现在翡翠的皮色上。亮红为红色上品，暗红或褐红为下品（如图6-3、图6-4）。

（3）绿色翡翠　绿色是翡翠常见的颜色，正色的绿分为祖母绿、秧苗绿、翡翠绿、苹果绿四种，可作为高档首饰的翡翠（如图6-5、图6-6）。偏色的绿是在色谱上偏向蓝、黄等色段的绿色，如黄绿、灰绿、蓝绿等色。这些颜色的翡翠在市场上多为中低档（如图6-7、图6-8）。

图6-3　红色翡翠

图6-4　黄色翡翠

图6-5　祖母绿色翡翠

图6-6　苹果绿色翡翠

图6-7　灰绿色翡翠

图6-8　蓝绿色翡翠

翡翠以绿色最为珍贵，按其色调饱和度和亮度即按绿色的浓淡、深浅、纯正度和水头大致划分为下列多种。

① 祖母绿　是指色似祖母绿宝石，又称宝石绿，绿色浓艳，透明度好，近于亚透明或半透明，是翡翠中的最佳品种。

② 秧苗绿　是指翠绿如秧苗，又称葱心绿或黄阳绿。水较足，翠色鲜阳，微黄而明亮，如初春的黄阳树新叶。

③ 苹果绿　是指颜色像新鲜苹果那样的艳绿，又称阳俏绿。绿中微带黄，水较足。

④ 玻璃绿　如玻璃般明净透明，绿色鲜艳而明亮，是翡翠中的佳品。若绿色浓艳，稍夹蓝的也称得上好色。

⑤ 翠绿　是指不带任何黄色或蓝色的中度深浅的正绿，水较足，十分高贵，美丽大方。

⑥ 鹦哥绿　微透明或半透明，绿色娇艳，如同鹦哥的绿色羽毛。

⑦ 豆青绿　半透明，绿色如青豆色，是绿色中最多见的一种，常有"十绿九豆"之说。

⑧ 浅阳绿　微透明或半透明，绿色浅淡而鲜明纯正，入眼漂亮，微带黄色调。

⑨ 浅水绿　色绿淡而均匀，不够鲜艳，水较足。

⑩ 菠菜绿　是指色如菠菜叶，浓而不艳，略显黑，水较足。

⑪ 蓝绿　绿中闪蓝，绿不显。

⑫ 瓜皮绿　半透明或不透明，色欠纯正，绿中闪青，似西瓜皮。

⑬ 梅花绿　绿色不均匀，有盐粒状、斑点状，颜色似梅花斑点状分布。有时叫"点点花"或"满天星"。

⑭ 蛤蟆绿　半透明或不透明，颜色不纯正，带蓝或灰色调，质地中常有棉绺出现。

⑮ 油绿（油青）　绿中透灰蓝色，不鲜艳，但水较足。

此外还有墨水蓝、灰绿、飘蓝花等。

（4）紫色翡翠　又称紫罗兰翡翠或"椿"，有浅紫、粉紫、紫、蓝紫等色（如图6-9、图6-10），半透明或微透明，纯正者亦为佳品。

图6-9　粉紫色翡翠

图6-10　蓝紫色翡翠

（5）黑色翡翠　称为墨翠。有两种，一种是透光照射呈深墨绿色或深墨蓝绿色的翡翠，主要是含有过量的Cr、Fe造成的（如图6-11）。另一种是深灰至灰黑色的翡翠，这种翡翠主要是含有角闪石等暗色矿物造成的（如图6-12）。

图6-11　墨绿色翡翠

图6-12　灰黑色翡翠

（6）多色翡翠　一块翡翠上具有两种以上的颜色。如紫、绿相间的称为春带彩（如图6-13）；红、绿、紫同时存在的称为福禄寿（如图6-14）。甚至更多的颜色集中在一块翡翠上，利用俏色手法雕琢使其价值倍增。

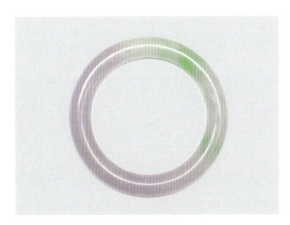

图6-13　春带彩翡翠

图6-14　福禄寿翡翠

2. 光泽
翡翠呈现玻璃光泽。

3. 透明度
翡翠呈半透明至不透明。翡翠的透明度，称"水头"，简称"水"。所谓水头，是指光线穿透翡翠的能力，一般用毫米（mm）表示。一分水即3mm厚的翡翠呈半透明状；二分水即6mm厚的翡翠呈半透明状。水头足或水头长表示透明度好（如图6-15）；而没水头或干巴表示透明度差（如图6-16）。

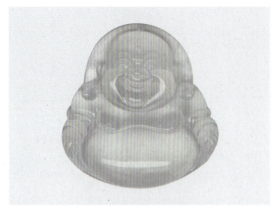

图6-15 透明度高的翡翠

图6-16 透明度低的翡翠

4. 光性

硬玉矿物为二轴晶正光性,而翡翠为矿物集合体。

5. 折射率

翡翠近似折射率一般为1.66。

6. 吸收光谱

由铬致色的翡翠,在红光区691.5nm、655nm和630nm处有3条细吸收线,在蓝光区437nm处有1条黑色铁吸收线;由铁致色的翡翠,仅在蓝光区437nm处有1条黑色吸收线。

7. 发光性

天然翡翠在紫外荧光下大多数无荧光,个别翡翠发有弱绿、弱白、弱黄色荧光。

(五)包裹体特征

翡翠常含有金属矿物包裹体,如磁铁矿、铬铁矿等形成黑点,还有其他杂质如蛇纹石、长石等。

二、翡翠的A货、B货和C货

(一)翡翠A货、B货和C货的定义

(1)A货翡翠 是指天然未经优化处理的翡翠。但经过轻微酸洗或轻微上蜡的翡翠仍属A货翡翠。

(2)B货翡翠 是指经强酸浸泡后又经树脂聚合物充填处理的翡翠。B货翡翠结构受到严重破坏,不耐久。

(3)C货翡翠 是指经染色处理的翡翠。可把翡翠染成绿色、红色、紫色等颜色。

(二)B货翡翠的制作与鉴别

B货翡翠颜色鲜艳漂亮,水头较好,同时价格较同等质量的A货便宜很多。但时间一长,就会褪色发黄。同时,填充的环氧树脂或其他黏合剂就会老化脱落,使翡翠变得痕迹斑斑,失去光彩。

1. B货翡翠的制作

对地子发灰、黑、褐、黄等杂色并水头较差的翡翠,用强酸浸泡进行腐蚀去脏、留翠,然后浸入环氧树脂,在高温高压下,把有机聚合物压入微细裂隙和孔洞中,最后进行找蜡、抛光,成

为种、水、色样样具备的"高档翡翠"。这就是B货翡翠（如图6-17、图6-18）。

由于B货翡翠经过处理，其结构被破坏，变得疏松，降低了质量，改变了光学及物理性能。B货翡翠时间久了会发生龟裂，失去光泽。

图6-17　B货翡翠处理前后对比

图6-18　制作好的B货翡翠

2. B货的鉴定

（1）外观特征

① 颜色　B货翡翠的绿色多无色根，偶有绿色实点——色根，呈细雾状均匀分布。色与地对比强烈，有头重脚轻之感，很不自然。用火烧之，有异味且变黄或变褐；而A货翡翠的绿色有色根，分布不均，地与色相互协调、自然。

② 光泽　B货翡翠的光泽一般较弱，伴随树脂光泽（如图6-19），而天然翡翠抛光后呈强玻璃光泽。

③ 表面特征　在10倍放大镜下，用顶光观察，B货表面有如橘皮般的凹点即"橘皮效应"，又称"鸡皮疙瘩"，或可见众多由于酸蚀产生的微裂隙交错形成的"沟渠"状网纹（如图6-20）。A货翡翠抛光不好的也可以有类似的凹坑现象，但无酸蚀交错的细网纹。B货翡翠表面及浅部较为通透而愈往里愈混浊不清。

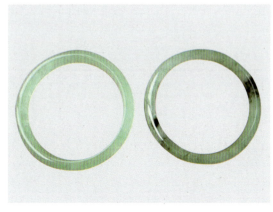

图6-19　B货翡翠手镯的光泽

图6-20　B货翡翠表面的"沟渠"状酸蚀网纹

（2）结构特征　B货结构松散而破碎，在10倍放大镜下极难看到变斑晶交织结构中的斑晶；在宝石显微镜（35倍）下，放在一溴萘（折射率=1.66）浸油中，可见到硬玉矿物被腐蚀后的残留结构，并能见到龟裂，即结构模糊，斑晶与纤维很难分开。即使看得见斑晶，斑晶颗粒上也出现高低不平或网状细纹。A货无此现象。

（3）声音　B货翡翠手镯轻轻敲击或对比声音发闷而混浊，A货声音清脆似钟声。

（4）填充处的特征　在宝石显微镜下，观察微裂隙内有异样闪亮，胶多的地方可见气泡，胶老化会有龟裂呈白点状或白线状现象。

（5）密度变化　B货翡翠的密度变小，即小于3.33g/cm³。大部分A货翡翠的密度大于或等于3.33g/cm³，不过A货中含蛇纹石或长石等杂质时，其密度也可能小于3.33g/cm³。

（6）折射率　B货翡翠的折射率变小，即小于1.66，而A货翡翠的折射率偏低的较少。

（7）荧光　在长、短波紫外线照射下，由于有机充填物的缘故，有些会发荧光，而A货翡翠无荧光或很弱。

（8）红外光谱测试　红外光谱测试是B货翡翠最有效的测试方法。在红外光谱透射光谱测试下，天然翡翠在2600～3200cm⁻¹区间透过率好，几乎不存在吸收峰（如图6-21）。而B货翡翠在2800～2900cm⁻¹和3050cm⁻¹附近会出现明显的吸收峰，这些吸收峰都是由充填的有机环氧树脂所致（如图6-22）。

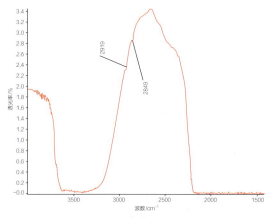

图6-21　A货翡翠红外光谱

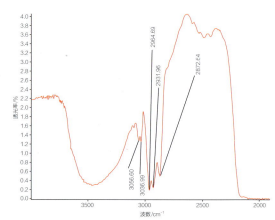

图6-22　B货翡翠红外光谱

（三）C货翡翠的制作与鉴别

C货翡翠通常有两种染色情况，一种是在白色或无色翡翠上染绿色或紫罗兰色，是全部人工上色；而另一种是在天然淡绿色翡翠上适当加些颜色，是部分人工上色，即补色。通常，翡翠石质愈差，愈容易染色。反之，质地好，染色就相对困难。

1. C货翡翠的制作

将低档无色或浅色翡翠放入铬盐中加热浸泡，使绿色染料渗入玉料细小裂纹或颗粒间隙中沉积成色。

对有些具有脏色的翡翠原料，先进行酸洗漂白处理，再进行充胶染色处理，这就是俗称的"B+C货"翡翠（如图6-23）。经常充入的有机物为有色的聚合物，既提高了水头，也达到了染色的目的。这种B+C货翡翠，耐久性更差，时间一久，就会褪色和老化，不仅会发黄，还会变得千疮百孔。

2. C货翡翠的鉴定

（1）颜色　行话说："冷眼看炝色"，说明炝色不自然，显得呆滞混浊，绿色发邪，常带蓝色或黄色调。

C货翡翠的绿色呈丝网状均匀分布于斑晶周围的纤维小晶体之间或微裂隙中。像蜘蛛网状的细丝（如图6-24），无色根且裂隙处的绿色较其他地方浓或淡，绿带浮蓝。浓是因为裂隙处沉淀的绿色染料多，而淡则是伪造者进行了褪色处理，以免发现破绽。

颜色仅局限于表层，即表面的绿较浓艳，愈往里愈显得浅淡，似有"浮动"之感。

（2）光泽　C货光泽暗淡，即缺乏光泽，似经干燥处理过。

图6-23　B+C货翡翠

图6-24　C货翡翠的颜色呈网状分布

（3）折射率　C货翡翠的折射率与A货翡翠差别不大，也为1.66左右。但将C货翡翠放入一溴萘中，其绿色看得较清楚；而A货翡翠的绿则模糊不清。

（4）查尔斯滤色镜　凡在查尔斯滤色镜下变红或紫红或暗红的翡翠均是C货翡翠。但由于着色剂不同，有些C货翡翠在滤色镜下并不变色。

（5）吸收光谱　铬盐染绿色的C货翡翠在红区有1条宽的吸收带（650nm附近）。而A货翡翠为3条黑色细吸收线。

（四）其他处理翡翠的鉴别

1. 热处理翡翠的鉴别

热处理翡翠是利用加热的方法对黄色、棕色、褐色的翡翠进行改色处理，使其转变成鲜艳的红色翡翠。其原理是通过加热加速了翡翠中褐铁矿的失水过程，使其转变为赤铁矿，从而使颜色更加红艳。这种方法处理的翡翠，属于优化，在出售的时候可视为A货翡翠。热处理的翡翠可从以下几点鉴别：

①加热过的翡翠透明度会下降，给人一种比较干的感觉，不像天然翡翠那么润泽（如图6-25、图6-26）。

②红外光谱测试在1500～1700cm^{-1}、3500～3700cm^{-1}附近没有强的吸收区，而天然翡翠在此处区域会表现出较强的吸收区，说明天然翡翠含有结晶水和吸附水的存在。

③吸收光谱：改色翡翠在红光区和蓝光区无吸收线。而天然翡翠在蓝光区或红光区有1条或3条吸收线。

图6-25　热处理翡翠

图6-26　热处理翡翠

2. 浸蜡或注油翡翠的鉴别

对于有裂纹的翡翠成品，如手环、戒面或小挂件等，用蜡制品或雪松油，在适当的温压下挤进裂隙内，通过抛光不留任何痕迹。通过这种轻微处理的翡翠属于优化，但如果浸蜡非常严重，则在出售时需要声明。其识别方法如下：

①用放大镜观察，可见到裂隙中的蜡制品或流动的气液体。

②注蜡者，用两只手环轻轻对碰，声音发闷。

③注油者，裂隙处有干涉色；用台灯缓慢加热有油珠渗出。

④注油者，翡翠饰品表面有一层白色薄膜，在长波紫外光照射下，有些会发青黄色荧光。

3. 镀膜翡翠的鉴别

镀膜翡翠又称"套色翡翠"或"穿衣翡翠"。一般选用无色、水好的翡翠饰品为原料，用泰国或法国产的清水漆，均匀涂抹其表面，待自然干后即形成十几至几十微米厚的翠绿色薄膜。

鉴别方法可归纳为五个字，即"看、摸、刮、烧、烫"。一看：在10倍放大镜下观察，有透过薄雾观花之感，朦胧，绿色多为散色，无色根；光泽为树脂光泽，可见表皮略有细波痕、细擦痕和喷涂不匀等现象（如图6-27）。二摸：用手指捏住反复搓，则有涩感。三刮：用小刀尖、玻璃片轻刮或用细砂纸轻擦时，镀膜会被划伤甚至完全脱落。四烧：

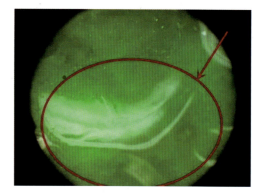
图6-27　镀膜翡翠膜的细波痕

用火烧之，翠绿色变为土黄色，冷却后，用手一摸即刻脱落。五烫：用开水烫，镀膜会因受热膨胀而皱裂。

三、翡翠与相似玉石及赝品的区别

（一）相似玉石

与翡翠相似的天然玉石有软玉、钠长石玉（水沫子）、水钙铝榴石玉、葡萄石、独山玉（南阳玉）、蛇纹石质玉、石英岩质玉、符山石和大理岩等，鉴别的方法见表6-1。

表6-1 翡翠与相似玉石的区别

名称	颜色	结构	折射率	密度/（g/cm³）	摩氏硬度	其他特征
翡翠	红、绿、紫、黄、白、黑等	粒状、纤维交织结构，可有翠性	1.66	3.33左右	6.5~7	颜色分布常不均匀
软玉	白、青、绿、黑、褐等	显微纤维交织结构，结构细腻	1.61~1.62	2.95左右	6~6.5	油脂光泽，又称昆究
独山玉	白、绿、黄、褐、紫等，颜色较杂	粒状结构	1.56~1.70	2.57~3.18	6~7	绿色在滤色镜下变红
蛇纹石玉	绿、黄、绿、白、棕、黑等	显微纤维交织结构，结构细腻	1.56~1.57	2.57左右	4~5.5	油脂光泽至弱玻璃光泽
石英岩质玉	绿、白、黄、褐等	粒状结构、微晶-隐晶质结构	1.52~1.54	2.60~2.65	6.5~7	石英岩有东陵石、晶白玉等，微晶-隐晶质有绿玉髓等
钠长石玉	无色、白、灰绿、飘蓝花	粒状结构	1.52~1.53	2.60~2.65	6	绿色常呈飘花状分布，又称为水沫子
水钙铝榴石玉	白、绿、黄、褐	粒状结构	1.72左右	3.47左右	6.5~7	颜色不均，有黑斑点，光泽发油，又称为南非玉、特兰斯瓦尔玉、青海翠、不倒翁
符山石	黄绿、蓝绿、灰白	纤维、放射状结构	1.71左右	3.40左右	6~7	又称加州玉
葡萄石	白、浅黄、浅绿	放射状纤维结构	1.62~1.63	2.80~2.95	6~6.5	颜色偏黄
大理岩	白、黄、绿等	粒状、纤维状结构	1.46~1.65	2.71左右	3~4	可见方解石解理面闪光

（二）翡翠与赝品的区别

翡翠是极难合成的宝石，虽然美国科学家在20世纪80年代末合成成功了，但并未进入市场。目前市场上的翡翠赝品有以下几种。

1. 马来西亚玉

马来西亚玉，简称"马来玉"，又称"南洋翠""韩玉"或"吕宋玉"。以其浓艳的翠绿色、细腻的质地和良好的透明度而兴盛一时，常有人当高翠出售。马来西亚玉是1988年以后面市的翡翠赝品，目前市场上可见到半透明艳绿色和不透明老艳绿色两种。马来西亚玉的特点是颜色不均，具斑晶交织结构，在查尔斯滤色镜下不变色，其外观与翡翠十分相似，所以欺骗性很大。

马来玉，有"脱玻化玻璃"和"染色石英岩"两种。

（1）脱玻化玻璃 实际上，是国际早已合成的埃莫利石，又称"变玉"或"准玉"，是仿半透明至不透明玉石的玻璃。由于埃莫利石受到"脱玻化"作用，部分已结晶。在放大镜下透射观察，具有类似翡翠的变斑晶交织结构。脱玻化玻璃的形成，就在二氧化硅熔融体中加入不含铬的染料如绿色有机染料，使其缓慢冷却，让部分二氧化硅结晶成石英微小晶体和稍大的斑晶，并呈纤维丝絮状定向展布，构成斑晶交织结构（如图6-28）。鉴别方法如下。

①在10倍放大镜下，透明度好，有时具流线、气泡等，无团块状微透明的石花。而翡翠有石花，无流线和气泡。

②在弧形戒面的表面有冷凝凹面（如图6-29）。橘皮效应，浑圆状面棱，无人工琢磨痕迹，有时不具有半球状裂隙；而翡翠无冷凝凹面。

③ 重液法　将马来玉放入三溴甲烷重液（相对密度为2.89）中漂浮；而翡翠迅速下沉。
④ 点测法　马来玉的折射率约为1.54；而翡翠为1.66。
⑤ 硬度测试　马来玉的硬度为5.5~6，能被长石硬尖划伤；而翡翠则不能被划伤。
⑥ 断口　马来玉为贝壳状断口；而翡翠为粒状或参差状断口。
⑦ 手感　马来玉触之有温感，而翡翠触之有凉感。

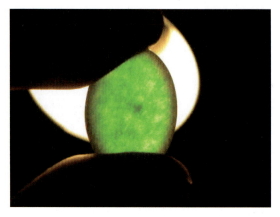

图6-28　脱玻化玻璃

图6-29　脱玻化玻璃的冷凝凹面

（2）染色石英岩　将密玉和京白玉等染成翠绿色冒充翡翠（如图6-30）。与翡翠的区别如下。

① 染色石英岩具等粒状结构；而翡翠为变斑晶交织结构。
② 染色石英岩的相对密度为2.60~2.65，在三溴甲烷中漂浮；而翡翠迅速下沉。
③ 染色石英岩折射率为1.54；而翡翠为1.66。
④ 染色石英岩绿色均匀，分布于颗粒之间，呈网状，不能自然连续穿过裂隙（如图6-31），且在裂隙处绿色或深或淡；而翡翠绿色不均，自然贯通，有色根。
⑤ 在染色石英岩背面滴一滴盐酸（HCl），则变为棕色；而翡翠不变色。

图6-30　染色石英岩手镯

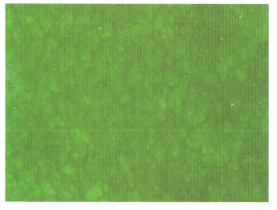

图6-31　染色石英岩的颜色沿粒间呈网状分布

2. 仿翡翠玻璃

仿翡翠玻璃又称烧料或料器，呈乳白色半透明状，绿色呈醒目的斑点状或条带状，界线清晰（如图6-32、图6-33）。鉴别方法如下：

①察看包裹体　烧料为玻璃性，无翠性；而翡翠有翠性。

②断口　烧料的断口呈贝壳状，且发亮。而翡翠的断口参差不齐，不发亮。

③掂重　烧料质轻，而翡翠质量有坠感。

④重液　烧料在三溴甲烷中漂浮，而翡翠下沉。

⑤折射率　烧料的折射率为1.47；而翡翠为1.66。

⑥硬度　烧料摩氏硬度4～5，能被真翡翠刻划；另外时间久了，烧料会出现硬伤、牛毛纹而失亮。

图6-32　料器手镯

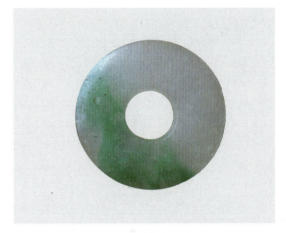

图6-33　料器平安扣

3. 仿翡翠塑料

仿翡翠塑料简称塑料。其颜色均匀呆板，不自然，质轻，温感，内有气泡，硬度小，时间稍久有硬伤和牛毛纹。

四、翡翠的原石特征

翡翠原石有山料和子料之分，山料无皮，特征明显，容易鉴别。子料有皮，特征不明显，看不到内部特征，不易鉴别。子料又有开口玉料（去皮、开窗和擦口）和未开口玉料（赌货）之分。对于山料和开口玉料的鉴别稍为容易。而对于未开口的玉料（赌货）和开小口的玉料的鉴别就相当困难了，有"神仙难断寸玉"之说。但可根据翡翠的外皮、地子和绿形以及产地、结构特征等综合分析，判断翡翠原石内部的特征。

翡翠子料常有一层不透明的外皮包裹，致使翡翠的颜色、种和水头得不到正确表现。但翡翠的外皮在一定程度上反映着翡翠的本质。翡翠从其皮的颜色、致密程度、光润程度，可估计出翡翠内部的色、水头、地子好坏及裂绺的多少。如皮呈褐色，细嫩光润，还可见苔藓及墨色条带者，则显示其内水好且有高翠。总之，对翡翠的皮要综合分析，判断其内部情况。

1. 外皮的颜色

翡翠的外皮常为深浅不同的褐色、红色、黄色、黑色、灰色和白色等色，呈同心层状分布（如图6-34～图6-37）。一般来说，外皮颜色浅淡无明显变化者，其内部不会出现高翠。一块白沙皮，上水后，手摸有细沙脱落者一般水头好但翠不好；黑皮或灰黑皮者由于含氧化铁较多，内部"地子"不干净且水差；褐色皮称为黄鳝皮者，一般"种"老绿好。

图6-34　翡翠褐红色皮

图6-35　翡翠黄色皮

图6-36　翡翠黑色皮

图6-37　翡翠白色皮

染色皮是指将翡翠子料整体染色，之后再褪色，与天然子料外皮真假难辨。识别的方法是原石是否在多处开门子，而且每个门子的颜色是否相似，如果相似，则有染色之嫌，此时可选用查尔斯滤色镜检查或根据开门子处绿色是否沿裂隙或粒间分布进行判断。

2. 皮的形态

翡翠可从其外皮的粗、细或松、紧推测其内部地子的粗细。所谓"皮松"是指皮厚质粗，结晶颗粒粗大而明显，风化层较厚。内部质地一定多松软，表现为地子较粗糙，水头较差；而"皮紧"是指皮质细润，结晶颗粒细小而肉眼难见，风化层较薄。内部质地一定较坚实，表现为地子细润，水好，杂质少。翡翠的外皮按其粗细程度分为三种，粗皮、沙皮和细皮，另外还有伪造皮。

（1）粗皮　质粗糙、疏松、较厚。肉眼可见矿物颗粒，呈粗粒状结构，皮多具黄色调，如黄白、米黄、黄、土黄和棕黄色。行话称为"土仔"或"新坑"（如图6-38、图6-39）。

图6-38　翡翠土黄白粗皮

图6-39　翡翠棕色粗皮

（2）沙皮　皮质粗细一般，呈砂粒状结构。皮具黄色调或褐色调。行话称为"水返沙"或"新老坑"（如图6-40、图6-41）。

图6-40　翡翠黄沙皮

图6-41　翡翠黄褐色沙皮

（3）细皮　表皮细腻光滑，皮薄而坚实，靠近外皮的部位常有一薄的红层，称"红袍"，即"红翡"。皮多呈深色调，如红褐、棕褐、黑红和黑等色。行话称为"水仔"或"老坑"（如图6-42、图6-43）。

（4）假皮　在翡翠子料的粗皮上贴一层质地细腻光滑的红褐色外皮，或把新山料以及一些绿色石英岩之类的玉石料外表，用黏料包上皮壳冒充老坑玉。另外，还有的将玉片粘在无色的开口上，再制作假皮掩护等。假皮的特点是皮质粗细均匀，颜色均一，光洁度好，无裂纹等。识别方法：仔细观察皮的粗细、颜色、光洁度以及绺裂等特点；手摸有温感；轻敲假皮成片脱落；烧、烫时假皮起皱而脱落；而以水泥为黏料的假皮烧烤之后，用手指研磨有滑石粉之感。

图6-42 翡翠浅褐色细皮

图6-43 翡翠棕褐色细皮

3. 外皮与绿

翡翠的绿色常在外皮上有一定隐现，如皮上有不明显之绿苔，则说明内有翠绿。根据绿在外皮上的表现特点可分为绿硬、绿苔、绿眼、绿丝和绿软，其中以绿硬、绿眼和绿苔为佳。

（1）绿硬　又称"突起"，即由硬玉矿物构成的绿带，在外皮上呈现稍突出的绿脊或绿。绿硬，既有绿色浓艳之意，又有绿色部位地子坚硬之意。

（2）绿苔　又称"苔纹"，绿色在外皮上呈暗色苔状花纹。

（3）绿眼　即绿色在外皮上呈现漏斗形的凹坑，似眼状。

（4）绿丝　又称"条纹"，即绿色在外皮上呈带状或线状分布。

（5）绿软　又称"沟壑"，即由透辉石、钙铁辉石和霓石等矿物构成的绿带在外皮上呈凹下的沟或槽。绿软既有绿色浅淡之意，又有绿色部位地子质软之意。

4. 外皮与绺

绺指翡翠中的裂纹或裂痕。一般情况下，翡翠外皮凹凸不平粗糙者，常指示内有绺，且裂绺较多，质地松软等。绺有大型绺和隐蔽绺之分，翡翠的大型绺如通天绺、夹皮绺、恶绺等，在外皮上表现较明显，易于认识。而一些与子料融为一体的隐蔽绺，就很难识别，但危害性甚大。隐蔽绺根据其特点分为三种：台阶式、沟槽式和交错式。

（1）台阶式　在翡翠外皮上呈大小不同的台阶状，沿台阶的水平或竖直两个方向易出现绺裂纹。

（2）沟槽式　在翡翠外皮上呈深浅不同的沟槽状，沿沟槽方向易出现大小不等的绺。

（3）交错式　在翡翠外皮上两个坡面以不同角度相交时，在交叉处易出现绺。

五、翡翠的产地特征

世界上95%以上的商业级翡翠产自缅甸。

缅甸孟拱产翡翠的蛇纹岩带，呈北东向分布。其南北长近3000km，东西宽35km的范围内，分布着大大小小几十个翡翠矿山，归纳为三种类型：①新厂型，即翡翠原生矿床，所产的翡翠称新厂玉；②新老厂型，即翡翠残坡积矿床，所产的翡翠称新老厂玉；③老厂型，分为主产砖头料和主产高翠料两种。主产砖头料老厂型，翡翠均产于第三纪砾岩层中的翡翠矿床；主产高翠料老厂型，产于冲积砂矿中的翡翠矿床。

1. 老厂玉特征

老厂玉主要分布在乌尤河上游度冒之东及东南的后江（坎底）、蒙冒、潘冒、卡杰冒、塞克米、弄梗、桑卡、帕岗、麻蒙、灰卡、茨通卡、自壁、刀木砍、强漂、抹岗、莫汉、南水河、拜散巧、莫坡和南其等村庄附近的河谷中。下面以后江（坎底）、蒙冒、帕岗、麻蒙、自壁、灰卡、莫坡、帕岗等厂所产的玉为例，简述它们的特征如下。

（1）后江（坎底）厂　所产玉称后江玉，并分老后江玉和新后江玉，又称"坎底玉"。其特点是：个体小、皮薄，见草绿色蜡皮、少雾，裂纹多，水差。子料愈小，色与水愈好，且往往有完美的高翠。很贵重不过偏蓝（如图6-44、图6-45）。在正午阳光下，光线能穿透老后江玉的皮，能看见部分浅部情况；而光线不易穿透新后江玉皮壳进入内部，老后江玉抛光后，成品的颜色变得更翠更亮；而新后江玉抛光后，成品会减色，即使是满绿高翠也做不成高档首饰品。

图6-44　后江翡翠原料

图6-45　强光下后江翡翠颜色

（2）蒙冒厂　子料有大有小，黑皮者居多，翠色有浓有淡，水及地较好，裂绺较少。常用蒙冒玉人工染色做假。

（3）麻蒙厂　开采时间最早，所产的玉称乌砂玉。黑皮，含铁多地较差，有色的地方水好，常缺黄味，偏蓝且常夹黑丝、黑点、白雾等。但当绿很集中时，可产生最高贵的祖母绿色翡翠，价值十分昂贵（如图6-46、图6-47）。

图6-46　麻蒙翡翠原料

图6-47　强光下麻蒙翡翠绿色

（4）自壁厂　已有200多年的开采历史，所产的玉料个头大。皮以黄灰、灰色为主。水、地均好，有白雾，裂纹少，一般以蓝花水好闻名（如图6-48、图6-49），其中有少量亮水绿花玉，可用做高档手镯料。腾冲有名的绮罗玉就产于此厂。

图6-48　自壁翡翠原料

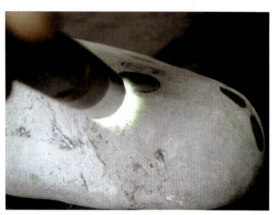

图6-49　强光下自壁翡翠颜色

（5）抹岗厂　产量少，皮较粗，呈灰、黄灰白等色。水地均较好，常见玻璃地杂质少，裂纹少，其中产绿或满绿夹艳绿丝的高翠（如图6-50、图6-51）。缅甸、腾冲一带很有名的正坤玉就产于此。

图6-50　抹岗翡翠原料

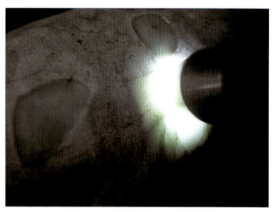

图6-51　强光下抹岗翡翠颜色

（6）灰卡厂和莫坡厂　所产玉料大小悬殊。皮以灰、灰绿和灰墨色为主，有时见暗灰绿色之蜡皮。水地好的部分分布不均，但有绿的地方，水特别好。

（7）帕岗厂　包括伯宾、巧乌、山杰、莫加龙、莫孟等矿区。所产的玉料个头较大，从几千克到几百千克均有。皮薄，一般呈灰白、黄白色。常见绿花、绿带，但绿浅淡，水地较好。一般以产中低档之砖头料为主，高翠少见，可用作手镯和玉器雕件。常用此类玉作炝翠。

2. 新老厂玉特征

（1）龙塘厂　个体大，较粗，以黄砂皮或灰白皮为主。水与地较好。绿正出高翠但结晶粒度粗。1979年，在龙塘厂互杰发现一块重达20t的绿花绿带翡翠，1981年正式开采。1982年以产"820"石而更闻名。1986年采得高翠400kg。

（2）打木坎厂　此厂以产如火似血之红翡而著名。皮多为褐灰、黄红色。一般水地较好，欠黄味，多白色、黄色、红色三种雾。

（3）韦卡厂　个体大，皮色较浅，多为黄砂皮、白砂皮、浅褐色皮。绿色多浅淡，很少出高翠，但水较好。成品响声不脆，人工染色多用此玉。

（4）帕卡厂　个体大者居少，皮色较浅，多呈黄色、白色、浅褐色砂皮。各种色彩均有，质量有好有坏。

3. 新厂玉特征

新厂玉的产地有马萨、目乱干、朵莫、格顶抹等。下面以马萨厂和目乱干为例。

（1）马萨厂　1986年缅甸政府产业部在马萨发现了1、2、3号玉石矿。1989年10月于1号洞采出玉石700t，2号洞96t，3号洞80t，无皮或少皮，绿较浅，呈淡水绿色。水地有好有差。主要用作大型雕件和中低档手镯。

（2）目乱干厂　以产紫罗兰翡翠为主。无皮，水地均好，玻璃地，见白雾，大裂多。一般在一块玉料上紫红与淡绿并存。

六、翡翠的选用与制作

（一）翡翠的地子

翡翠的地子，又称地张、底张或底障，是指翡翠的绿色部分及绿色以外部分的质地和干净程度。通俗地说，地子是没有绿色的翠，而翠则是有色的地子。地子的颜色没有一定的形状特点，常为深浅不同的无色、白、灰、藕粉以及浅绿色等。地子的质地是指翡翠结构的粗细程度和水头的好坏以及绺裂、杂质的多少等。

1. 地子的种类

地子根据其颜色、水头和净度可分为20余种，即玻璃地、蛋清地、冰地、青水地、紫水地、灰水地、浑水地、油青地、藕粉地、青花地、白花地、紫花地、细白地、白沙地、灰沙地、干地、瓷地、糙白地、香灰地、石灰地、狗屎地以及皮包水等，其中常见的地子品种如下。

（1）玻璃地　是指结构细腻，绿色均匀，水足，呈半透明状的翡翠（如图6-52）。

（2）蛋清地　又称糯化地，是指结构细腻，纤维状矿物小晶体颜色偏白使地显得较混浊，但水较足，呈半透明状的翡翠（如图6-53）。

图6-52　玻璃地翡翠

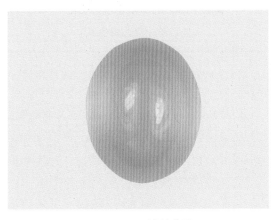

图6-53　蛋清地翡翠

（3）冰地　又称水地，是指结构细腻，无色或颜色均匀、水足的翡翠（如图6-54）。

（4）油青地　是指结构细腻，色不鲜，绿中显灰蓝色如油青、豆青、灰青和蓝青色等。水较足，呈微透明至半透明状的翡翠（如图6-55）。

图6-54　冰地翡翠

图6-55　油青地翡翠

（5）藕粉地　是指结构可粗可细，颜色呈淡粉至浅紫色，似藕粉色，呈不透明至半透明状的翡翠（如图6-56）。

（6）干地　是指质地粗糙，性干、无水、不透明的翡翠（如图6-57）。

图6-56　藕粉地翡翠

图6-57　干地翡翠

（7）狗屎地　是指质地粗糙，呈黑褐色，不透明，似"狗屎"的翡翠。但是有"狗屎地子出高翠"之说。

（8）皮包水　又叫水浸、干心、白心，是一种灰色、暗色沿整个翡翠由外向内部侵入。其特点是外水内干，外老内新，即外表给人以水足、色浓之感，内里却较干，色较软。凡绿色或地子内有暗灰、油灰，色闷而欠鲜明者，应详察是否干心。

2. 地子与绿

地子与绿之间存在着"照映"关系，并有"地子吃绿"和"绿吃地子"之分。所谓地子吃绿，是指绿色与其周围的地子界线清楚，不相融合，不能将本身的绿色照映地子甚至对绿色造成一定损害。而绿吃地子则是指绿色柔和，能把周围部分地子"吃"过来，从而扩大了绿色的范围，使绿色更加匀润而娇艳。

（二）翡翠的绿

翡翠的绿变化莫测，难以捉摸，但翡翠的绿并非"神仙难断"。根据绿色的形状、方向和位置等特点，总可以找出绿色变化的规律，从而正确判断其内部绿色的多少和分布情况。

1. 绿色的形状

翡翠的绿色，一般在翡翠上呈现一定的形状，但形状变化甚大。根据其形状特点可分为带子绿、团块绿、丝絮绿、丝块绿、均匀绿和靠皮绿等。

（1）带子绿 是指绿色呈条带状，有头有尾，有进有出。带子绿有硬带子绿、软带子绿、花带子绿和散带子绿之分。

①硬带子绿 是指绿色浓艳气壮，行进有力，与地子界限清楚，呈筋状。

②软带子绿 是指绿色软淡而气衰，行进无力，与地子界限不明显，即绿色绵延（如图6-58）。

③花带子绿 是指几条绿色带子相互联系，与地子互相掺杂，并行前进，绿色分散欠集中，呈网状分布。

④散带子绿 是指绿色如飘似散，且渐淡以至消失，呈松散带形分布（如图6-59）。

带子绿的主要特点是：实在，延伸发展。在原石中买带子绿较为可靠，行话说"宁买一线，不买一片"。

图6-58 软带子绿翡翠

图6-59 散带子绿翡翠

（2）团块绿 是指绿色呈大小不等，互不相连的星块状。小者称"点子绿"，大者称"疙瘩绿"或"蹦达绿"（如图6-60、图6-61）。

①点子绿 是指绿色呈较小的互不联系的星点，状若满天繁星。

②疙瘩绿 是指绿色呈较大的团块，且块与块之间不相连。

团块绿的主要特点是：突然性，变化较大。但这种绿形本身可做戒面、胸坠、耳钉等小饰品。

图6-60　小疙瘩绿翡翠

图6-61　大疙瘩绿翡翠

（3）丝絮绿　是指绿色似棉花一样，呈丝絮状，有丝片绿和丝纹绿之分。

①丝片绿，是指绿色如丝似片，相互连接组成绵延的绿色形状（如图6-62）。

②丝纹绿，是指绿色如丝，或粗或细，沿一定方向延伸（如图6-63）。绿色浓硬与地子不溶者称硬丝绿；绿色中杂有黑色丝纹者称黑丝绿。

丝絮绿的主要特点是：实在，绵延展布，不会有突然变化。不足之处是有的有色花，但绿丝较集中浓度大者可做好的饰品。

图6-62　丝片绿翡翠

图6-63　丝纹绿翡翠

（4）丝块绿　是指绿色强时形如块状，弱时形如游丝，且丝与块之间相互连接，并有硬丝块绿、软丝块绿和黑丝块绿之分。

①硬丝块绿　是指绿色强硬筋络密布者。

②软丝块绿　是指绿色弱，轻飘软淡者。

③黑丝块绿　是指绿色中杂有黑丝或黑疙瘩者。

丝块绿的主要特点是：实在，绿丝绿筋发展有力，绿块可做饰品。

（5）均匀绿　又称底障绿。是指绿色没有明显的绿线、绿筋、绿块和绿点等形状，绿色浅淡均匀分布，也称地子绿。当水好时，该绿形较好（如图6-64、图6-65）。

图6-64　浅均匀绿翡翠　　　　　　　　　图6-65　深均匀绿翡翠

（6）靠皮绿　又称串皮绿，是指绿色集中分布在靠近外皮的部位，呈面状分布，仅为薄薄的一层，常给人以满绿的感觉。其特点是：局限性，一般仅在靠皮的部位有大片的绿，而子料内部则无绿。记住："宁买一条线，不买一大片"。

2. 绿色的方向

绿色的方向，即绿色的走向。包括总体方向和具体方向。所谓总体方向，即绿色的大致方向；具体方向，即绿色在某一处、某一段的方向。可根据绿性、绿形和头尾判断绿色的深浅方向。

（1）绿性　即绿色的方向性，有立性、卧性、筋性和团性之分。当绿色为立性（垂直方向）时，两相交侧面均有绿色且相连，并有向内发展的趋势；当绿色为卧性（水平方向）时，仅面上有绿没有向内发展的可能性；当绿色为筋性（绿色呈筋状）时，绿色强劲有力，有伸展能力；当绿色为团性（绿色呈团块状），此绿色呈块状发展，且发展有限。

（2）绿形　绿色形状不同，其发展就不同。带子绿、丝絮绿和丝块绿延伸发展具有一定方向性，主要顺着绿色方向发展。而团块绿、均匀绿和靠皮绿发展有限，无方向性可言。

（3）头尾　绿色有深浅、软硬、强弱、宽窄之分，深、硬、强、宽代表绿色的"头"，而浅、软、弱、窄则代表绿色的"尾"，如果在子料中一边看到绿色的头，而在另一边看到绿色的尾则表示绿色有发展潜力。

3. 绿色的位置

翡翠中绿色所在的位置，关系到绿色发展的潜力，绿色在腰身、腹部、洼心等处，绿有发展余地，这是有利位置；而绿色在边部、角部和顶部等处，绿的发展受阻，这就是不利的位置。

4. 绿色与黑色

行话说"绿随黑走"，有黑点的翡翠，质细、水足、绿硬。有绿时，不一定出现黑。

（三）绿色的制作

绿色的制作是从翡翠中取出绿色部分制作成品，即根据绿色本身的特点，充分地利用艺术造型，雕琢技艺，去掉或隐蔽各种不利因素，使翡翠的绿色、水头和种分得到最充分的表现。特别是绿色的正确合理应用，使翡翠成品价值倍增。使用翡翠的关键在于突出绿的美，绿要集中、外露、显眼和突出（如图6-66）。

①地色好的翡翠，一块玉料上有几种颜色者可进行俏色玉雕并突出绿的美。如慈禧太后的翡

翠白菜，绿叶白心，绿叶旁有两只黄色马蜂，而菜心上有一只满绿的蝈蝈，栩栩如生，可谓"价值连城"（如图6-67）。

图6-66　翡翠绿苗

图6-67　翡翠白菜

②地色不好的翡翠但其中有一点很好的绿者可以单独取出，磨成戒面、耳坠、胸坠等饰品。

③地色一般的翡翠，如丝絮绿和均匀绿，可以琢磨各种首饰和玉器，并充分突出浓绿的地方。

④地好色黑的翡翠，活墨加工后，可转化成墨绿甚至艳绿色。有的墨斑不在显要处，倒可以影射出翡翠的美来，同时还说明该翡翠是真品。正如一位美丽女子嘴角旁长一颗黑痣会显得更加俏丽，但这颗痣若长在眼上或鼻尖上，那就难看了。有的黑被用得恰到好处，可变脏为宝。如慈禧太后的两个翡翠西瓜，绿皮红瓤白籽黑丝，如真西瓜一般。

（四）赌料的制作

翡翠子料一般在靠皮的地方开一个或几个大小不等的天窗，用以显示其内部的颜色和质地，这就叫开门子或开天窗。开"窗"部分，一般是"种""色"最好的部位。开门子根据其特点可分为线状门子、面状门子、多处开门子和假门子四种。

（1）线状门子　在翡翠外皮上沿绿的走向擦一条浅槽或开长条状狭窄的小"窗"。说明老种分布极不均匀，非常局限，且裂隙十分发育，狭长形"窗"即为裂隙（如图6-68）。

（2）面状门子　在翡翠外皮绿表现较多的地方或平行绿的走向，切下一小片或将此料的整个外皮扒光。绿在子料上呈面状分布给人以满绿之感，但这种门子往往表现为绿仅薄薄一层（如图6-69）。

图6-68　绿色线状门子翡翠

图6-69　绿色面状门子翡翠

（3）多处开门子　为了在翡翠外皮上找绿或显示其内部的绿，多个地方开门子（如图6-70）。一般高档翡翠子料上均有多处开门子的痕迹，有的门子经伪装，说明那些门子处根本无绿的显示。

（4）假门子　在翡翠外皮开的门子是经过伪装的。目前假门子有以下四种：

①镶门子　即用一片质色均好的翡翠子料粘贴在一块质色均差的翡翠子料的切口上。识别的方法是检查门子周围的绺裂是否完全衔接。

②高翠镶门子　门子是高翠而皮及其内部均是假的。其皮是用水泥与黏合剂合成，其内部是用铅或铁块等填制而成。识别的方法是：外皮石性不足，手摸有温感。

图6-70　多处开门子翡翠

③垫色门子　又称贴色门子，即用水头较好的无色或白色翡翠玉片，涂一层绿漆或绿颜料或贴一层绿塑料薄膜，再粘在翡翠子料的切口上。识别的方法是门子周围的绺裂是否完全衔接；用聚光手电筒照射切口处，一般光线只在黏合薄翡翠或绿玻璃上移动，光束不下延，因绿色物质上面粘上一片透明无色翡翠，故在观察时，翠色是从内部透出来的，而不在表面。

④灌色门子　又称光口入色，即在翡翠子料正面开一个门子，从其后面钻1~2个洞，深度距门子1.0cm左右，向洞内灌绿漆或绿色涂料，待自然干燥后，封住洞口即成。识别的方法是观察绿色的特点。真品的翠反映在底子上面，而伪品的绿则反映在光口的底子以内。

七、翡翠的评价

翡翠是一种高贵的玉料，它的价值评价标准，既决定于它本身的质量，同时又受市场需求的影响。评价时，必须把两者巧妙地结合起来。优质翡翠是玉中珍品。然而劣质、杂色玉价值并不高。

翡翠以绿色纯正、浓艳、匀净，质细、温润，光泽强，水头足，无任何缺陷，块度大为高档。优质翡翠必须具备以下"四好"：

1. 翠好

翠好，即绿色达到"浓""阳""俏""正""和"五大标准。反之，翠不好，即绿色"淡""阴""老""邪""花"。

（1）"浓"　绿色浓郁但不显黑。即翠得饱满、浑厚、凝重，但绝不是愈浓愈好。反之，"淡"，绿色淡而无力。"浓"的要求是"色浓绿而不淡"。

（2）"阳"　绿色鲜艳而明亮。即翠得艳丽、明亮、大方，绿中略带黄，充分显示其光彩。反之，"阴"，绿色暗。"阳"的要求是"艳阳明亮而不阴暗"。

（3）"俏"　绿色鲜艳而俏丽。即翠得漂亮，具有青春之意。反之"老"，颜色平淡。"俏"的要求是"外形俏美，质地细腻，晶莹凝重而不老"。

（4）"正"　绿色纯正，无偏色和邪色。即翠得纯正不邪。反之，"邪"，绿色中带青、蓝、灰和黑等杂色，即绿色不正。"正"的要求是"纯正无杂质，无黑点"。

（5）"和" 又称"匀"，绿色均匀，无浓、淡、深、浅之别。即翠得均匀柔和，绿与地、水协调配合，并衬托出翠的华丽。反之"花"，绿色分布不均，即绿呈丝条状、星散状。"和"的要求是"色彩柔和匀润，无深浅裂花"。

2. 地好

地好，即翠与翠外部分质地细腻均匀，无翠性，协调一致，互相照应，衬托出翠的富丽。地以质地坚实、细润、洁净、水足、底色均匀漂亮为好。翡翠以玻璃地、蛋清地（糯化地）、冰地最佳；油青地、藕粉地、紫水地、灰水地次之；香灰地、芋头地、干白地、石灰地、狗尿地最差。

3. 水好

水好，即翠与翠外部分的透明度好，表现为细嫩滑润、晶莹碧亮、清澈透明；反之，水差，即翠与翠外部分不透明，表现为粗、干、暗。

在光源相同的条件下，水与色、厚薄三者之间存在以下关系：

（1）水好色深的翡翠　过厚时，色显得闷暗；过薄时，色显得浅淡。
（2）水好色浅的翡翠　厚一点，色加浓；薄一点，色更淡。
（3）水不好色深的翡翠　薄时，增水；厚时，显得缺水。
（4）水不好色浅的翡翠　厚时，缺水；薄时，色更浅。

总之，有水缺色时，要以厚为主；而有色缺水时，要以薄为主。水长时重于厚，水短时重于薄。色浅偏于厚，色深偏于薄。但厚时要防止色闷，而薄时要防止色淡。

4. 完美度好

完美度好，是指翡翠形好，内无任何缺陷，块度大。即翡翠不含黑点、石花、绺裂等，但其内含的"云雾""黑点""绺裂"等缺陷，不在成品的显要位置，也不会影响其价值，有时反而会映射出翠的美。

八、翡翠国宝精品鉴赏

1. "含香聚瑞"翡翠花薰

此件玉器由翡翠料琢制而成，净重274.4kg，高71cm，宽65cm，厚39.5cm。绿翠多，采用高难度料中的套料工艺，以小料做大的手法增加原料绿翠的面积。花薰由底足、中节、主身、盖、顶五部分组成，以主身和盖为主中心，周围饰以圆雕的九龙。五部分采用螺口相接的方法，螺纹角度精确，子母口密切配合，各个水平面水平一致，上下垂直到位，制作精细而准确（如图6-71）。

2. "岱岳奇观"翡翠山子

净重368kg，质地上乘，实属罕见。利用原料阴阳两面色泽分明的特点，取材泰山，以概括的手法表现泰山雄伟壮观、春意盎然、日出东方的景色，象征中华民族永攀高峰的精神。正面山峦挺拔、树木青翠，以中天门为背景，着重刻画十八盘、天街和五岳顶；背面利用原料的油青色塑造山峦树木灰暗黄昏景象，两面对比，扣唐代诗人杜甫《望岳》诗意："阴阳割昏晓。"实为历史上难得的珍品。配云松纹木座（如图6-72）。

3. "四海腾欢"翡翠插屏

原料净重77.8kg，长74cm，宽37cm，厚7.8cm。高翠、翡红、乳白（藕粉）相间，翠红纹路起伏有致，稀世难得。作者以高难的技巧把原料割为四片，每片厚1.8cm，每开片一次仅耗原料不足0.2cm，这是历史上未曾有过的，拼合后宽为148cm。正面浮雕九龙云水，背面全素抛光。龙的造型吸取了历代画龙之所长，被专家誉为现代的龙，生动活泼、矫健传神、耐人寻味。配插屏式二龙戏珠纹木座（如图6-73）。

4. "群芳揽胜"翡翠花篮

原料净重87.6kg，呈扁三角形，多为油青色，绿翠较少。用传统的套环技法，连接花篮主体，琢出提梁和两条各32个环活动链子，使作品比原料高出一倍。用从篮体中掏出的玉料琢成各种花枝。采用插嵌的形式，再插入篮中，并使翠绿突出，丰满富丽，是历史上最大的翡翠花卉作品。配凤钩木座（如图6-74）。

图6-71 "含香聚瑞"翡翠花薰

图6-72 "岱岳奇观"翡翠山子

图6-73 "四海腾欢"翡翠插屏

图6-74 "群芳揽胜"翡翠花篮

第二节 软玉（和田玉）

中国和田玉的开发利用，历史悠久，源远流长。用和田玉制成的玉器，具有浓厚的中国气魄和鲜明的民族特色，是中华民族文化宝库中的珍贵遗产和艺术瑰宝。

公元1271年，元朝统一中国后，历明至清，是中国封建社会后期。新疆处于统一的祖国大家庭中，交通畅通，经济发展。这一时期，和田玉的开发步入鼎盛时期，玉器工艺美术也步入鼎盛期。元期皇族非常喜爱和田玉，曾派人到新疆要玉，并设立驿站，将玉运到京城。这时，新疆采玉之地甚多。

新中国成立后，和田玉的开发，在国家领导下有组织和有计划地进行。新疆设立了管理玉石的机构，在于田、且末、玛纳斯等地建立了玉石矿山，在和田、喀什、且末等地设置了玉石收购站，和田玉产量扩大。玉石销售全国各地，和田玉成为现代玉器业的重要玉材，优质白玉更是供不应求。

一、软玉的基本性质

1. 组成成分

软玉的主要矿物成分为透闪石和阳起石，化学成分为 $Ca_2(Mg,Fe)_5Si_8O_{22}(OH)_2$，主要组分为硅、镁和钙的氧化物。另外含镍、钴、铬、锰等多种微量元素。通过化学成分分析可知，软玉从白玉—青白玉—青玉—碧玉—墨玉变化，随着颜色的加深，其化学成分中FeO的含量逐渐增高，说明铁是软玉颜色的主要致色元素。

2. 结构

软玉的结构细腻，主要是由纤维状、长柱状和毛毡状的透闪石和阳起石组成的显微集合体结构。

3. 力学性质

（1）摩氏硬度　6~6.5。

（2）密度　2.90~3.00g/cm³，平均2.95g/cm³。

（3）韧性　软玉韧性很大，即使在重锤之下，也很难敲碎。由于子玉一般比山料裂隙少，所以子玉韧性比山料要大一些，这也是子玉比山料贵重的一个重要原因。

（4）断口　鳞片状或参差状。

4. 光学性质

（1）颜色　软玉的颜色是各种玉石中的佼佼者，以它特有的玉色，备受珍视。首先，和田玉的颜色同国内外其他地区软玉相比，色调较多，自成系列；其次，和田玉有世界罕有的白玉，尤以色如羊脂的白玉为和田玉所特有，极为名贵；再次，和田玉有多色。世界上不少玉石都带有皮色，但不如和田玉皮色美丽。

常见颜色有浅至深绿色、黄色至褐色（糖色）、白色、灰色和黑色等。

中国古代对和田玉的颜色非常重视，它不仅是质量的重要标志，而且附含一定的意识形态。古人可能受五行说的影响依四方和中央分配五色玉，东方为青，南方为赤，西方为白，北方为黑，中央为黄。古代以青、赤、黄、白、黑五色为正色，其他为间色。

①白玉　由白色至青白色，乃至灰白色，其中以白色为最好（如图6-75）。其名称有羊脂白、梨花白、象牙白、鱼肚白、鱼骨白、糙米白、鸡骨白等，其中羊脂白玉为和田独有。

②青玉　最为常见，价值较白玉低，从淡青色到闪绿的深青色（如图6-76）。

③黄玉　由淡黄、甘黄至黄闪绿色（如图6-77）。其名称有蜜蜡黄、粟色黄、秋葵黄、黄花黄、鸡蛋黄、米色黄、黄杨黄等，罕见者为蒸粟黄、蜜蜡黄。黄玉的颜色一般比较淡，黄色鲜艳、浓艳的极为罕见，优质黄玉不次于羊脂白玉。

④墨玉　由黑色到淡黑色，其黑色分布或为点状，或为云雾状，或为纯黑（如图6-78）。其名称有：乌云片、淡墨光、金貂须、夫人鬓、纯漆黑等。在整块玉料中黑色有深有淡。其中墨玉的黑色是由微鳞片状石墨引起的。

⑤碧玉　浅绿至深绿色，内部常有黑点状包裹体（如图6-79）。

⑥糖玉　褐色调为主，常发生在皮色上。糖色为次生色（如图6-80）。

（2）光泽　和田玉的光泽属油脂光泽。古人称和田玉温润而泽，就是它的光泽带有很强的油脂性，给人以滋润的感觉。这种光泽很柔和，不强也不弱，既没有强光的晶灵感，也没有弱光的蜡质感，使人看了舒服，把玩润美。羊脂玉就因如羊的脂肪而得名，光泽滋润，非常珍贵。

（3）透明度　半透明至不透明。

图6-75　白玉平安扣

图6-76　青玉卧牛

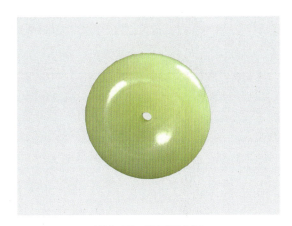

图6-77　黄玉平安扣

图6-78　墨玉平安扣

图6-79　碧玉手镯

图6-80　糖玉俏色人物

（4）折射率　1.61～1.62。

（5）吸收光谱　极少见吸收线，优质绿色软玉在红区可有模糊吸收线。

（6）包裹体　软玉中常含有色团包裹体，如黑色的石墨、深绿色的绿泥石等包体，影响软玉颜色的均一性。

二、软玉的分类

按和田玉的产出情况，古代就分为山产和水产两种。明代李时珍在《本草纲目》中说："玉有山产、水产两种，各地之玉，多产于山上，于田之玉则在河边。"清代陈胜《玉纪》中载："产水底者名子儿玉，为上；产山上者名宝盖玉，次之。"现在按产出状况将和田玉分为子料、山流水、山料三种。

1. 山料

山料又名山玉，指产于山上的原生矿。山料的特点是块度大小不一，呈棱角状，良莠不齐，质量常不如子玉。有不同玉石品种的山料，如白玉山料、青白玉山料等（如图6-81、图6-82）。

图6-81　糖白玉山料

图6-82　青白玉山料

2. 山流水

山流水由采玉和琢玉艺人命名。即指原生矿石经风化崩落，并由河水搬运至河流中上游的玉石。山流水的特点是距原生矿近，块度较大，棱角稍有磨圆，表面较光滑（如图6-83、图6-84）。

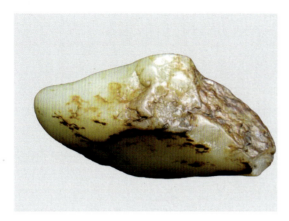

图6-83　白玉山流水料

图6-84　青玉山流水料

3. 子料

子料又名子儿玉，是指原生矿经剥蚀被流水搬运到河流中至下游的玉石。它分布于河床及两侧阶地中，玉石裸露地表或埋于地下。子玉的特点是块度较小，常为卵形，表面光滑。因为长期搬运、冲刷、分选，所以子玉一般质量较好（如图6-85、图6-86）。

图6-85　白玉子料

图6-86　青玉子料

三、软玉的评价和等级划分

1. 质地

质地是指软玉矿物组分结构的致密程度，即矿物组分结晶的微细程度。一般要求质地细腻、纯净、无杂质。软玉的主要矿物为透闪石，微细晶体呈绒毛状、毡状、纤维状均匀交织在一起。软玉所含的其他杂质矿物则会改变其质地特征，表现明显的称为"石"或"石花"。根据偏光显微镜中观察到的各种软玉的结构特征，可以看出碧玉的质地远不如白玉细腻，白玉的质地优于青白玉优于青玉。

2. 颜色

颜色是确定软玉质量的最重要因素之一。章鸿钊《石雅》中称玉石"雪之白，翠之青，蜡之黄，丹之赤，墨之黑者皆为上品"。《夷门广牍》谓"和田玉有玉色，白玉，其色如酥者最贵；冷色、油色及雪花色者皆次之；黄色如粟者为贵，谓之甘黄玉，焦黄色次之；碧玉其色青如蓝靛者为贵，或有细墨星者，色淡者皆次之；墨玉，其色如漆为贵"。各种软玉中以羊脂玉为最贵，但是优质的黄玉不次于羊脂白玉。

3. 裂纹

裂纹在工艺上称之为"绺"，对玉的质量影响很大。古时称绺裂为"玉病"，影响玉的价值。裂纹有深有浅，各有专用名称，如"碰头绺"就是断裂纹，"胎绺"是不太严重的炸心纹，"抱洼绺"即破碎纹。玉的自然裂纹是受自然力冲击，受冷受热及压力等因素形成。裂纹强度与玉石的韧性、脆性等性质有密切关系。一般说来，韧性玉石自然裂纹少，脆性玉石自然裂纹较多。在玉器加工选料时应尽量避开裂纹。

4. 透明度

透明度是指软玉允许可见光透过的程度。鉴定软玉的透明度是以2mm厚的软玉透光程度为标准。按此标准新疆软玉属半透明和不透明体。玉石透明度的好坏是选择玉料的依据之一。一般以质细、色美、半透明者为好玉。

和田玉的工艺分类，是指玉石的工艺等级标准。首先按和田玉的产状和颜色分出品种，如白玉子料、白玉或青白玉山料、青玉子料或山料等。再按玉的色泽、质地、绺、杂质、重量等划分等级，如特级、一级、二级、三级等。等级标准对于玉石贸易是十分重要的，常见的和田玉的工艺等级划分，见表6-2所示。

表6-2 中国和田玉工艺等级划分

品种	等级	等 级 标 准
白玉子料	特	羊脂白色，质地细腻、滋润，无绺，无杂质，块重在6kg以上
	一	色洁白，质地细腻、滋润，无碎绺，无杂质，块重在3kg以上
	二	色白，质地比较细腻、滋润，无碎绺，无杂质，块重在1kg以上
	三	较白，质地比较细腻、滋润，稍有绺，无杂质，块重在3kg以上
	零子	凡颜色、质地、块度未达到以上标准的
白玉或青白玉山料	特	色洁白或粉青，质地细腻、滋润，无绺，无杂质，块重在10kg以上
	一	色白或粉青，质地细腻、滋润，无碎绺，无杂质，块重在5kg以上
	二	色青白或泛白，质地细腻、滋润，无碎绺，无杂质，块重在5kg以上
	三	色青白或泛白，质地细腻、滋润，稍有绺，无杂质，块重在5kg以上
	等外	色白或青白，有绺，有杂质，块度在3kg以上
青玉山料或子料	一	色青绿，质地细腻，无绺，无杂质，块重在10kg以上
	二	色青，质地细腻，无绺，无杂质，块重在5kg以上
	三	色青，质地细腻、稍有绺，有杂质，块重在5kg以上

四、软玉的设计与制作

质量好的软玉指质地细腻、颜色均匀明快、无脏绺和瑕疵、温润光泽。这样的玉料在设计制作的时候要注意保护料的重量,以设计去料少的造型。如用于器皿造型的以方形料为好,长条形料用于人物造型为好等。质量不太好的料要按玉料上的绺裂、瑕疵的位置来设计玉器的造型。有大的断绺或不能用的瑕疵,要顺着它们的部位切割,以去除不利因素。另外,一块玉料并不一定要设计一件玉器,有的可以设计成两件、三件,也可以根据材料具体情况,套料设计几件作品。

1. 白玉

白玉是软玉中最为贵重的品种,遇到这种玉料要特别精心设计制作。设计白玉作品要重视颜色的洁白和质地的温润,造型要圆润,要突出白玉的质感美。白玉是我国古玉的主要玉料,并且玉的道德观所赋予的正是白玉。它象征了人的道德情操美,如果造型不烘托这种美,就痛失了玉器材质美与造型美的有机结合。所以白玉料适于设计制作人物、器皿、动物、花卉等题材作品。

白玉设计人物题材,多做观音、佛像、仕女、童子等主题。每种人物都注重表现正气、善良、秀慧、丰腴、顽皮的形象,即作品的意境给人以精神的感受(如图6-87、图6-88)。

图6-87　白玉观音

图6-88　白玉童子

白玉设计器皿造型,同样注重稳重和秀雅的特点,多设计一些造型简单的作品,因为质量好的白玉不适合复杂的纹饰修饰,利于表现玉质和颜色的特点,如瓶、炉、薰、碗、碟、盘等。也可以利用薄胎艺术,使白玉的透明度更高(如图6-89、图6-90)。

图6-89　白玉炉

图6-90　白玉瓶

白玉设计动物和植物造型也应注意意境变化，重视表现主题，渲染祥瑞、太平、幸福、欢愉的气氛。动物如马、牛、羊、蝉、象、猪、狗、飞禽等，植物如梅、兰、竹、菊、牡丹、扁豆、瓜、葫芦、桃子等（如图6-91、图6-92）。

图6-91　白玉卧马

图6-92　白玉竹节

白玉中如果有糖色、墨色，可以白色为主，糖、墨为辅，做成俏色作品（如图6-93、图6-94）。如果不行，就可以去除。白玉上如有脏和绺，要尽量去除，否则可以考虑做成仿古作品。

图6-93　糖白玉俏色兽头

图6-94　墨玉白玉俏色水牛

2. 青玉

青玉设计和制作一般要看青色的深浅而定。青色较浅的，可以做成薄胎的艺术造型，返青为白，提高玉色（如图6-95）。青色浓重的，可以做成动态较大、造型生动的作品，如猛兽、肉禽等，以渲染凝重气氛（如图6-96）。

3. 碧玉及墨玉

碧玉以表现庄重造型为主，也可以制作薄胎，还可以制作盆景花卉中的花叶（如图6-97）。墨玉中全墨者多用于器皿造型，斑墨者可做成俏色作品，散墨可根据情况选择造型（如图6-98）。

图6-95　青玉薄胎瓶

图6-96　青玉瑞兽

图6-97　碧玉壶

图6-98　墨玉茶壶

4. 其他设计制作方法

在器皿造型玉器上可以利用压丝嵌宝技术。通常压金丝或银丝，金丝或银丝组成各种图案，嵌上宝石更加美观（如图6-99）。另外软玉子料可根据玉质情况设计成山子作品，推凿可深可浅，可以选择利用玉质好的地方，大大提高玉的利用率（如图6-100）。

图6-99　白玉压丝嵌宝罐

图6-100　青玉山水人物山子

总之，软玉作为中国玉器的代表玉材，记载了中国传统的玉文化。在设计制作软玉玉器的时候，一定要发挥古代玉器的传统，同时结合现代工艺技术。在反映玉质美的基础上，重视造型的典雅和风格，使中国东方艺术这朵玉器奇葩开放得更加娇艳美丽。

五、软玉的产地

由于软玉产地较多，不同产地软玉的质量存在明显差别。因此，市场上实际上已经存在按软玉产地进行分类的现象。如新疆和田玉、青海软玉、俄罗斯软玉等。目前市场上的主要品种有以下几种。

1. 新疆和田玉

新疆和田玉不但历史悠久，颜色丰富，品种齐全，山料、子料、山流水和戈壁料均有，质量最好，是软玉中的极品。也是最早将新疆和内地之间联系起来的桥梁和纽带。最早的"丝绸之路"并不是丝绸的交易，而是和田玉。因此，"丝绸之路"的前身是"玉石之路"。

和田玉主要分布于昆仑山和阿尔金山地区。在此范围内3500～5000m的高山上分布众多的和田玉原生矿床和矿点，而在相关河流中还产和田玉子料。新疆和田玉主要矿物成分为透闪石，含微量阳起石、透辉石、蛇纹石、绿泥石和黝帘石等。原生矿体产于中酸性侵入体与前寒武纪变质岩系含镁碳酸盐岩石的接触带及其附近，沿层面、构造破碎带、接触带分布。矿体主要呈团块状、囊状和透镜状等，质量好的产于大理岩中，以白玉、青白玉、青玉和墨玉为主。次生矿主要以水蚀卵石形式产于河床砾石中，质地细腻，质量上乘。

（1）昆仑山地区软玉矿床　此地区的软玉主要分布在塔什库尔干—叶城—皮山—和田—策勒—于田一带的山中和河流中。塔什库尔干—叶城地区主产青白玉、青玉及少量白玉，主要开发的矿床有大同、密尔岱、库浪那古等。大同矿床元代就开始大量开采，现已基本采尽。密尔岱是清朝重要的玉料来源地，清代贡玉多来源于此。如大禹治水图玉山子就产自这里。皮山—和田地区是古代产玉最著名的地区，以产子料为主。主要产玉河流是玉龙喀什河和喀拉喀什河流域。前者也称白玉河，以产白玉子料为主。后者又称墨玉河，以产墨玉和青玉子料著称。居住在这两条河两岸的居民祖祖辈辈在河谷地带挖玉采玉。

（2）阿尔金山地区软玉矿床　阿尔金山位于昆仑山南段，地跨新疆、青海、甘肃三省，软玉矿床主要分布在且末和若羌地区。且末地区是阿尔金山产玉的主要地区，既有河流产子料也有原生矿床。产有青白玉和青玉为主，兼有白玉和糖白玉。若羌地区是目前新疆产黄玉的唯一产地。

另外新疆玛纳斯碧玉分布于天山北坡，有原生矿产出的碧玉，也有玛纳斯河产出的碧玉子料。原生矿床类型属于超镁铁岩型透闪石矿床，与新西兰、俄罗斯、加拿大碧玉矿的矿床类型一样。

2. 青海软玉

青海软玉主要产于青海格尔木昆仑山三岔口附近，矿区在格尔木市西南部。青海玉以山料为主，有少量戈壁料和山流水，至今未见有子料产出。青海玉色彩丰富，除白玉外，还有青白玉、烟青玉、翠青玉、糖玉等，烟青玉略带紫色调（如图6-101），翠青玉为白玉中带有浅绿色至绿色（如图6-102），这两个品种是青海玉中独有的品种。青海玉的特点是普遍带有灰色调，透明度高，并伴有水线，在光泽上缺乏新疆和田玉那种特有的油脂光泽和温润凝重的感觉。

青海玉的主要矿物成分是透闪石，但其含量明显低于新疆和田玉，除此之外，普遍含有方解石、透辉石、硅灰石、白云石等,其中硅灰石是青海玉特有的成分。青海玉的矿物颗粒较粗,结晶度较高,这也是造成青海玉质量和外观特征的主要原因。

图6-101　青海烟青玉手镯

图6-102　青海翠青玉挂件

3. 俄罗斯软玉

目前国内市场上的俄罗斯软玉主要来自俄罗斯贝加尔湖地区。俄罗斯软玉颜色丰富,有白玉、青白玉、糖玉、碧玉等。颜色呈明显分带现象,从边缘到中心,颜色依次为褐色、棕黄色、黄色、青色、青白色、白色;矿物颗粒从边部到中心由粗变细。由于受构造运动的影响,铁氧化物常沿裂隙浸染,形成较有特色的棕色、褐色等,类似于新疆的糖玉。俄罗斯玉的矿物组成主要是透闪石,占95%以上,次要矿物有白云石、石英、磷灰石、绿帘石、滑石、磁铁矿等。

俄罗斯软玉以山料为主,子料与山流水较少。以纤维交织结构为主,但矿物颗粒较粗,比新疆和田玉粗,接近青海玉,因此,其外观上质地细腻程度不够,油脂光泽不足而略带瓷性特征。俄罗斯软玉的糖玉主要是氧化铁沿构造裂隙浸染形成,与新疆和田玉子料和山流水暴露地表受氧化铁浸染形成的特征具有明显差别(如图6-103)。由于俄罗斯玉结构较粗,加之多受后期构造运动的影响,因此,俄罗斯软玉的韧性较新疆和田玉偏低。

俄罗斯碧玉产地主要分布在伊尔库茨克州、克拉斯克雅尔斯克边区、乌拉尔山脉、西伯利亚矿区等地。主要的矿物质成分为透闪石及阳起石,次要矿物有透辉石、蛇纹石、绿泥石、滑石,磁铁矿形成黑斑点。俄罗斯碧玉大部分料质的颜色均匀度都很差,深浅参差不齐,显得很不干净,黑点很多;也有的俄罗斯碧玉的绿色很淡。但是高质量的俄罗斯碧玉可以说是所有产地碧玉中颜色最漂亮的,颜色鲜艳、亮丽、莹润而色泽均匀,黑点很少,是碧玉中的佳品。俄罗斯碧玉还有具猫眼效应的品种,俄碧猫眼是质量上等的品种,主要形成机理是玉石结构中的纤维排列走向一致,磨成弧面便会形成猫眼效应(如图6-104)。

4. 岫岩软玉

岫岩软玉原生矿主要分布于岫岩县细玉沟沟头的山顶上。原生矿的山料当地俗称"老玉",在细玉沟东侧的白沙河河谷底部及两岸的一级阶地泥砂砾石中有次生的"河磨玉"产出;而在靠近原生矿的山麓或沟谷两侧的坡积物和洪积物中还有山流水玉产出。岫岩软玉颜色多样,主要有白色、黄白色、绿色和黑色等基本色调,以及大量介于上述色调间的过渡色。岫岩软玉的黄绿色是特有的颜色(如图6-105、图6-106)。

岫岩软玉主要由微晶透闪石组成，含少量的方解石、磷灰石、绿帘石、蛇纹石、绿泥石、滑石、石墨、黄铁矿、磁铁矿、褐铁矿等杂质矿物。岫岩软玉主要有长柱状变晶结构和纤维状变晶结构等，单晶颗粒明显比新疆和田玉粗。因此，其细腻程度和润泽程度远不及新疆和田玉。

图6-103　俄罗斯糖玉俏色挂件

图6-104　俄罗斯碧玉猫眼

图6-105　岫岩老玉观音牌

图6-106　岫岩河磨玉龙凤牌

5. 中国台湾软玉

中国台湾软玉分布于中国台湾省花莲县丰田地区的软玉成矿带内，主要矿物成分为透闪石（含铁阳起石成分），同时含少量蛇纹石、钙铝榴石、铬尖晶石、黄铜矿等杂质矿物。颜色以黄绿色为主，纤维变晶交织结构，块状构造（如图6-107）。台湾软玉一般分为普通软玉、猫眼玉和腊光玉三种，其中猫眼玉又有密黄、淡绿、黑色和黑绿等品种。普通软玉最多，猫眼玉和腊玉较少，并以猫眼玉最受人喜爱（如图6-108）。

除上述软玉产地外，还有很多的软玉产地，如江苏溧阳小梅岭、四川省汶川县龙溪乡、贵州南部罗甸县、广西中部大化县、福建北部南平、江西东北部弋阳、河南西部栾川、吉林中部的磐石、黑龙江中部的铁力等。国外有澳大利亚、加拿大、美国、新西兰等，随着不断地研究和开发，中国软玉市场会不断地有软玉新品种出现。

图6-107　中国台湾软玉原料

图6-108　中国台湾软玉猫眼

第三节　独山玉（南阳玉）

独山玉因产于中国河南省南阳市郊独山而得名，又称"南阳玉""独玉"。独山玉色泽鲜艳，质地细腻，硬度高，优质者可同翡翠相媲美。法国学者曾称其为"南阳翡翠"。

独山玉历史悠久，从古至今都是我国的重要玉石材料之一。与软玉、岫玉、绿松石并称为我国四大名玉，是我国及世界上著名的玉石矿床。据文字记载，独山玉早在汉代就已开采。《汉书》称独山为玉山，东汉张衡在其《南部赋》中对独山玉也有较详细的描述。据《南阳县志》载："玉山在县东北十五里，又曰独山。"又"山出碧玉，其上多榭。"据考证，现独山东南脚下的沙岗店即为汉代"玉街寺"的旧址，是当时利用独山玉制造玉器和销售玉器的一个集市。宋元时，南阳独山玉雕已向海外销售。明清时，独山玉开采及雕刻业已很兴盛。清光绪年间，《新修南阳县志》载："豫山产玉，此居之民，多采玉为生。"可见独山玉开采历代不绝。现独山之上遗存有古代采玉的矿坑达千余个，这是古代采玉繁荣景象的最好见证。1977年，中国社会科学院考古研究所安阳工作队在《安阳殷墟五号墓的发掘》报告中指出，殷墟妇好墓出土的玉器中有几件经鉴定属独山玉质。1983年10月，在四川省成都举行的"宝石、玉石讲座和学术交流会"上，河南省地质工作者在宣读有关独山玉的一篇论文中说，在南阳黄山出土的一件独山玉玉铲，经鉴定是新石器时代中期的产物，距今已有六千多年的历史。可知独山玉的开采和利用实际又推前到了新石器时代，它同软玉、玛瑙、绿松石等传统玉石一样古老。

一、独山玉的基本性质

1. 独山玉的岩石矿物成分特点

独山玉的岩石成分为蚀变斜长岩。独山玉的主要矿物成分为斜长石（以钙长石为主，占50%～90%）和黝帘石（5%～70%）。常见矿物还有铬云母（5%～15%）、透辉石（1%～5%）、黑云母等。还含有少量的绿帘石、榍石、阳起石、金红石、黄铁矿、绢云母、绿泥石、褐铁矿等矿物。由于矿物组分中多是有色矿物并且含有多种色素离子，使玉石的颜色丰富多彩。

独山玉化学成分的特点是：SiO_2的含量比斜长岩的世界平均含量低，CaO和Al_2O_3的含量均大大超过斜长岩的世界平均含量，K_2O和Na_2O的含量都非常低，即以高钙、高铝、贫硅为特征，并含有一系列含铬矿物，如铬云母、铬绿帘石、铬铁矿等。此外，独山玉中还含有微量的镍、钒、锰、钛等。

2. 结构和构造

独山玉为非均质集合体，常呈致密块状，放大检查为粒状结构。玉石内部结构和成分可以影响玉石的透明度。如透水白玉，主要由粒度小于0.01mm的钙长石（斜长石牌号大部分为An97）组成，颗粒大小均匀，结构致密，因而透明度很好。而干白玉因含大量黝帘石，且粒度分布不均匀，故透明度较差。

3. 力学性质

（1）摩氏硬度　为6.0~7.0。

（2）密度　为2.73~3.18g/cm³，一般为2.90g/cm³。

（3）断口　粒状或参差状。

4. 光学性质

（1）颜色　独山玉的颜色复杂多变，丰富多彩。单一色调出现的玉料很少，多由2~3种以上不同色调组成的多色玉。独山玉常见颜色有白色、绿色、紫色、蓝绿色、黄色、黑色等（如图6-109~图6-112），而我们通常所见的基本上都是杂色玉。

颜色和色素离子的关系是：含铬时呈绿色、翠绿色或蓝色；含钒时呈黄色；同时含铁、锰、铜时呈淡红色；同时含钛、铁、铬、锰、镍等时，多呈紫色。从所含有色矿物角度看，独山玉的绿色与铬云母、透辉石、绿帘石等有关，白色与斜长石有关，黄色与绿帘石及楣石有关，紫色与黑云母有关，青独山玉的颜色与角闪石和透辉石有关，红色与黝帘石、金红石有关等。

图6-109　白色和黑色独山玉

图6-110　绿色独山玉

图6-111 粉紫色独山玉

图6-112 杂色独山玉

（2）光泽　为玻璃光泽至油脂光泽。
（3）透明度　微透明至不透明。
（4）折射率　在1.56～1.70之间。
（5）紫外荧光　通常为惰性，个别品种可有微弱的蓝白、褐黄、褐红色荧光。

二、独山玉的分类及特征

独山玉一般按颜色分类，将独山玉分为白色、绿色、青色、紫色、黄色、红色、黑色、花色八大类，每一类又有不同的品种，独山玉的分类见表6-3所示。

表6-3　独山玉品种分类特征

大类	特征	品种	颜色、结构、构造	主要矿物
白独玉	以乳白为主，有的带有灰色调，质地细腻，坚硬致密，玻璃光泽，略有透明感	透水白独玉	细白，等粒结构，块状构造	钙长石、拉长石、黝帘石
		白独玉	曙白，溶蚀结构，块状、弱定向构造	基性斜长石、黝帘石
		乌白独玉	乌白，交代结构，块状构造	黝帘石、斜长石、透闪石
绿独玉	以绿和翠绿色为主，质优者颜色似翡翠，质地细腻，坚硬致密，玻璃光泽，半透明至不透明	绿独玉	绿色，等粒结构，块状、条带状构造	基性斜长石、铬云母、钠长石
		翠独玉	翠绿色，溶蚀交代结构，块状构造	黝帘石、斜长石、透辉石
		绿白独玉	绿白色，溶蚀交代结构，块状弱定向构造	斜长石、黝帘石、阳起石、绿帘石、透辉石
		天蓝独玉	蓝绿色，细粒结构，块状、条带状构造	斜长石、铬云母
青独玉	青色、灰青色、蓝青色。多不透明，独玉中常见品种	青独玉	青、蓝青色，辉长、糜棱岩结构，块状构造	基性斜长石、辉石
黄独玉	呈均匀的黄绿色或橄榄黄绿色，质地细腻，坚硬致密，玻璃光泽	黄独玉	黄绿色，花岗变晶结构，块状构造	基性斜长石、黝帘石、绿帘石

续表

大类	特征	品种	颜色、结构、构造	主要矿物
紫独玉	紫色，含铁黑云母致色。坚硬致密，玻璃光泽，微透明	紫独玉	紫色、亮棕色，斑状、交代结构，块状、条带状构造	基性斜长石、黑云母、阳起石
红独玉	芙蓉色、粉红色、淡褐色，微透明，玻璃光泽	芙蓉独玉	粉红色，溶蚀交代结构，块状、条带状构造	黝帘石、基性斜长石、绿帘石
		褐独玉	褐色，粒状结构，块状、条带状构造	斜长石、黝帘石
黑独玉	黑色、墨绿色，不透明，颗粒粗大，玻璃光泽，微透明至不透明	黑独玉	黑色、墨绿色，碎裂、交代结构，块状、条带状构造	斜长石、黝帘石、透闪石-阳起石
花独玉	具有两种以上主要颜色，质地细腻，坚硬致密，玻璃光泽	花独玉	杂色，溶蚀交代结构，残余碎裂结构，块状、条带（纹）状构造	基性斜长石、钠长石、铬云母、绿帘石

三、独山玉的形成

独山的岩体为辉石-辉长岩和斜长岩，后期构造运动使岩体产生大断裂和次级断裂。断裂裂隙在平面上呈雁行状排列，在剖面上成叠瓦状排列。斜长岩浆期后热液多次充填渗透于这些裂隙中，并交代其围岩辉石-辉长岩和斜长岩，同时使岩石发生强烈蚀变，在355~430℃之间或者更高一点的温度及低压的条件下最终生成玉石。由于各期热液所含矿物化学成分有所差别，从早期到晚期，由于热液从围岩及围岩蚀变过程中吸收钙、铁、铬和钛等离子，辉石岩和斜长岩蚀变为黝帘石、绿帘石、透闪石等矿物，玉石的颜色也从脉壁到中心呈现对称条带分布，即从透白色（无色）—白色—绿色—紫色—天蓝色。热液来源是斜长岩浆期后热液，玉石的形成是经多期热液作用的结果。

四、独山玉与相似玉石的区别

优质独山玉的质地细腻，很像翡翠。但二者结构明显不同，翡翠为纤维变晶结构，独山玉为粒状变晶结构。另外，二者颜色特征和颜色分布也有明显的差别，翡翠的颜色艳丽，独山玉的绿色中带有明显的灰色、黄色色调，整体颜色不很明快；翡翠绿色为带状、线状分布，由绿色的纤维状硬玉矿物集合体造成。而独山玉绿色多呈团块状分布，由粒状的绿帘石、铬云母等绿色矿物集合体形成；翡翠的密度和折射率也均比独山玉的高。

有时软玉也有可能与独山玉相混，但仔细观察可发现二者的光泽有差异。软玉一般为油脂光泽，而独山玉为玻璃光泽至油脂光泽；软玉的质地较独山玉更为细腻致密，颜色分布也没有独山玉那么杂乱。独山玉与常见相似玉石的鉴别如表6-4所示。

表6-4　独山玉与其相似玉石鉴别

名称	摩氏硬度	相对密度	折射率	质地	组成矿物
独山玉	6.0~7.0	2.73~3.18	1.56~1.70	坚硬细腻，性脆，韧性差	斜长石、黝帘石等
翡翠	6.5~7.0	3.25~3.36	1.64~1.66	坚硬细腻，常可见翠性	硬玉

续表

名称	摩氏硬度	相对密度	折射率	质地	组成矿物
软玉	6.0~6.5	2.90~3.10	1.60~1.64	极坚韧细腻	透闪石-阳起石
岫玉	2.0~6.0	2.44~2.62	1.53~1.57	细腻，韧性较差	蛇纹石，有时有透闪石
密玉、东陵石	7.0	约2.66	1.54~1.55	性脆	石英、锂云母、铬云母
绿玉髓	6.5~7.0	2.57~2.59	约1.54	致密块状，隐晶质集合体	玉髓
天河石	6.5	约2.65	1.52~2.53	晶质体，两组完全解理	钾长石、钠长石
绿泥石致密体	2.5	约2.70	约1.57	硬度低	绿泥石

五、独山玉的工艺分级及评价

独山玉以透明的翠绿、蓝绿、天蓝色的为上品，次为其他颜色、多色及杂色玉石。独山玉品级按工艺要求、用途与质地、颜色、块度等的不同，可分为五级，级别见表6-5所示。

表6-5　独山玉的质量品级

等级	颜色	等级标准	块度要求
特级	翠绿、天蓝、蓝绿色和红色	色泽纯正鲜艳，色调丰满均匀，半透明至透明，玻璃-油脂光泽，质地细腻致密，无绺裂，无白筋，无杂质，无干白石花	块重20kg以上者
一级	深天蓝、纯绿、绿白色、透水白	色泽鲜艳纯正，颜色分布均匀，油脂-玻璃光泽，半透明，质地细腻致密，无杂质，无绺裂，无干白石花	块重10kg以上者
二级	白色、乳白色、绿色及绿白色	颜色均匀，质地细腻，色泽鲜艳，玻璃光泽，微透明至半透明，基本无杂质，可有少量石筋及干白的石花	块重5kg以上者
三级	干绿白、青紫黄及其他色	色泽较鲜艳，质地细腻，微透明至不透明，水头差，允许有绺裂杂质及干白筋存在，可有少量其他色斑	块重在3kg以上者
四级	杂色、黑色、墨绿	色泽一般，质地致密，微透明至不透明，水头不足，玻璃光泽，允许一定绺裂杂质及干白筋存在	块重无一定要求，一般要求在2kg以上，按需要来定

独山玉产品信誉高、市场走俏。因此，独山玉原料及产品在今后一定会有相当大的发展及良好的前景。独山玉原料及工艺品、饰品等市场行情，目前看好，原料价格一直上涨。当前市场上，特别是特级、一级品原料奇缺。

六、独山玉的制作

独山玉的工艺品、饰件品种繁多，主要有花卉盆景、炉薰、佩饰及杂件等几类。作品大多取材于民间故事、古典小说、民间传说及各种各样花、鸟、虫、兽类、纪念品、生活用品等内容。利用独山玉颜色丰富、五彩缤纷的特点，巧用俏色，因材施艺，繁素兼备，形色一体。又吸收南、北各派玉雕艺术的精华，推陈出新，形成别具一格的"南阳玉雕艺术"。使独山玉工艺品玲珑剔透，雍容典雅，俏俊倜傥，惟妙惟肖，淳朴逼真，返归自然，达到了一个新的境界，具有很高的艺术价值。因而，自古以来就被宫廷、贵族广泛利用。现在更深受海内、外客商的宠爱。

工艺品的价格，则是随着玉石质量、造型需求、工艺质量、产品大小等来论价的。各类佩饰、章坯、挂件、项链、戒指、耳坠及小摆件等，亦依质地、颜色、大小、加工质量及工艺等的不同，而有不同的价格。总之，工艺品、佩饰等的价格，一般都是面议定价的。

第四节 绿松石玉

绿松石亦称松石，是世界上最古老的玉石品种之一。据考证，中国"绿松石"一词最早见于清代文献，如《清会典图考》就载有皇帝朝珠杂饰："惟天坛用青金石，地坛用蜜珀，日坛用珊瑚，月坛用绿松石。"章鸿钊在《石雅》中解释道："此或形似松球，色近松绿，故以为名。"在清代以前，元代的文献中绿松石被称为"甸子"。元代以前的绿松石，据章鸿钊考证大致有"碧殿""碧靛""碧填""碧甸""青琅""瑟瑟"等，这些名称均有待于进一步考证。而绿松石的英文名来源于法语，意为土耳其玉或突厥玉。事实上，土耳其并不产绿松石，相传古代波斯出产的绿松石常经土耳其输入欧洲，故人们便把它称为土耳其玉了。

大凡古老的民族，都有着使用绿松石的历史。考古人员在挖掘埃及古墓时发现，埃及国王早在公元前5500年就已佩戴绿松石珠粒了。在埃及皇后（Zer皇后）的木乃伊手臂上，人们还发现了四只镶嵌了绿松石的包金手镯。这些在墓穴中保存了5000多年的绿松石，至今仍然光彩夺目。这几只手镯被认为是世界上已知的最古老而珍贵的工艺品。

绿松石是中国的传统玉石。早在新石器时代已被用来制作装饰品。最早出土的绿松石饰品见于河南郑州大河村的仰韶文化遗址和陕西省西安半坡文化遗址中，距今也有6500年的历史了。从新石器时代到南北朝时期的墓葬中都经常可以发现绿松石的装饰品。

在我国西藏，绿松石至今仍是最为流行的神圣的装饰物。自古以来绿松石就在西藏占有重要的地位。它被用于第一个藏王的王冠。用作神坛供品以及藏王向居于高位的喇嘛赠送的礼品，也用作向邻国进贡的贡品。唐贞观十五年（公元641年）文成公主进藏时，就曾有大量的绿松石饰物，并用它们来装饰拉萨大昭寺的佛像。

一、绿松石的基本性质

1. 矿物组成

绿松石玉主要矿物为绿松石，另外还含有高岭石、石英、褐铁矿、磷铝石等其他矿物。绿松石是一种含水的铜铝磷酸盐，化学式为：$CuAl_6(PO_4)_4(OH)_8 \cdot 5H_2O$。矿物中铜含量随风化程度和被次生矿物交代程度而变化。一般认为铜离子配位八面体的存在决定了绿松石的基本颜色——天蓝色，Fe^{3+}则是在矿物由蓝—绿—黄的色调变化中起着关键的作用。而水含量也影响蓝的色调。因此，绿松石的颜色为自色。

2. 晶系及结构构造

绿松石矿物属三斜晶系，晶体早见，通常为隐晶质－非晶质致密块状体。扫描电子显微镜下呈鳞片状结构。原矿以结核状、浸染状、细脉状产出。

3. 力学性质

（1）摩氏硬度　致密的绿松石硬度为5~6，孔隙度大者硬度较小，可以低至3~4。

（2）密度　在2.40~2.84g/cm³之间，一般多为2.76g/cm³。

（3）韧性　白垩状的绿松石韧性小，易断裂，致密者则韧性好。

4. 光学性质

（1）颜色　绿松石颜色多呈鲜艳天蓝色、蓝绿色、黄绿色、淡绿色、苹果绿色、白色、灰白色等色，也见褐色、黄色的外皮色。常具有褐色至黑色的铁线（如图6-113~图6-117）。

（2）光泽　大部分绿松石粗糙面呈白垩状，其抛光面具弱玻璃光泽。上等蓝色样品粗糙面具油脂光泽，而抛光面具玻璃光泽。

（3）透明度　绿松石不透明。

（4）折射率　折射率1.61~1.65。

（5）紫外荧光　在长波紫外线下，绿松石一般不发荧光或荧光很弱，呈黄绿色荧光。短波下则无荧光。

（6）吸收光谱　在420nm、432nm处有弱吸收带，460nm处有弱吸收带。

图6-113　天蓝色绿松石

图6-114　蓝绿色绿松石

图6-115　带褐色蓝绿色绿松石

图6-116　带铁线绿松石

图6-117　黄褐色绿松石

二、"合成"绿松石

　　吉尔森"合成"绿松石于1972年进入国际宝石市场,多呈艳丽的天蓝色,靠肉眼识别则同天然绿松石难分真伪(如图6-118、图6-119)。但一些人认为它也只能算一种仿制品,因为这种"合成"绿松石在放大镜下可以见到一种球粒状结构,像无数紧密堆积的小球粒,在3000～10000倍的电子显微镜下"合成"绿松石不见天然品的鳞片状结构特征。显然,这种显微球粒是压在一起的,至少有一部分是靠了某种类型的黏合剂。

　　"合成"绿松石与天然绿松石的折射率及密度都很接近,通常也难于借此区分,并且合成品缺乏吸收性,因此没有那条弱至中等的强吸收线(432nm),同时颜色也比较深,而且"合成"绿松石成分较纯。

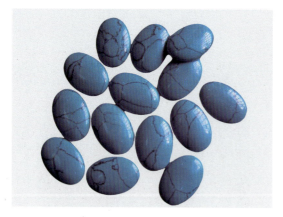

图6-118　"合成"绿松石

图6-119　带铁线"合成"绿松石

三、绿松石的优化处理方法

　　绿松石是一种硬度较低、孔隙度较大的宝石材料,优质品非常难得。目前采掘的多数绿松石需要人工优化处理，以改善绿松石的稳定性和颜色外观。绿松石有着各种传统的染色、上光的优化处理方法。随着科学技术的发展，新的处理方法不断涌现。常规检测难度大，现代检测技术中常用红外光谱和紫外－可见－近红外光谱进行无损检测。绿松石的一般处理方法如下：

1. 染色

对于浅绿、灰白色的绿松石，可用有机染料或无机颜料进行人工染色。染色的方法有许多种，但多数结果是颜色不自然或者不持久（如图6-120、图6-121）。例如，绿色玉石用蓝色苯胺染料染色后，用一滴氨水试验又使它褪回绿色或白色。

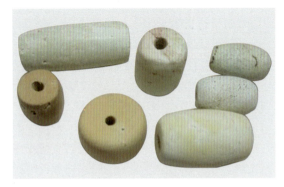

图6-120　浅色面松、泡松

图6-121　染蓝色绿松石

2. 浸油或上蜡

浸油或上蜡是最古老的处理方法，是将绿松石浸泡在汽油中，或者在石蜡油中煮一会儿。这两种方法都可以使绿松石颜色变深、变蓝。然而这些颜色不稳定，几个月后就会褪变成为一种不太好看的绿色。而且，这种颜色变化是不可逆转的。用热针靠近注油绿松石表面，油和蜡会成为小珠渗出表面。

3. 塑料浇注法

塑料浇注法是最现代化、最成功的处理方法，也称为注胶或灌胶。将绿松石浸泡在液态的高分子材料中，同时加热加压，使高分子材料透入松石料的表面或者整个松石材料之中。用这种方法处理的绿松石颜色保持长久，而且使绿松石结构变得致密，故国外商人们经常称这种注塑绿松石为"加固料"。热针试验注塑绿松石则会产生辛辣味（如图6-122、图6-123）。

图6-122　各种注胶绿松石

图6-123　高色注胶绿松石

4. 扎克里（Zachery）处理法

扎克里（Zachery）处理法是一种改善绿松石质量的处理方法，也称电镀法、钾盐染色法。用于中高档绿松石的改善。此法由扎克里（Zachery）本人发明，被申请了专利，其具体的处理过程是保密的。据扎克里（Zachery）本人声明，处理过程中未加入天然松石中致色离子如铜和铁离子，也未注入塑料、蜡、油漆等充填物，但并不排除加入其他化合物以降低松石孔隙度的可能性，整个处理过程需要3～6个星期。

扎克里（Zachery）处理法鉴别难度较大，一般常规检测方法难以区别，有效的鉴别方法有：剖面可见颜色渗透层，显示深色层，微弱但清晰可见，渗透层深度为0.2～0.5mm；扎克里（Zachery）表面处理绿松石在裂隙两侧颜色富集得更明显，但仅经过整体孔隙度处理，没有改善颜色的扎克里（Zachery）处理绿松石裂隙与天然绿松石无差别；可用能量色散X射线荧光光谱仪测试。天然未处理绿松石钾的含量总量总是比钙含量低，而扎克里（Zachery）处理的绿松石显示较高的钾含量；将少量草酸溶液滴在扎克里（Zachery）处理绿松石上，会在表面形成一层"白皮"，天然绿松石则无改变。

5. 再造绿松石

再造绿松石是由一些天然绿松石微粒、各种铜盐或者其他蓝色粉末材料，在一定的温度和压力下胶结而成的材料（如图6-124）。与天然绿松石非常相似。鉴别特点是再造绿松石放大观察具有典型的粒状结构，可看到清晰的颗粒界限及基质中的深蓝色染料颗粒（如图6-125）。把酸滴于表面，会使蓝色变为绿蓝色，蘸酸的白色棉球擦拭可掉色。在红外光谱测试中，再造绿松石具有典型的1725cm^{-1}的吸收峰，此峰被认为是由塑料黏结剂引起的。

图6-124　再造绿松石

图6-125　再造绿松石的粒状结构

四、绿松石及仿制品的鉴别

绿松石以其特有的不透明天蓝色、淡蓝色、绿蓝色、绿色及其在底色上常有的白色斑点及褐黑色铁线和蜡状光泽为主要识别特征。尽管如此，绿松石仍然可能被某些与它外观相似的宝石所仿造，像染色的羟硅硼钙石、蓝铁染骨化石、硅孔雀石等（表6-6）。

表6-6 绿松石与仿制品性质一览表

名称	颜色	光泽	折射率	相对密度	吸收光谱	主要特征
绿松石	天蓝、蓝绿	蜡状光泽	1.60～1.62	2.6～2.9	蓝区两条带	隐晶质体
合成绿松石	天蓝	蜡状光泽	1.62	2.6～2.8	—	球粒状结构
染色羟硅硼钙石	蓝绿	玻璃光泽	1.59	2.5～2.6	绿区一条宽带	微晶集合体
蓝铁染骨化石	天蓝	蜡状光泽	1.60	3.0～3.3	—	蜂窝状结构
磷铝石	淡蓝	玻璃光泽	1.58	2.4～2.6	红区两条带	色较浅
天蓝石	淡蓝	玻璃光泽	1.62	3.1	—	透明度高
硅孔雀石	天蓝、常带斑、杂色	玻璃光泽	1.50	2.0～2.5	—	隐晶质
染色玉髓	蓝、绿蓝	玻璃光泽	1.53	2.6	—	有时可见层状结构
染色菱镁矿	天蓝	蜡状光泽	1.60	3.0～3.1	—	染色剂集中于裂隙处
玻璃	天蓝	玻璃光泽	可变	可变	—	旋涡纹、气泡

染色的羟硅硼钙石是微晶集合体。在放大镜下，它的粒状结构特征很明显，反射光下转动宝石时，有些颗粒可以产生明亮的反射光。断口的明亮反光与绿松石的黯淡反光形成了明显的不同。染色的羟硅硼钙石颗粒边界没有颜色加深的现象，但它可能会出现浅褐色的纹理，而在纹理附近染色剂浸透不到材料的内部。它的折射率较绿松石低，约为1.59，相对密度值低得多，在2.50～2.57之间（如图6-126、图6-127）。

图6-126 白色的羟硅硼钙石

图6-127 染蓝色后的羟硅硼钙石

蓝铁染骨化石也称齿胶磷矿，它的折射率值与绿松石接近，约为1.60，但相对密度却明显偏高，在3.0～3.25之间。放大观察可见牙齿或骨头所具有的典型的有机结构。它通常含一些钙，在宝石不显眼处刮削一点碎屑会与盐酸反应起泡。

磷铝石通常不像绿松石那么蓝，仔细鉴别易于区别。它的折射率1.58，相对密度2.4～2.6，都偏小（如图6-128）。

天蓝石透明度高，与绿松石完全不同。它不具有绿松石的结构，虽然折射率和绿松石相同（约1.62），但从它的玻璃光泽和明显偏高的相对密度也易于区别（如图6-129）。

图6-128　绿色磷铝石

图6-129　蓝色天蓝石

硅孔雀石与绿松石性质明显不同，它的折射率为1.50，相对密度约2.60～2.63，只要仔细检测应不会把它们相混。

染色玉髓折射率值明显偏低（1.53），相对密度为2.60～2.63，显微镜下可能具有层状结构和染色剂集中于缝隙处的现象。

染色菱镁矿可能是另一种重要的绿松石仿制品，它通常制作成珠子，也加工成不规则抛光原石。脉石材料可能是黑色沥青物质充填在裂隙和孔洞中仿制而成的。菱镁矿不具有绿松石的结构，并且染色剂可能沿裂隙集中。折射率1.60，相对密度约3.0～3.1（如图6-130～图6-133）。

图6-130　白色菱镁矿

图6-131　染蓝色菱镁矿

图6-132　染蓝绿菱镁矿

图6-133　染色菱镁矿的剖面

还有许多人造材料，如玻璃和塑料都可能用来仿制绿松石（如图6-134）。我们可以根据下列特征鉴别这些玻璃和塑料仿制品。

①仿制品通常带有旋涡状色彩（旋涡纹）、气泡，这是它们的重要特征。

②仿制品基底可能是粗糙的，而不像大多数绿松石那样是抛光底面。

③仿制品还可能有模具印痕或者表面有半球形的小凹槽，这是材料冷缩造成的。

④仿制品通常有较低的折射率值，虽然偶尔也可能与绿松石折射率相似。

⑤仿制品的一个鲜明特征是断口呈玻璃光泽，而致密块状的绿松石断口为油脂光泽，白垩状蓝色绿松石则为黯淡光泽。

⑥仿制品中可能含有杂质包裹体，用以模仿天然松石。而绿松石中的真正杂质是铁线。

⑦仿制品的相对密度可能和天然绿松石不同，特别是塑料仿制品，通常相对密度值较小，所以易于区别。值得注意的是，在测试绿松石的相对密度时，应避免使用重液测试，因为重液可能使孔隙度高的绿松石变色。

图6-134　玻璃仿绿松石

五、绿松石的质量评价

绿松石的质量可以从颜色、质地、裂纹、体积（块度）以及切工等方面进行评价。

（1）颜色　颜色的美丽程度是评价绿松石质量的重要因素。根据绿松石产出的颜色特征，一般以蓝色调的绿松石质量为最好，带绿的蓝色、蓝绿色、绿色的绿松石质量依次降低。在蓝色的绿松石中根据颜色浓度的深浅，以中等色调的蓝色者为佳。如果绿松石中存在灰色、褐色、黄色等色调，则将大大地降低绿松石的质量等级。

（2）质地　质地的致密程度是评价绿松石质量的又一重要因素。优质的绿松石质地应致密坚韧，没有杂质和其他缺陷。根据质地的致密程度又可将绿松石进一步划分为瓷松、硬松、面松、泡松、白脑、白筋、糠心等，其中以瓷松者为最佳。

（3）裂纹　裂纹的存在也将影响到绿松石的质量等级。没有裂纹最好，微小裂纹次之，裂纹越明显质量越差。

（4）体积（块度）　绿松石块体的大小也是评价绿松石质量的一个因素。一般情况下，在颜色、质地、裂纹等因素相同的条件下，绿松石的体积（块度）越大，价值也就越高。

总之，根据绿松石的颜色、质地、裂纹、体积（块度）等质量因素可将绿松石分为四个等级。

一级品（波斯级）：颜色为中等蓝色（天蓝色），且纯正、均匀，质地致密、坚韧、细腻光洁，光泽强，表面有玻璃感，无铁线，无裂纹及其他缺陷，体积（块度）大。如质地特别优良，即使块度小或较小，也仍为一级品。当表面有美丽的蜘蛛网花纹时，常称波斯蜘蛛网绿松石。

二级品（美洲级）：颜色为深蓝色、蓝绿色，质地致密坚韧，光泽较强，铁线及其他缺陷很少，体积（块度）中等。即使体积大，颜色如为深蓝色，仍只能列为二级品。

三级品（埃及级）：颜色为浅蓝色，质地较坚硬，光泽暗淡，铁线明显，有白脑、白筋、糠心等缺陷，块度大小不等。

四级品（阿富汗级）：颜色为黄绿色，质地较粗糙，光泽暗淡，铁线很多，有白脑、白筋、糠心等明显缺陷。

六、绿松石的矿床特点

世界宝石级绿松石主要以外生淋滤型矿床产出为主，绿松石存在于硅质板岩之中。开采时需要找松石的"引线"。引线有三种：黑引、红引、灰引。黑引出黑皮子，多料质好，色艳，质硬而细；红引出红皮，叫土皮子或火烧皮子。松石色绿者多，也有蓝色的，灰引多出豆瓣绿色料，有油皮炸性。

我国是绿松石的主要产出国之一。湖北竹山、郧县，陕西白河，安徽马鞍山等地均有绿松石产出，其中以湖北郧县、郧西、竹山一带的优质绿松石为世界著名产地。此外国外著名的绿松石产地有伊朗、埃及、美国、智利、澳大利亚、蒙古、墨西哥、阿富汗、印度及俄罗斯等国。

1．湖北十堰绿松石

湖北十堰绿松石主要出产自湖北十堰，分布在郧县、竹山、郧西，古称"荆州石"或"襄阳甸子"。湖北绿松石呈结核状，形态多样，产于早寒武世和早志留世炭硅质板岩裂隙破碎带。绿松石纯净，质地细腻，色泽艳丽。颜色多为天蓝色、碧绿色、粉蓝、粉绿，产量大，质量优，享誉中外。以郧县云盖寺、上阳坡、火烧寺，郧西的广山寨姚坡、马家沟，竹山县的皇城、喇叭山、金莲洞等出产的绿松石较为优质。其中郧县绿松石是古代"襄阳甸子"的主产地之一。其中云盖寺山所产绿松石最出名，是世界上稀有的高档玉石。

云盖寺绿松石矿床位于湖北省西北部，郧县鲍峡镇北7km云盖寺。属郧县鲍峡镇管辖。云盖寺南行3km与老白公路相连，经鲍峡站与襄渝铁路相接，交通方便。绿松石矿体产出形态有透镜状、鞍伏和脉状，多顺层产出，发育于含矿层的不同部位，常沿挤压破碎带呈单体或首尾相连的串珠状藕节状成群出现。一般规模不大，有时充填的全部是绿松石，有时绿松石与炭、泥质岩石碎块、次生矿物等共生。云盖寺绿松石矿区平均含矿率$0.15kg/m^3$，富矿地段含矿率$>3kg/m^3$。

云盖寺绿松石矿床主要有郧县3处，即云盖寺、华金坡、金龙山；郧西区1处，即羊尾山；竹山3处，即龙沟洞、巧眉垭、银洞垭等。

真正高瓷的湖北绿松石，打磨出来后，光泽犹如瓷釉，颜色丰富，品种多样。较有特色的有乌兰花、菜籽黄、苹果绿等（如图6-135～图6-137）。

图6-135　高瓷蓝绿松石原料

图6-136　菜籽黄绿松石

图6-137　乌兰花绿松石原料

2. 安徽马鞍山绿松石

安徽马鞍山绿松石出产于安徽马鞍山，是国内产量仅次于湖北竹山的一个大产区。马鞍山的绿松石矿带大多分布在出产铁矿矿体的顶部和边部，主要分布在云台山、太平山、考山、笔架山、凹山、丁山一带，其中丁山和凹山的储量比较大。

3. 美国绿松石

美国出产的绿松石，简称美松，主要产自美国西南各州的矿口，科罗拉多州、内华达州、亚利桑那州和新墨西哥州。多呈细脉，小团块状产出于霏细斑岩、蚀变粗面岩风化裂隙破碎带。特别是亚利桑那州最为丰富。国内比较知名的品种有睡美人、金曼等（如图6-138、图6-139）。

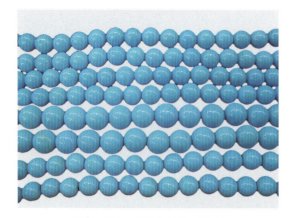

图6-138　睡美人绿松石圆珠

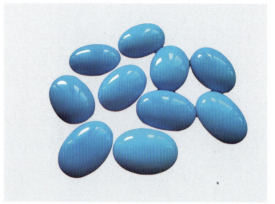

图6-139　睡美人绿松石戒面

4. 伊朗绿松石

伊朗以尼沙普尔绿松石矿著称。长期以来为世界优质绿松石主要来源地之一，成细脉、网脉状产于粗面熔岩角砾岩化带。

5. 俄罗斯、乌兹别克斯坦绿松石

俄罗斯、乌兹别克斯坦绿松石矿主要分布于库拉明山脉和克孜耳库姆地区，属世界大型优质矿床。呈细脉、块状和浸染状产于碳质页岩和石墨石英片岩裂隙孔洞地段。

6. 埃及绿松石

优质的埃及绿松石产出于晚古生代粉红色砂岩上部砂岩裂隙带，分布于西奈半岛西南部。

七、绿松石的选用与制作

绿松石质朴典雅，代表着温馨和生命。艳美的松石如雨过天晴的色泽；绿色的松石代表青春、热情和朝气；蓝色的松石代表秀丽、清新和宁静。绿松石被人们认为是好运、吉祥和永恒的象征，在珠宝习俗中被誉为"成功之石"，并且被列为十二月的生辰石，象征着成功和必胜。长期以来，绿松石一直是畅销于国际市场的重要中高档玉器佳料。

绿松石适于制作各种首饰、玉器、玉件，是高档名贵的玉石材料。在制作中选料也极其重要。一般只取由蓝到绿的颜色，其他如灰、褐、黄等全是脏色。最好的松石是天蓝色的瓷松，其次是绿色松石，最次是月白色松石，这种松石不但质糟，色也不好。而常说的"松石欺客不欺主"，是指一种外表是一层瓷松，内心却是灰褐黄色，即"糠心"的松石。松石中的筋，从颜色上不细致观察是看不到的，这种松石比较硬，而且有"肉性"。这种松石，由于软硬不一，在加工时很难将其整治平整。

小块的松石大量用于制作首饰；极好的松石作戒面、坠饰；一般的可以作串珠；中到大块的用作雕件。制作时，先去皮去泥线，去黄，使料干净。并且要尽量保持料的体积。中硬松石有炸

性，在制作中还需特别小心注意。

松石作品的造型和题材喜善喜美不取恶像。因此以仕女、儿童、佛人及花卉草虫的形象为题材造型的较多。松石作品之所以有较好的艺术效果，除它的质地颜色特点以外，还与它的光泽有关。松石的光泽恰到好处，作品的细部都很容易表露，而且有较高的光洁度，带给人们无限的美感。

在古代，绿松石制作的器物，主要有珠饰、佩饰、动物饰等。其制品以小见称，注意用色。例如，珠饰有长形如大米的，有圆形如绿豆的，还有如小米的，中间均有穿孔。松石色美，古人利用它的色彩制成几何形薄片镶嵌在金器、银器、铜器上。金色、银色、松石色相互辉映，格外漂亮。而制作这些小饰物需要很高技术和较为特殊的工具，这充分表现了我国古代劳动人民超凡的聪明才智和高雅的审美情趣。

在首饰玉器业中，绿松石主要和黄金、白银配用，往往也和透明宝石配用。珠宝市场中，松石戒面、耳坠、项链等装饰品，都极受欢迎，令人爱不释手。能工巧匠还将松石雕刻成花鸟鱼虫、山水亭榭、人物走兽等。其精品雕刻形象栩栩如生，惟妙惟肖，令人喜爱。

将松石工艺品陈列在展厅、宾馆、会堂、客厅等地更可增添室内光彩，例如在北京人民大会堂湖北厅里就有用松石制作的李时珍采药雕像，故宫内陈列着近万件镶嵌着绿松石的金银器皿。中国地质博物馆内收藏有一个重3000g的湖北产浅蓝色九狮瓶。松石的松散碎屑可以作颜料，藏医还将绿松石作为药品。

绿松石色娇怕染水、油，杂色液体都很容易顺孔隙侵入，使松石变色。为了防止任何杂色的染入，应该避免松石与茶水、皂水、香水、化妆品、油污、铁锈等长期接触。对于面松更要特别注意。还要避免长时间的暴晒，以免褪色。

第五节　蛇纹石质玉（岫岩玉）

蛇纹石质玉是以蛇纹石矿物为主要矿物组成的玉石品种。我国产的蛇纹石玉主要有辽宁岫岩县产的岫岩玉，广东信宜县产的南方玉，甘肃酒泉一带产的酒泉玉（墨绿玉）等。外国产的蛇纹石玉也很多，如新西兰产的黄绿色为主的鲍温玉，美国宾夕法尼亚州产的威廉玉等。

蛇纹石质玉应用开采历史很悠久，早在原始社会末期的新石器时代，人们就开始利用这种玉石制成漂亮的玉器。如新石器时代著名的北方代表性文化红山文化遗址中出土的大量玉器，大部分都是利用辽宁的岫岩玉制成的。以后的各个朝代玉料中都不乏蛇纹石质玉，它是古代及现代玉料的重要品种之一，也是我国的四大名玉之一。

一、蛇纹石质玉的基本性质

1. 矿物组成

蛇纹石质玉的主要矿物为蛇纹石，另外还含有透闪石、方解石、白云石、磁铁矿等杂质矿物。蛇纹石是一种镁质含水的硅酸盐，化学成分：$Mg_6(Si_4O_{10})(OH)_8$。其中MgO 43.0%，SiO_2 44.1%，H_2O 12.9%。辽宁产的岫岩玉其化学成分最接近蛇纹石的成分，矿物成分较纯。南方玉含蛇纹石85%～87%，甘肃墨绿色酒泉玉除主要成分为蛇纹石外，还含有呈黑色斑点状的磁铁矿。

2. 晶系及结构

蛇纹石属单斜晶系，蛇纹石质玉质地细腻，由显微的纤维状、叶片状或隐晶质状的蛇纹石集合而成，纤维长度0.05~0.1mm。而其他混入杂质矿物呈斑状、散点状，难于剔除，影响质地的均一性。

3. 力学性质

（1）摩氏硬度　蛇纹石成分大于95%以上，其摩氏硬度为4.8左右，当含有软玉成分时，其摩氏硬度可达5.5，当含有方解石时，其摩氏硬度低至4左右。

（2）密度　2.6~2.8g/cm³，随成分变化而异。

（3）断口　参差状、片状或鳞片状，较平坦。

4. 光学性质

（1）颜色　丰富，主要以绿色为主，有黄绿色、豆绿色、黑绿色等，其他颜色有褐色、褐黄色、黄色、白色、红色、黑色等（如图6-140~图6-143）。各种颜色有深有浅，有的分布在局部，有的是杂色或脏色。

图6-140　近白色岫玉

图6-141　黄绿色岫玉

图6-142　绿色岫玉

图6-143　褐黄色、白色岫玉

（2）光泽　油脂光泽—半油脂光泽，硬度越大光泽越强。
（3）透明度　半透明—微透明。
（4）折射率　1.56～1.57。

二、蛇纹石质玉的分类

根据蛇纹石矿物所含的多少，可以把蛇纹石质玉分为蛇纹石玉、蛇纹石化大理岩玉、大理岩玉等。

蛇纹石玉以蛇纹石为主要矿物成分，有岫岩玉、南方玉、墨绿玉、陆川玉等。

酒泉的蛇纹石玉产于中国甘肃祁连山地区，是一种含有黑色斑点或不规则黑色团块的暗绿色蛇纹石玉（如图6-144）。

南方玉产于中国广东信宜县，是一种含有美丽花纹、质地细腻的暗绿色至淡绿色、黄色块状蛇纹石玉，又称"信宜玉"。

陆川玉产于中国广西陆川县，主要有两个品种：一种是带浅白色花纹的翠绿色至深绿色、微透明至半透明的较纯的蛇纹石玉；另一种是青白至白色、具有丝绢光泽、微透明至半透明的透闪石蛇纹石玉。

泰山玉产于山东泰山（如图6-145）。

图6-144　酒泉玉

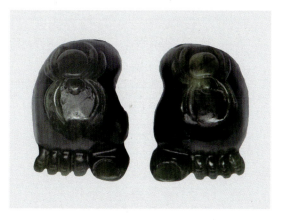

图6-145　泰山玉

在市场上蛇纹石玉常以地名命名，这样经常引起混乱，使购买者无法分清和了解玉石的本质。

蛇纹石化大理岩玉是以方解石为主要矿物成分，含有一定量的蛇纹石成分。蛇纹石化大理岩玉及大理岩玉有新疆产的蜜蜡黄色的蜜黄玉、陕西蓝田县的蓝田玉、吉林和河南的蛋黄玉、山东莱阳县的莱阳玉，以及国内市场上具有条纹构造的黄绿或白色的阿富汗玉等。

三、蛇纹石质玉的鉴别

蛇纹石质玉主要易与新疆产的软玉混淆，鉴别从硬度、光泽、透明度、质地以及颜色、杂质等方面进行区别。

白岫玉与白玉质色相似，以硬度及质地、密度来区别。白岫玉硬度低（4～5），质色不均匀，密度小（2.5~2.6g/cm³）；白玉硬度大（6~6.5），质色均匀，密度大（2.9~3.0g/cm³）。

墨绿玉与碧玉质色相似，除硬度、密度外，黑斑的分布不同，墨绿玉黑斑多，绿暗；碧玉黑斑少，呈点状，绿亮。

岫玉与大理岩区别：可见大理岩有解理或晶面闪光。

四、蛇纹石质玉的开采利用历史

岫玉主产于辽宁省岫岩县，产在白云石大理岩中，矿床开采有几千年的历史，一直是中国古玉的主要矿源产地。新中国成立前手工开采，1957年成立了岫岩县玉矿，半机械化开采，产量从几十吨至上千吨，供应全国北方的主要玉器厂。

新疆发现的昆仑岫玉与辽宁岫玉玉质色相同，浓豆绿色，质地均匀，透明度也好，是上等品，但因交通不便，未大量开采。

南方玉在新中国成立前就有开采，1974年国家投资建矿，产量很大，是南方玉器厂的主要料源。

黑绿玉产地除甘肃、青海外，现在应用的还有河南省淅川县和西峡县产出的。

五、蛇纹石质玉的质量评价

蛇纹石玉的用料要求较高，主要从质地、颜色、块度三方面进行评价。

优质料：质地洁净，颜色均匀明快，块度5~10kg以上。

一、二等料：能应用的，在优质料中有缺陷的料。

等外料：不能被正常使用的料。

蛇纹石玉中绿至深绿色、高透明度、无裂隙着为上品，其他不同颜色、中等透明度、无瑕疵、无裂隙着为中品。

六、蛇纹石质玉的制作

蛇纹石质玉属中低档玉石料，应用广泛，可制作各种玉器产品，因切割没有方向性，有一定的韧性，可细加工，可加工成任意形制，故产品种类繁多，样式设计新颖繁缛，可做成很多非常规的产品。

岫玉、南方玉可做大型艺术品玉件、器皿、盆景花卉、小造型圆雕作品等。大型艺术品包括玉船、玉山子、玉人物、玉兽等。器皿包括玉碗、玉筷子、玉盘、玉鼎、玉薄胎器皿等。盆景花卉如做成叶、花瓣、果实、花蕾、山石花盆等，用不同颜色的岫玉来做，也可以染成各种颜色，形象逼真，很受欢迎。小造型的圆雕作品可做成十二生肖小挂件、印章、手球、餐具、手镯、珠串等。因岫玉颜色不浓艳，不适合做戒面石和各种坠饰等。

现代的保健品类玉器产品，大多由岫玉和大理岩做成，如面摩器、保健球、玉坐垫、玉靠垫、玉枕等。

七、玉石王简介

世界上最大的玉石王在1960年发现于玉乡岫岩，高7.95m，宽6.88m，厚4.1m，总重260.76t，集深绿色、浅绿色、绿色、黄色、白色、黑色、蓝色为一体，色彩斑斓，色泽明丽，堪称稀世珍宝。1992年鞍山市政府将玉石王运抵鞍山，将世界最大的美玉琢成世界第一玉佛。

玉石王的正面为端庄肃穆的巨型释迦牟尼法相，脸部正正好好地刻在了一块灵光四射、洁净无比的深黑绿色宝玉上，人们称为"佛面天成"（如图6-146）。玉石王的背面，雕刻着观世音飘飘而下，展现其救度众生的绝代风采。观世音的脸部也正好刻在一块无比亮丽的浅绿色的碧玉上，鲜润明澈，细腻柔和，蕴涵着无尽的神韵。观世音的后方显示了普陀山的景象，在观世音的右侧自然形成了栩栩如生的"龙凤"图形，左侧呈绿色的玉地上有黄玉纹形成的巨大的"真"字，这一切并不是有意雕琢，而是自身存在，这一景观的出现，已成为世界玉文化和雕琢史上的一大奇迹（如图6-147）。

　　1996年9月3日，鞍山玉佛苑这一气势雄伟的建筑群连同人们翘首以待的世界最大玉佛经过八十多名能工巧匠历时两年零六个月的精雕细琢，终于揭开神秘的面纱，向世人展示其迷人的风采，以博大的胸襟迎接海内外宾朋的光临。

图6-146　玉石王正面释迦牟尼

图6-147　玉石王背面渡海观音

玉石王三十载沧桑演变：

　　1960年7月22日，在被称为"中国岫玉之乡"的辽宁岫岩满族自治县发现了迄今为止世界上最大的玉石，人称"玉石王"。中华人民共和国总理周恩来亲自指示，对玉石王要妥为保护。

　　1963年，中央总社美术局和北京玉器厂玉雕老艺人联合对玉石王的质量进行了评定，认为玉石王巨大，又是一块特等玉料，是有史以来的稀有珍品。

　　1982年，轻工业部组织了一次大型考察和质量评定，确认玉石王是一块国宝，硬度适中，具六种颜色，自然美丽壮观，宜雕巨型玉器，它是目前全世界发现的最大的特等玉石。

　　1984年，辽宁省计量研究所对玉石王进行了全面检测，测得其总重量为260.76t。

　　1992年5月19日，一个由高级工程师、政府官员、老架工、档案录像人员组成的搬运玉石王工作指挥部，正式来到岫岩花玉岗上的玉石王现场投入工作，开始了玉石王从山区岫岩搬运到钢都鞍山的历史性大迁徙，运玉指挥部制定了"十六字"方针，即精心研究，精心指挥，万无一失，运到鞍山。

　　1992年6月9日，剥离玉石王表面工程正式开始。

　　1992年7月28日，剥离工程全部结束，玉石王成了浑身闪光的透明瓦亮的宝玉。

1992年10月28日下午1时，玉石王起运剪彩仪式开始。

1992年11月5日上午9时半，被誉为"天下第一珍宝""世界最大玉石"的岫岩玉石王，经过8天8夜的行程，正式进入钢都鞍山。下午2时30分，国宝玉石王运停在"二一九"公园北侧，完成了历史性的大迁徙。

1993年3月下旬，玉石王经剥离风化层后露出了玉质结构。

1994年10月，鞍山市成立了玉石王开发筹备委员会，广征方案，决定将玉石王精雕成巨型佛像，并修建一座规模宏大的玉佛寺。

1995年10月，玉石佛由120位玉石雕刻师琢成。

1996年9月3日，经过两年零六个月的建设，玉佛苑连同玉石佛正式对外开放。

1997年11月，玉石佛被上海大世界评选为世界吉尼斯之最。

玉石王搬运过程中的有关数据：动用大型牵引车6辆，军用坦克4辆，各类运输车150多辆。沿途经由2市，12个乡镇，40个自然村，运输路线总长172km，过桥梁涵洞76座，大山岭4座，大河5条，排障240多处。参加运输人员400多名，沿途围观群众60余万。

第六节　石英质玉石

石英质玉石是指以石英为主要矿物成分的玉石，主要化学成分为二氧化硅。

石英是地球上存在最广泛最普遍的矿物，占地壳成分的58.2%。在珠宝行业中石英类宝石应用较广，品种繁多。根据石英存在的形式可分为单晶体、多晶体、隐晶质体和非晶质体等品种（表6-7）。它们的共性是：主要化学成分为二氧化硅（SiO_2），性质相当稳定，除氢氟酸外，几乎耐一切酸碱的腐蚀。硬度高，光泽强。

石英从古代的原始社会就有广泛的应用。在石器时代，人们用它来制造工具。到了石器时代后期，水晶装饰品及石英岩玉器广见于各遗址中。几千年来，水晶一直是装饰的主要原材料，它还被用于中药之中。

表6-7　石英质玉石分类

分类	名称	主要特征	主要用途及档次
单晶	水晶	无色透明晶体	玉件、中档
	紫晶	紫色透明晶体	首饰石、玉件、高中档
	黄晶	黄色透明晶体	首饰石、少量玉件、高档
	烟晶（茶晶）	烟（茶）色透明晶体	眼镜片、少量玉件、中档
	墨晶	黑色透明晶体	眼镜片、少量玉件、中档
	发晶	内含毛发状包裹体晶体	玉件、高中档
聚晶体	芙蓉石（蔷薇石英）	半透明块状晶体	首饰、玉件、中低档

续表

分类	名称	主要特征	主要用途及档次
微晶集合体（石英岩）	晶白玉	白色半透明玉石	玉件、中低档
	东陵石	绿色、红色半透明玉石	玉件、中低档
	密玉	绿色、红色半透明玉石	玉件、中低档
	贵翠	绿色半-不透明玉石	玉件、中低档
	马来玉	染绿石英岩玉石	玉件、低档
	黄龙玉	黄色为主，兼有其他色，微晶-隐晶质结构	玉件、高中低档
	金丝玉	黄色为主，兼有其他色	玉件、高中低档
隐晶质类（玉髓）	普通玉髓	无条带构造的玉髓	玉件、首饰、高中档
	玛瑙	具条带构造的各色玉髓	玉件、首饰、高中档
	南红玛瑙	红色为主，还有白色等	玉件、首饰、高中低档
	战国红玛瑙	红色、黄色相间分布	玉件、首饰、高中低档
	澳洲玉	绿色无条带半透明玉髓	玉件、首饰、高中档
	碧玉（肝石）	不透明的各色玉髓	玉件、中低档
石英交代类	木变石	板状不透明块状、丝绢光泽	玉件、首饰、中低档
	虎睛石	黄褐色不透明丝绢光泽	玉件、首饰、中低档
	鹰眼石	蓝色不透明丝绢光泽	玉件、首饰、中低档
	硅化木	灰褐色不透明木纹结构	观赏石、中低档
非晶质类	欧泊	具变彩效应、块状	首饰石、高档
	蛋白石	不具变彩效应、块状	玉件、首饰、中低档
	黑曜岩	不透明、黑色	玉件、首饰、中低档
	玄武岩玻璃	褐棕色、半透明	玉件、首饰、中低档
	玻璃陨石	褐棕色、半透明	玉件、首饰、中低档

一、石英单晶类

石英单晶类宝石有水晶、紫晶、黄晶、茶晶、墨晶、发晶等。这些晶体性质相同，晶体多呈六方柱锥形，其柱面上有横向的生长纹。单晶体石英性脆，断口贝壳状，无方向性，无解理，摩氏硬度7，透明，玻璃光泽，密度2.66g/cm³。

1. 水晶

无色透明的石英晶体称为水晶，是一种常见的中档玉石材料。可制作各种玉器产品。水晶晶莹剔透，洁净无瑕。古代水晶叫"水玉"，指如水之玉。古代玉器中水晶饰品比较多，有水晶盘、水晶块、水晶环、水晶球、水晶花插、水晶人物、水晶觥等。

玉器设计应用其透明度，在制成的器皿膛内，做成内画人物、山水等彩画。

水晶多用于制作器皿（如图6-148），也用于艺术造型，如人物、鸟、兽等（如图6-149）。选用无绵无绺的透明体，不施以过多的花纹和复杂的图案。内画工艺内膛要磨细不抛光，以适用笔做彩画为好。有传统的中国画，也有肖像、粉彩、墨彩画等。

图6-148　水晶内画鼻烟壶

图6-149　水晶观音

水晶做成的首饰石也很多，如水晶球、水晶项链、戒面石等。除用于珠宝首饰外，还可制成眼镜，用于光学仪器和压电振荡晶片，并且还是重要的国防物资。目前，合成水晶质量好、块度大，已经批量生产，致使天然水晶的工业价值降低。

我国水晶产地以海南和江苏东海最有名，四川、吉林、新疆、青海、福建、广东、内蒙古等省区都有很好的水晶产出。

鉴别：水晶无色透明，易与玻璃相混。玻璃为非晶质体，均质性，内有气泡及涡纹，硬度小，棱部磨损严重，制作痕迹简单，有模子直接出来的造型。另外市场上常见的熔炼水晶，实际上是非晶质的玻璃，无偏光性。

2. 紫晶

紫晶为紫色的水晶。现出土的春秋时期古墓中就有紫水晶珠。古代曾把紫晶当成贡品进献给宫廷。

紫晶透明体大部分用于首饰石，大块紫晶也用于玉件艺术品。特别好的紫晶是高档料，一般的是中档料。

用作首饰石的紫晶是质量最好的，要求紫色浓重，色正而艳，透明度高。如有丝棉絮状的包体则影响透明度，不做戒面石，做成串珠、坠、葡萄之类。紫晶做的葡萄珠如玫瑰香葡萄，晶莹欲滴；做的瓜叶菊瓣，鲜艳逼真。用作玉件的紫晶，要求块度大，颜色可深可浅，不能有太多的绵绺裂。无论是用紫晶做成首饰还是玉件，都要以色为重点，在造型中保护色不被减弱（如图6-150、图6-151）。

图6-150　紫晶如意锁

图6-151　紫晶俏色挂件

紫晶产出以短粗的六棱柱体晶体为特点，中上部紫晶透明，根部色浅或无色。我国紫晶产地较多，但批量产出较困难。山西、广东、山东、河南都产质量好的紫晶。国外如巴西、斯里兰卡、赞比亚、墨西哥、美国、马达加斯加都产紫晶。全透明浓艳紫色的紫晶，世界产量不大，所以高透浓紫的紫晶在国际市场上价格也较高。

3. 黄晶、茶晶、墨晶、发晶

黄色水晶称黄晶，它以黄色和透明度而著称（如图6-152）。黄晶多用于首饰石。巴西产黄晶最著名。现在市场上出售的黄晶很少有天然产品，多数是经过热处理而得到的。

茶晶和墨晶因水晶为茶色和墨色而得名。矿物名称是烟水晶。茶晶和墨晶多用来制作眼镜片，能保护眼睛免受烈日强光的刺激（如图6-153）。大块的茶晶和墨晶也能做玉件艺术品，如明代的陆子冈就用茶晶制作了俏色花插。

图6-152　黄晶寿星

图6-153　茶晶眼镜

发晶是含毛发状及针状包裹体的水晶，也叫鬃晶。毛发状及针状包裹体有金黄色的、黑色的、褐色的等。依包裹体物质成分不同，其形态和颜色也不同。一般金黄色的为金红石包裹体（如图6-154），黑色的为电气石包裹体（如图6-155）。发晶要求发丝或鬃丝要细、明显、清晰，形态美观。有水纹状、旋涡状、交叉状、扇面状等。发晶可用于制作观赏石及玉器玩物雕件，要充分利用发丝及鬃丝的走向特点。

图6-154　金发晶

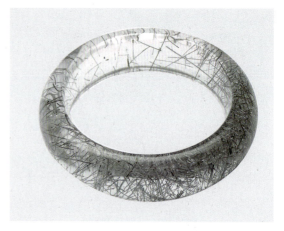
图6-155　黑发晶

二、显晶质-微晶质石英岩类

这一类玉石都是以石英岩为主要特征，主要矿物成分为石英，兼有一些其他矿物。半透明—不透明，参差粒状断口，玻璃光泽，摩氏硬度6.5~7，密度2.60~2.65g/cm³。因是岩石，石英呈晶粒状与其他矿物组成矿物集合体，表现了种种外观形态。主要品种有晶白玉、密玉、东陵石、贵翠、黄龙玉、金丝玉等。

1. 晶白玉

20世纪60年代地质工作者在北京发现了白色的石英岩，质地细腻如玉，取名为京白玉。后来在湖南等地也大量发现这种白色石英岩，为了正确而通俗地给其命名，取"晶"字，以示石英成分，故改名为晶白玉。这种晶白玉使用历史悠久，我国出土的玉器文物中就有晶白玉的制品，如手镯、玦等。晶白玉是一种较纯的石英岩体，SiO_2含量占95%以上。粒状结构，晶粒越小越细腻。颜色以白色为主，也有闪蓝、闪绿、闪灰的颜色，以脂白色为最好。

选用脂白无鬃眼的品种，可制作成玉件艺术品，也可做成珠、手镯等首饰，是中档玉石（如图6-156、图6-157）。鬃眼是石英晶粒结构不紧凑或有其他软质矿物所表现出来的特征。

图6-156　晶白玉手镯

图6-157　晶白玉平安扣

晶白玉与白玉相似，但不如白玉滋润，光泽不同。另外和白岫玉与大理岩区别。晶白玉硬度大，光泽强，大理岩可见方解石颗粒的解理面闪光。

现在市面上常见的用来仿翡翠的"马来玉"，有两种材料：一种是脱玻化玻璃，另一种就是染色石英岩。它是利用白色石英岩用绿色染料进行浸泡而上色，使白色染成绿色。鉴别时注意绿色集中于石英小颗粒之间或缝隙中（如图6-158、图6-159）。

图6-158　马来玉手镯

图6-159　马来玉的颜色沿粒间分布

2. 密县玉

产于河南省密县，因此也叫河南玉或密县玉。主要成分SiO_2含量占95%以上。次要成分为绢云母，含量3%～5%，颗粒细小。显微镜下结构为细晶鳞片花岗变晶结构。颜色为绿色和褐红色。绿色有深有浅，均匀，无明显突变。色不明快，不鲜亮，有柔和感。

选用以颜色为质量标准。颜色好、透明度高、块度大的为好料。密玉是玉器使用的常规玉石，是重要的中档原料，主要用于玉件及串珠，少量用于首饰戒面石（如图6-160、图6-161）。

图6-160　密玉奔马

图6-161　密玉树叶

3. 东陵石

东陵石是含铬云母的石英岩，主要成分SiO_2含量占80%左右。次要成分铬云母，呈鳞片状散布于石英颗粒边缘,含量10%～18%。其他还有硅线石、金红石等矿物。

东陵石的石英晶粒较粗大,呈粒状变晶缝合线结构,在粒与粒之间有铬云母、金红石等。晶粒结合紧密,外观看不到间隙,质地均匀,云母鳞片反光强烈。颜色以绿色为主,有深绿和浅绿,也有棕黄色和棕红色东陵石。印度是优质东陵石的产地。另外非洲、巴西也有产出。

选用以颜色、块度为质量标准。颜色均匀而鲜,块大为优质料,其他为一般料。云母晶片分布均匀,含量适中也是质量的条件之一。东陵石主要用于玉件,小块优质料用于首饰石和花饰,可制作珠、手镯、珮等,少量用于戒面石、坠等。东陵石是中档玉料(如图6-162、图6-163)。

图6-162　东陵石手镯

图6-163　东陵石的结构

4. 贵翠

中国贵州晴隆县产出的一种蓝绿色,多为淡蓝、淡绿色的石英岩,称为贵翠或贵州玉。主要矿物成分为石英,次要成分为高岭石族矿物等。

选用鬃眼少的品种,鬃眼内含有软质矿物萤石、方解石、石膏等,影响质地的均一性。贵翠可制作玉件和首饰石(如图6-164、图6-165)。

图6-164　贵翠观音

图6-165　贵翠俏色山鬼

5. 黄龙玉

黄龙玉是产于云南省龙陵县，以隐晶质或微晶显晶质石英为主的矿物集合体玉石。呈致密块状，多呈非同心层状和不规则的条带状，也可呈粒状变晶结构。可分为条纹黄龙玉、苔纹（水草花）黄龙玉两类。常见颜色以黄、红、白为主，兼有灰、棕褐、黑、紫、绿等其他色调（如图6-166、图6-167）。

图6-166　黄龙玉天然风景画

图6-167　黄龙玉树枝状水草花

三、隐晶质石英类

这类石英质玉石为隐晶质结构，质地细腻，显微镜下为细小的绵絮状体，主要成分SiO_2，半透明至不透明，摩氏硬度6.5~7，密度2.60~2.65g/cm³，折射率1.53~1.54。主要品种有普通玉髓、玛瑙、澳洲玉、肝石等。

（一）普通玉髓

普通玉髓指颜色较均一，无条纹带状构造的隐晶质石英岩。多为半透明，颜色丰富鲜艳，因此也常作为工艺美术及首饰材料。其颜色有白、红、黄、褐、绿等各种颜色。品种以颜色划分为红玉髓、肉红玉髓、绿玉髓、葱绿玉髓、黑玉髓、白玉髓、蓝玉髓等（如图6-168~图6-170）。玉髓的颜色与所含的杂质元素有关，也可与所含的细小的有色矿物有关。如红色玉髓就是由铁致色；绿色玉髓由铁、铬、镍等杂质元素共同致色，也可由细小的绿泥石、阳起石等绿色矿物均匀分布致色；蓝色玉髓是由一种含铜的硅酸盐致色，高质量的蓝玉髓的颜色与高质量的天蓝色绿松石颜色相近，如市场上的"台湾蓝宝"（如图6-171）。

（二）玛瑙

玛瑙有各种颜色，由于颜色和花纹的变化，品种很多，有"千色玛瑙"之说。汉以后始用玛瑙的名称。

自原始社会至封建社会，玛瑙制品文物很多，古代用玛瑙制成艺术品或装饰品，丰富多彩。元代设有玛瑙玉局，明清留世珍品屡见不鲜。玛瑙是古代重要的玉料之一。

玛瑙性脆，易打出断口，呈贝壳状或半贝壳状。玛瑙纹理变化很大，多数呈同心圆状。在玛

图6-168　白色玉髓笑佛

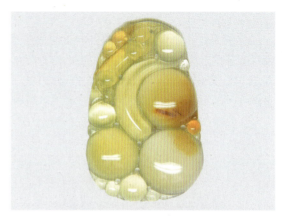
图6-169　白色俏红色玉髓挂件

图6-170　冰透玉髓葫芦

图6-171　"台湾蓝宝"手镯

瑙的外皮及心部常见有石英晶体，有的形如孔洞，包裹有水。透明度以半透明为主，玻璃光泽。玛瑙颜色最丰富，常见有红色、绿色、蓝色、缠丝、黑花、紫色、灰、白等色，并经常一块玛瑙中出现多种颜色，是俏色作品的好料子。

玛瑙是火山期后碱性富含二氧化硅的热液上升地表而成的矿物集合体。在二氧化硅含有气水的情况下，有条件生成晶体时，常常在玛瑙的内层形成晶体层，余下的水液跑不出去，被封闭在玛瑙的中心空洞部位，形成水胆玛瑙。晶体向内心发育，呈晶面显著的晶簇状态。

玛瑙有砂矿和原生矿。砂矿中的呈滚圆状、卵状、核状、钟乳状、肾状等状态出现，有的有皮，有的无皮。有皮的呈土黄色、干白色、灰色、褐色。产在原生矿中的有接触岩的皮质皮色。

玛瑙产地很多，我国有黑龙江、辽宁、内蒙古、宁夏、广西等。外国有印度、巴西、乌拉圭、俄罗斯、美国等。

1. 玛瑙的品种

玛瑙多是以颜色或特殊结构为分类依据。

（1）红玛瑙　是玛瑙的主要品种，呈褐红色、酱红色、黄红色等，俗称"马尿色"（如图6-172）。

（2）蓝玛瑙　天然的蓝玛瑙呈蓝宝石色，有不同的缠丝现象。人工改色的蓝玛瑙常见有紫罗兰色，蓝中带紫色调。

（3）绿玛瑙　天然产的具有条带构造的绿玛瑙比较少见。而无条带构造的称为澳玉，葱芯绿色。人工改色的呈艳绿色。

（4）缠丝玛瑙　有明显色呈丝带状的称为缠丝玛瑙，其色带细如游丝、变化丰富为特点（如图6-173）。

（5）黑花玛瑙　以黑和白为主色的玛瑙称为黑花玛瑙。多不透明，白瓷白色，黑白对比强烈。

（6）苔藓玛瑙　又称藻草玛瑙，在玛瑙中出现藻草柏枝状，多为黑色或深绿色（如图6-174）。

（7）白玛瑙　完全无色的称为白玛瑙，呈白色、灰白、灰青色。

（8）紫玛瑙　以葡萄紫为最好。这种玛瑙质地较粗，透明度差。

（9）水胆玛瑙　玛瑙中有水泡包体的品种（如图6-175）。

图6-172　褐红色玛瑙

图6-173　缠丝玛瑙

图6-174　苔藓玛瑙

图6-175　水胆玛瑙

（10）南红玛瑙　是主产于云南省保山市，以二氧化硅为主要化学成分的隐晶质石英集合体。含有微量的铜、铁、钛、铝等，致密块状，呈同心层状和不规则的条带状构造。主体色调为红色，可见红色小球微粒，常有白色斑点或条带（如图6-176～图6-179）。另外市场上还有产于四川省凉山州的南红玛瑙。

图6-176　锦红南红玛瑙

图6-177　火焰红南红玛瑙

图6-178　冰飘南红玛瑙

图6-179　柿子红南红玛瑙

（11）战国红玛瑙　主产于辽宁省朝阳和阜新地区，也是以二氧化硅为主要化学成分的隐晶质石英集合体。致密块状，呈同心层状和不规则的条带状构造。因在辽宁的战国墓中发现与此类玛瑙类似的玉器出土，故得名。主体色调为红色和黄色，红黄常以相间条带状分布（如图6-180、图6-181）。另外市场上还有产于河北省宣化县的战国红玛瑙，也称上谷战国红玛瑙（如图6-182、图6-183）。

2. 玛瑙的质量评价

玛瑙的质量评价主要是颜色，颜色以明快鲜艳纯正为好。在颜色中以红、缠丝红、大红、橘红为正色，暗红、紫红为下色；绿中以葱芯绿、艳绿为上色，暗绿为下色；蓝以宝石蓝、紫罗兰为上色，普蓝为下色。玛瑙中有两种以上艳色的为上等料。玛瑙中的黑个是脏色，可以利用为俏色。

图6-180 辽宁战国红玛瑙平安扣

图6-181 辽宁战国红玛瑙瑓子

图6-182 宣化战国红玛瑙方牌

图6-183 宣化战国红玛瑙原料

3. 玛瑙的等级标准

特级：色好，透明度非常好，无裂纹，无砂心，无杂质，块重在5kg以上者。
一级：色好，透明度好，无裂纹，无砂心，无杂质，块重在2~5kg者。
二级：色好，透明度较好，无裂纹，无砂心，无杂质，块重在0.5~2kg者。
三级：色好，半透明，稍有裂纹，块重在0.5kg以下者。
小块有利用价值的是等外料。

4. 玛瑙的选用

玛瑙是玉料中的重要品种，用量大，销路广，高、中档玉器及低档首饰石均可使用。
（1）多色玛瑙 选一色做主色，其他各色给以陪衬，色不混、不靠，物象逼真为好。
（2）红玛瑙 是最常见的玉料，可作首饰石、真石盆景中的花瓣与果品。大块用于玉件，可作人物、鸟、兽、花卉、器皿造型等。红玛瑙在使用之前，经常要经过热处理，以使其红色更加鲜艳。

（3）蓝玛瑙、绿玛瑙　主要用于首饰石和小件作品。

（4）缠丝玛瑙　利用其特殊的构造花纹，可用于图章、器皿造型、首饰石和插屏，也可根据其次生卵石状作为玩赏物。

（5）苔藓玛瑙　多用于小挂件、观赏石、小玩物等，也可做章料。

（6）黑花玛瑙　一般做玉件，利用其特有的颜色。

（7）白玛瑙　是玛瑙中最不鲜艳的品种。它经常作为人工着色蓝、绿玛瑙的原料。因其颜色不漂亮，很少用于玉器，经常用于一些研磨用的研钵、天平刀或仪表中的轴承等，利用其抗磨性能。

（8）水胆玛瑙　主要利用水胆的形状、位置等情况设计成水胆奇观的作品。

5. 玛瑙的人工处理

玛瑙改色的历史悠久，据说最早发生在埃及，后来欧洲很盛行。德国、日本、捷克、朝鲜等都有玛瑙的改色工艺。我国1958年开始研究，1968年绿玛瑙试制成功，以后逐渐形成批量生产。

（1）烧红玛瑙　烧红工艺产生的年代较早，历代的红玛瑙珠或小件文物已经有用火烧过的。清代的玛瑙作品很多是经过热处理的。烧红就是利用热处理的方法，使玛瑙变得更红、更鲜艳。原生玛瑙由于内部色素离子铁有二价和三价相混分布于其中。二价铁色暗灰黑，严重影响三价铁正红色的显色。经过热处理，使二价铁氧化成三价铁，提高三价铁的含量，从而使红色更加鲜艳（如图6-184、图6-185）。热处理过程中容易产生炸裂，所以控制热处理的温差变化和温度极限是工艺的关键。

图6-184　烧红玛瑙炉

图6-185　烧红玛瑙俏色琵琶

（2）染色玛瑙　是将着色剂配成液体，浸渗到无色或浅色玛瑙中，再经过热处理就可以得到所需的颜色。一般染色玛瑙有绿、蓝、红、黑等颜色，以绿和蓝为主（如图6-186～图6-189）。绿色是由三价铬离子染成的，蓝色是由二价钴离子染成的。

图6-186 染红色玛瑙

图6-187 染绿色玛瑙

图6-188 染蓝色玛瑙

图6-189 染黑红色玛瑙

6. 玛瑙精品鉴赏

（1）玛瑙龙盘　玉雕大师王仲元先生作品。此料砂心很大，玛瑙颜色暗青，本不是好利用的料。作者利用心部的一块蓝玛瑙做成龙形，用砂心做成了浪花，外围是暗青的盘造型，效果极为突出，使这块几乎废弃的料又转变成了玉器艺术的珍品（如图6-190）。

（2）玛瑙蟹筐　玉雕大师王仲元先生作品。此料原和玛瑙虾盘为一破两开的料，因有砂心，不能做盘。作者把盘镂空，成为编丝筐的造型，使此作品同样成为俏色的佳作（如图6-191）。

（3）玛瑙虾盘　玉雕大师王仲元先生作品。此料为优质的红、白两色玛瑙。作者利用其特有的颜色组合，设计成红虾放入白盘中，非常醒目，层次分明，是难得的俏色佳品（如图6-192）。

（4）玛瑙五鹅　玉雕大师王树森先生玉雕作品。此料红和黑很多，中部是杂色砂心，瓷白是主色。作者构思巧妙，只取了鹅的白身、红的脑包、黑的眼睛，余下的红、白、黑全都去掉了，砂心做了食盘。显示了作者用料的纯熟和处理料的大胆（如图6-193）。

图6-190 玛瑙龙盘

图6-191 玛瑙蟹筐

图6-192 玛瑙虾盘

图6-193 玛瑙五鹅

（三）澳洲玉

澳大利亚盛产一种天然葱芯绿色的玉髓，称为澳洲玉。因色近似翡翠的葱芯绿，又称为澳洲翠，矿物名称为绿玉髓。澳玉质地均匀，色均匀单一，颜色只是葱芯绿一种，是镍致成的颜色。呈不规则的板状、块状产出，有白、灰白、灰褐色的皮。皮层向中部延伸，把绿分割成片、瘤状。皮为石英质，表面可见石英砂砾。澳玉除澳大利亚主产外，美国、巴西、俄罗斯也有发现。

澳洲玉只有绿色，以葱芯绿为最好，色淡或偏灰，偏黄都影响质量。澳玉多作为首饰石，如戒面石、坠、珠串等（如图6-194、图6-195）。大块也能做一些玉件。

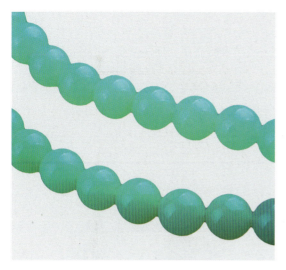

图6-194 澳玉串珠

图6-195 澳玉耳饰

（四）肝石

肝石是指不透明的二氧化硅隐晶质品种。矿物名称为石髓或碧石，常见肝色。绿色称绿肝石，黄色称黄肝石，虎皮色称虎皮肝石，鸡血肝色称鸡肝石等。灰或其他无特点的称土玛瑙。

性质似玛瑙，不透明，质地细腻，无杂质。颜色有单一的，有纹理的，还有斑状的。大块产出，也有小卵石或小块产出。根据其不同特点，选用不同的玉器，如虎皮肝石用于动物，鸡血肝石用于小玩物等。肝石属中低档料（如图6-196～图6-198）。

图6-196 红碧石

图6-197 绿碧石

图6-198 红绿色碧石

四、石英交代类

这类玉石是指其他矿物在变质过程中被二氧化硅类矿物所交代，但还保留有原矿物的形态和结构。主要品种有木变石、硅化木等。

（一）木变石

木变石是石英交代石棉形成的岩石，它的化学成分主要是二氧化硅。因为它的纹理、颜色似木，所以称为木变石。一般黄色、棕黄、褐色的叫虎睛石（如图6-199），蓝色的叫鹰眼石（如图6-200）。

图6-199　黄色虎睛石

图6-200　蓝色鹰眼石

木变石中的纤维呈定向规则排列，有水波纹弯曲状，纤维较长，肉眼可见，占25%左右。二氧化硅交代完全与否是木变石质地粗糙的主要原因。如交代不完全，就形成孔洞和细缝，造成木变石外观上的槽坑和骨叟，影响质地的均一性。槽坑和骨叟的走向与石棉丝的走向平行，是木变石质地最严重的缺点。

木变石性韧，肉性，顺纤维的断口为平坦状，垂直纤维断口为参差针状。不透明，摩氏硬度为6.5，密度为2.60~2.78g/cm^3。抛光面有丝绢光泽，弧面呈猫眼效应。

颜色有黄褐色和深蓝色两种。黄褐色的呈深浅宽条带状，蓝色不显著。非洲和巴西是主要产地。

1963年我国河南省淅川县发现了一种木变石。抛光后有着与传统木变石不同的外观特征，而呈较紊乱的状态。在结构上，纤维定向排列不整齐均匀，纤维短；二氧化硅交代能肉眼看出玛瑙或肝石的特点，使其有的地方似好的木变石，有的地方似玛瑙或肝石。纤维被割裂，组成方块状、宽带状。不同的斑纹可以比喻为大花和小花。大花即典型的木变石；小花因纤维紊乱、交叉、扭曲以及长短交错等现象，其特点发生种种变化，纹理十分斑驳。大花多的料为好料，小花多的料为次等料。这种木变石颜色以斑驳为特点，有以黄色为主的，有以蓝色为主的，还有以红色为主的（如图6-201、图6-202）。

图6-201 斑状虎睛石

图6-202 蓝黄色虎睛石

木变石的质量评价主要看其纤维平顺面的光泽。在光照下有金黄色闪光的为好，有宽黑带的较差；在断口面上以断口平滑、无石棉丝粗纹理为好；有粗纹理的易出现骨叟和鬃眼。蓝木变石颜色以闪明快的蓝活光为好，暗蓝色不好。

木变石是玉器产品的重要中档玉料，应用于玉器中的各个品种。在玉件中多做兽、器皿之类，少用于人物和花卉，也用于首饰石。制作时要顺石棉方向使用。

（二）硅化木

硅化木是埋于地下亿万年的树木被二氧化硅交代，并保留其木质结构的木化石，也称为树化玉。硅化木主要的矿物成分为石英，根据其结晶程度和石化程度的不同，可有隐晶质玉髓、蛋白石等。常见颜色有浅黄色至黄色、红色、黄褐色、红褐色、棕色、黑色、灰色、白色等色（如图6-203、图6-204）。隐晶质至粒状结构，木质纤维状、木纹状、年轮状构造。主要品种有普通硅化木、玉髓硅化木、蛋白石硅化木、钙质硅化木。硅化木的产地有欧洲、美国、古巴、缅甸等。中国新疆、河北、云南、山东、甘肃、福建、辽宁等地也产硅化木。

图6-203 普通硅化木

图6-204 玉化硅化木

第七节　青金石

青金石的英文名称为Lapis Lazuli，来自拉丁语Lapis Lazuli，前者意指宝石，后者则指蓝色的（宝石）。古称"金碧""点黛"或"璧琉璃"。青金石早在6000年前即被中亚国家开发使用。我国则始于西汉时期，当时的名称是"兰赤""金螭""点黛"等。青金石自古以来就是我国进口的传统玉料，其多数来源于阿富汗。在我国古代，陪葬用青金石有"以其色青，此以达升天之路故用之"的说法，多被用来制作皇帝的葬器。自明清以来，青金石"色相如天"，天为上，因此明清帝王重青金石。现在保存在故宫博物院的两万余件清宫藏玉中，青金石雕刻品不及百件。

青金石既可作玉雕，又可制首饰。我国的青金石雕刻工艺一流，尤其是新中国成立以后，北京玉器厂制作的青金石摆件、山子、挂坠、首饰等出口海外。

一、青金石的基本性质

1. 矿物组成

主要矿物为青金石，次要矿物为方钠石、方解石、黄铁矿等。

2. 化学成分

青金石矿物属架状结构硅酸盐中的方钠石族矿物，化学分子式为$(Na, Ca)_{4\sim8}(AlSiO_4)_6(SO_4, S, Cl)_{1\sim2}$。属等轴晶系。

3. 结构构造

集合体呈致密块状、粒状结构。如果含较多的方解石时呈条纹状白色，含黄铁矿时就在蓝底上呈现金星点（如图6-205、图6-206）。

图6-205　青金石的粒状结构

图6-206　青金石中的黄铁矿与方解石

4. 光学性质

（1）颜色　中至深蓝色至紫蓝色，常含有铜黄色黄铁矿、白色方解石等色斑。条痕浅蓝色。

（2）光泽和透明度　青金石呈玻璃光泽和蜡状光泽，半透明至不透明。

（3）折射率　1.50。

5．物理性质

（1）摩氏硬度　5~6。

（2）密度　纯青金石密度2.38~2.45g/cm³，一般青金石玉料2.7~2.9g/cm³。密度变化与所含黄铁矿、方解石等其他矿物有关。

（3）解理和断口　解理不发育，断口参差状。

6．其他性质

滤色镜下呈赫红色，所含方解石遇盐酸缓慢溶解起泡。

二、青金石的质量评价

好的青金石颜色深蓝纯正，无裂纹，质地细腻，无方解石杂质。不含金星（黄铁矿）或带有很漂亮的金星均为上品。

青金石的品质评价可以依据颜色、质地、裂纹、切工与做工和体积（块度）等方面进行。

1．颜色

青金石的颜色以紫蓝色为最佳，蓝色者颜色浓艳、纯正、均匀为最佳。如果颜色中交织有白石线或白斑，就会降低颜色的浓度、纯正度和均匀度，因此品质降低（如图6-207、图6-208）。

2．质地

质地致密、坚韧、细腻，含青金石矿物多，含其他杂质矿物少，这样的青金石为上品。如果黄铁矿局部成片分布，则将影响到青金石的质地，进而也将影响到青金石的品质。

3．裂纹

没有裂纹最好，裂纹越明显则品质等级越低。

图6-207　质量较差的青金石

图6-208　质量较好的青金石

商业上一般把青金石分为以下四个等级。

第一等级：青金石级，这个级别的青金石颜色均匀、纯正并且质地非常细腻、坚韧，杂质少，青金石的矿物含量能达到99%以上，是青金石的最高等级（如图6-209）。

第二等级：青金级，对这个级别的青金石要求颜色要均匀、纯正，质地要细腻柔润，没有白斑的形成。并且所含的青金石矿物量在90%～95%左右，含有少量的杂质和星点状黄铁矿（如图6-210）。

第三等级：金格浪级，这个级别的青金石颜色是呈浅蓝色分布的，并且有白花和白斑，颜色的分布不够纯正，还含有很多的黄铁矿等杂质，青金石矿物的含量减少很多（如图6-211）。

第四等级：催生石级，这是青金石中最差的级别，这个等级的青金石颜色呈白蓝混杂的斑状或是分布不均匀的星点状。催生石级的青金石矿物的含量最少，因此价值也是最低的（如图6-212）。

图6-209　青金石级

图6-210　青金级

图6-211　金格浪级

图6-212　催生石级

三、青金石的产状及产地

青金石是由接触交代变质作用形成，主要赋存于硅酸盐-镁质矽卡岩中和钙质矽卡岩中。世界上著名的青金石产地有阿富汗、智利、俄罗斯和加拿大等地，但首推阿富汗。不过我国90%的青金石来自于阿富汗，少量来自于智利。阿富汗所产青金石有着均匀的深蓝至天蓝色，极细粒的隐晶结构中夹杂微量的黄铁矿。

附录

实验室教学用仿古（作伪）玉器标本

标本号：JW-1-01
尺寸：外径8.0cm，内径3.0cm，厚0.2cm
颜色及作沁色：青色，褐色仿沁色

名称：浮雕阴刻勾连云纹玉璧
仿制年代：仿春秋战国时期　　材质：软玉

标本号：JW-1-02
尺寸：长11.0cm，外径7.9cm，厚0.5cm
颜色及作沁色：白色，褐黄色仿沁色

名称：透雕双凤、浮雕阴刻勾连云纹出廓璧
仿制年代：仿战国时期　　材质：岫玉

标本号：JW-1-03
尺寸：外径8.0cm，内径2.9cm，厚0.3cm
颜色及作沁色：青色，褐色仿沁色

名称：浮雕阴刻勾连云纹重环纹双龙首玉玦
仿制年代：仿春秋战国时期　　材质：软玉

标本号：JW-1-04
尺寸：长7.5cm，宽5.0cm，厚0.4cm
颜色及作沁色：青白色，褐黄色仿沁色

名称：透雕圆雕双鱼玉珮
仿制年代：仿元代　　材质：软玉

标本号：JW-1-05
尺寸：宽6.1cm，内径2.8cm，厚1.5cm
颜色及作沁色：青色，褐色仿沁色

名称：浮雕螭龙纹双龙首玉玦
仿制年代：仿汉代　　材质：软玉

标本号：JW-1-06
尺寸：长9.4cm，宽4.5cm，厚0.5cm
颜色及作沁色：灰白色，白色仿沁色

名称：阴刻云纹龙形珮
仿制年代：仿战国时期　　材质：软玉

标本号:JW-1-07
尺寸:高13.0cm,宽2.3cm
颜色及作沁色:白色,土褐色仿沁色

名称:阴刻兽面纹浮雕弦纹玉柄形饰
仿制年代:仿二里头文化　材质:软玉

标本号:JW-1-08
尺寸:长12.0cm,宽2.7cm,厚0.3cm
颜色及作沁色:白色,褐黄色仿沁色

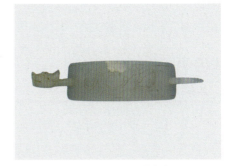

名称:阴刻凤纹、圆雕龙首玉簪发卡
仿制年代:仿商代　材质:软玉

标本号:JW-1-09
尺寸:高7.5cm,宽4.0cm,厚3.0cm
颜色及作沁色:白色,土黄褐色仿沁色

名称:圆雕跪式玉人
仿制年代:仿商代　材质:软玉

标本号:JW-1-10
尺寸:高4.3cm,宽1.7cm,厚1.3cm
颜色及作沁色:白色,土褐黄色仿沁色

名称:圆雕立式玉人
仿制年代:仿秦汉时期　材质:软玉

标本号:JW-1-11
尺寸:长10.7cm,宽3.6cm,厚0.4cm
颜色及作沁色:青色,褐色仿沁色

名称:透雕龙纹浮雕勾连云纹双龙首玉璜
仿制年代:仿战国-汉代　材质:软玉

标本号:JW-1-12
尺寸:外径5.5cm,内径2.1cm,厚0.5cm
颜色及作沁色:青黄色,褐色仿沁色

名称:光素无纹玉璧
仿制年代:仿史前时期　材质:软玉

标本号：JW-1-13
尺寸：长6.1cm，宽1.7cm，厚1.7cm
颜色及作沁色：青灰色，褐黄色仿沁色

名称：阴刻凤纹字纹玉刚卯
仿制年代：仿汉代　　材质：软玉

标本号：JW-1-14
尺寸：长7.3cm，宽6.5cm，厚0.5cm
颜色及作沁色：青绿色，褐色仿沁色

名称：光素无纹玉斧
仿制年代：仿夏代　　材质：软玉

标本号：JW-1-15
尺寸：高6.7cm，宽6.1cm，厚0.4cm
颜色及作沁色：青黄色，褐色仿沁色

名称：透雕玉双舞人佩
仿制年代：仿战国　　材质：软玉

标本号：JW-1-16
尺寸：长9.0cm，宽7.1cm，厚0.6cm
颜色及作沁色：青色，白色仿沁色

名称：阴刻云纹玉龙形佩
仿制年代：仿战国-汉代　　材质：软玉

标本号：JW-1-17
尺寸：长7.0cm，高4.4cm，宽2.0cm
颜色及作沁色：青色，褐色仿沁色

名称：圆雕玉辟邪
仿制年代：仿汉代　　材质：软玉

标本号：JW-1-18
尺寸：长4.4cm，宽3.2cm，厚1.5cm
颜色及作沁色：灰白色，褐色仿沁色

名称：浮雕阴刻人面纹玉面具
仿制年代：仿商代　　材质：软玉

附录　实验室教学用仿古（作伪）玉器标本

标本号：JW-1-19
尺寸：外径7.0cm，内径5.6cm，厚1.7cm
颜色及作沁色：青绿色，褐色白色仿沁色

名称：浮雕四瓣花纹阴刻草纹玉镯
仿制年代：仿唐宋时期　　材质：软玉

标本号：JW-1-20
尺寸：长20.7cm，宽4.6cm，厚0.3cm
颜色及作沁色：青绿色，褐色仿沁色

名称：光素无纹五孔船形玉刀
仿制年代：仿夏代　　材质：软玉

标本号：JW-1-21
尺寸：长9.0cm，宽6.0cm，厚0.4cm
颜色及作沁色：白色，白色仿沁色

名称：透雕阴刻兽面纹浮雕阴刻勾连云纹玉铺首
仿制年代：仿汉代　　材质：软玉

标本号：JW-1-22
尺寸：长20.0cm，宽7.0cm，厚0.6cm
颜色及作沁色：白色，褐黄色仿沁色

名称：透雕龙纹、浅浮雕兽面纹玉圭
仿制年代：仿汉代　　材质：软玉

标本号：JW-1-23
尺寸：长5.3cm，宽2.2cm，厚1.8cm
颜色及作沁色：青绿色，褐色仿沁色

名称：光素无纹玉带扣
仿制年代：仿汉代　　材质：软玉

标本号：JW-1-24
尺寸：长10.0cm，宽2.2cm，厚0.7cm
颜色及作沁色：白色，褐色仿沁色

名称：浮雕谷纹双龙首玉璜
仿制年代：仿汉代　　材质：软玉

标本号：JW-1-25
尺寸：长6.1cm，宽3.5cm，厚0.4cm
颜色及作沁色：青色，褐色仿沁色

名称：如意云纹玉锁
仿制年代：仿明清时期　　材质：软玉

标本号：JW-1-26
尺寸：长10.9cm，宽2.2cm，厚1.3cm
颜色及作沁色：青绿色，褐色仿沁色

名称：光素无纹玉剑璲
仿制年代：仿汉代　　材质：软玉

标本号：JW-1-27
尺寸：外径4.1cm，内径1.0cm，厚0.5cm
颜色及作沁色：青白色，褐色仿沁色

名称：浮雕乳钉纹玉璧
仿制年代：仿汉代　　材质：软玉

标本号：JW-1-28
尺寸：直径4.6cm，厚0.5cm
颜色及作沁色：青色，褐色仿沁色

名称：透雕龙形珮
仿制年代：仿汉代　　材质：软玉

标本号：JW-1-29
尺寸：高3.3cm，直径2.5cm
颜色及作沁色：青色，褐色\黑色仿沁色

名称：浮雕乳钉纹纹玉瑓
仿制年代：仿汉代　　材质：软玉

标本号：JW-1-30
尺寸：外径6.1cm，内径1.8cm，厚0.7cm
颜色及作沁色：青色，白色仿沁色

名称：透雕双龙、阴刻绳纹环形玉珮
仿制年代：仿汉代　　材质：软玉

标本号：JW-1-31
尺寸：长5.6cm，宽2.3cm，厚1.1cm
颜色及作沁色：白色，褐色仿沁色

名称：圆雕汉八刀玉蝉
仿制年代：仿汉代　　材质：软玉

标本号：JW-1-32
尺寸：长8.0cm，宽1.8cm，厚1.0cm
颜色及作沁色：青色，褐色仿沁色

名称：近圆雕龙形玉觿
仿制年代：仿汉代　　材质：软玉

标本号：JW-1-33
尺寸：外径5.3cm，厚0.6cm
颜色及作沁色：白色，褐色仿沁色

名称：阴刻8字纹玉龙形玦
仿制年代：仿商代　　材质：独山玉

标本号：JW-1-34
尺寸：直径5.3cm，厚0.3cm
颜色及作沁色：白色，土褐黄色仿沁色

名称：透雕龙纹、阴刻云纹玉瑗
仿制年代：仿汉代　　材质：独山玉

标本号：JW-1-35
尺寸：长7.8cm，宽3.7cm，厚0.8cm
颜色及作沁色：青色，白色仿沁色

名称：阴刻蒲纹透雕龙凤合体玉珮
仿制年代：仿汉代　　材质：岫玉

标本号：JW-1-36
尺寸：高8.6cm，宽3.6cm，厚0.6cm
颜色及作沁色：白色，褐色仿沁色

名称：阴刻片雕跪式玉人
仿制年代：仿商代　　材质：岫玉

标本号：JW-1-37
尺寸：长10.0cm，宽2.8cm，厚0.4cm
颜色及作沁色：白色，白色仿沁色

名称：阴刻透雕玉龙形佩
仿制年代：仿汉代　　材质：软玉

标本号：JW-1-38
尺寸：长9.0cm，宽2.1cm，厚0.6cm
颜色及作沁色：白色，褐黄色仿沁色

名称：阴刻人首形玉觽
仿制年代：仿商代　　材质：岫玉

标本号：JW-1-39
尺寸：外径5.4cm，内径2.8cm，厚1.0cm
颜色及作沁色：灰白色，土褐色仿沁色

名称：浮雕双螭纹阴刻绳纹玉瑗
仿制年代：仿汉代　　材质：软玉

标本号：JW-1-40
尺寸：长4.3cm，宽2.6cm，厚0.5cm
颜色及作沁色：白色，黑色仿沁色

名称：阴刻人（兽）面纹玉面饰
仿制年代：仿良渚文化　　材质：独山玉

标本号：JW-1-41
尺寸：长9.3cm，宽2.5cm，厚0.5cm
颜色及作沁色：墨绿色，褐色仿沁色

名称：阴刻兽面纹弦纹玉丫形器
仿制年代：仿红山文化　　材质：岫玉

标本号：JW-1-42
尺寸：长8.7cm，宽1.3cm，厚1.1cm
颜色及作沁色：墨绿色，无仿沁色

名称：光素无纹玉锥形饰
仿制年代：仿良渚文化　　材质：岫玉

实验室教学用仿古（作伪）玉器标本

标本号：JW-1-43
尺寸：长11.0cm，宽2.6cm，厚1.5cm
颜色及作沁色：绿白色，无仿沁色

名称：光素无纹玉凿
仿制年代：仿夏代　　材质：软玉

标本号：JW-1-44
尺寸：长16.1cm，宽6.7cm，厚0.6cm
颜色及作沁色：褐色，无仿沁色

名称：光素无纹玉戚
仿制年代：仿夏代　　材质：软玉

标本号：JW-1-45
尺寸：外径6.0cm，内径4.0cm，高3.4cm
颜色及作沁色：褐色，无仿沁色

名称：阴刻弦纹玉琮
仿制年代：仿良渚文化　　材质：软玉

标本号：JW-1-46
尺寸：长7.5cm，宽4.5cm，厚0.7cm
颜色及作沁色：黄白色，褐黄色仿沁色

名称：阴线刻浅浮雕兽面纹玉冠状饰
仿制年代：仿良渚文化　　材质：岫玉

标本号：JW-1-47
尺寸：长8.6cm，宽3.8cm，厚0.8cm
颜色及作沁色：褐白色，褐白色仿沁色

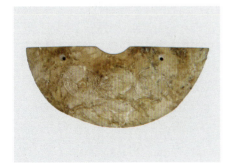

名称：阴线刻浅浮雕兽面纹玉璜
仿制年代：仿良渚文化　　材质：岫玉

标本号：JW-1-48
尺寸：长6.2cm，宽4.0cm，厚1.0cm
颜色及作沁色：褐白色，褐白色仿沁色

名称：阴线刻浅浮雕兽面纹玉三叉形器
仿制年代：仿良渚文化　　材质：岫玉

标本号：JW-1-49

尺寸：外径1.8cm，内径0.7cm，高6.4cm

颜色及作沁色：褐色，褐红色仿沁色

名称：阴刻简化兽面纹弦纹玉多节琮

仿制年代：仿良渚文化　　材质：软玉

标本号：JW-2-01

尺寸：长7.5cm，厚1.0cm

颜色及作沁色：墨绿色，无仿沁色

名称：阴刻绳纹圆雕双龙首玉璜

仿制年代：仿春秋战国时期　　材质：岫玉

标本号：JW-2-02

尺寸：外径6.2cm，内经2.1cm，厚0.5cm

颜色及作沁色：墨绿色，无仿沁色

名称：光素无纹玉璇玑

仿制年代：仿良渚文化　　材质：岫玉

标本号：JW-2-03

尺寸：长5.3cm，宽2.5cm，厚1.6cm

颜色及作沁色：墨绿色，无仿沁色

名称：阴刻兽面纹云纹玉剑格

仿制年代：仿汉代　　材质：软玉

标本号：JW-2-04

尺寸：高3.3cm，宽3.3cm，厚1.3cm

颜色及作沁色：白色，褐黄色仿沁色

名称：阴刻简化兽面纹玉剑珌

仿制年代：仿汉代　　材质：软玉

标本号：JW-2-05
尺寸：长4.8cm，宽1.7cm，厚0.4cm
颜色及作沁色：白色，褐黄色仿沁色

名称：光素无纹扇形玉璜
仿制年代：仿史前时期　　材质：岫玉

标本号：JW-2-06
尺寸：长5.5cm，高3.0cm，厚0.5cm
颜色及作沁色：黄白色，黄褐色仿沁色

名称：光素无纹半璧形玉璜
仿制年代：仿史前时期　　材质：岫玉

标本号：JW-2-07
尺寸：长5.5，宽1.6cm，厚0.4厘米cm
颜色及作沁色：青黄色，褐色仿沁色

名称：阴刻鱼纹形玉璜
仿制年代：仿西周时期　　材质：软玉

标本号：JW-2-08
尺寸：长9.0cm，宽2.0cm，厚0.5cm
颜色及作沁色：青绿色，褐色仿沁色

名称：光素无纹玉刀
仿制年代：仿夏代　　材质：软玉

标本号：JW-2-09
尺寸：外径6.4cm，内径1.8cm，厚1.0cm
颜色及作沁色：白色，黄褐色仿沁色

名称：近圆雕玉兽形玦
仿制年代：仿红山文化　　材质：岫玉

标本号：JW-2-10
尺寸：高4.3cm，内径1.6cm，厚0.7cm
颜色及作沁色：黑褐色，土褐黄色仿沁色

名称：近圆雕玉猪龙形玦
仿制年代：仿红山文化　　材质：软玉

标本号：JW-2-11
尺寸：长3.8cm，内径1.5cm，厚0.2cm
颜色及作沁色：灰白色，褐色仿沁色

标本号：JW-2-12
尺寸：长4.3cm，内径1.0cm，厚0.2cm
颜色及作沁色：青黄色，褐色仿沁色

名称：光素无纹带齿牙玉钺
仿制年代：仿二里头文化　　材质：软玉

名称：光素无纹玉内圆外方器
仿制年代：仿红山文化　　材质：软玉

标本号：JW-2-13
尺寸：长4.6cm，内径0.9cm，厚0.3cm
颜色及作沁色：青黄色，褐黄色仿沁色

标本号：JW-2-14
尺寸：长1.8cm，宽1.1cm，高3.0cm
颜色及作沁色：碧绿色，黑点仿沁色

名称：光素无纹玉鸡心形玦
仿制年代：仿崧泽文化　　材质：软玉

名称：圆雕玉司南珮
仿制年代：仿汉代　　材质：软玉

标本号：JW-2-15
尺寸：长6.3cm，宽1.2cm，厚0.4cm
颜色及作沁色：青黄色，褐白色仿沁色

标本号：JW-2-16
尺寸：长2.9cm，宽0.8cm，厚0.6cm
颜色及作沁色：青色，褐色仿沁色

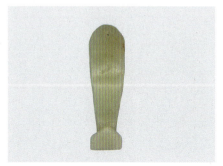

名称：阴刻鸟鱼形玉珮
仿制年代：仿西周时期　　材质：软玉

名称：光素无纹如意头玉带钩
仿制年代：仿汉代　　材质：软玉

实验室教学用仿古（作伪）玉器标本

标本号：JW-2-17
尺寸：长9.0cm，宽4.5cm，宽0.3cm
颜色及作沁色：白色，褐色仿沁色

名称：透雕玉龙凤珮
仿制年代：仿汉代　　材质：软玉

标本号：JW-2-18
尺寸：长11.9cm，宽6.1cm，厚0.5cm
颜色及作沁色：青色，褐黄色仿沁色

名称：透雕双龙双凤纹阴刻浮雕云纹玉珮
仿制年代：仿汉代　　材质：软玉

标本号：JW-2-19
尺寸：长8.5cm，外径1.3cm，内径0.5cm
颜色及作沁色：白色，白色仿沁色

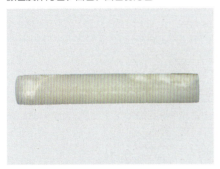

名称：勾撤雕蟠螭纹云纹阴刻绳纹玉管
仿制年代：仿汉代　　材质：软玉

标本号：JW-2-20
尺寸：长12.0cm，宽6.5cm，厚0.3cm
颜色及作沁色：青绿色，褐色仿沁色

名称：勾撤雕（斜刻）透雕双龙戏珠纹玉珮
仿制年代：仿西周时期　　材质：软玉

标本号：JW-2-21
尺寸：长11.0cm，宽6.9cm，厚0.4cm
颜色及作沁色：青色，白色仿沁色

名称：阴线浮雕勾连云纹透雕龙凤合体玉珮
仿制年代：仿汉代　　材质：软玉

标本号：JW-2-22
尺寸：长7.9cm，高4.5cm，厚2.3cm
颜色及作沁色：白色，褐红色仿沁色

名称：圆雕鸳鸯纹玉珮
仿制年代：仿宋元时期　　材质：软玉

标本号：JW-2-23

尺寸：长8.8cm，宽1.8cm，厚1.5cm

颜色及作沁色：青白色，黑褐色仿沁色

名称：阴刻连珠纹弦纹玉如意

仿制年代：仿清代　　材质：岫玉

标本号：JW-2-24

尺寸：外径5.4cm，内径2.4cm，厚0.7cm

颜色及作沁色：白色，褐黄色仿沁色

名称：阴刻绳纹玉环

仿制年代：仿汉代　　材质：软玉

标本号：JW-2-25

尺寸：外径3.2cm，内径2.3cm，高2.7cm

颜色及作沁色：墨绿色，无仿沁色

名称：光素无纹玉扳指

仿制年代：仿清代　　材质：岫玉

标本号：JW-2-26

尺寸：长8.0cm，宽2.6cm，厚1.1cm

颜色及作沁色：青黄色，红色仿沁色

名称：近圆雕鳌龙斧合体玉珮

仿制年代：仿清代　　材质：岫玉

标本号：JW-2-27

尺寸：外径5.0cm，内径1.5cm，厚0.7cm

颜色及作沁色：白色，黑色仿沁色

名称：阴刻蝉纹镂空珠形时来运转玉珮

仿制年代：仿明清时期　　材质：岫玉

标本号：JW-2-28

尺寸：长5.2cm，宽3.5cm，厚0.2cm

颜色及作沁色：青绿色，褐色仿沁色

名称：透雕双龙戏珠镂空涡纹珠时来运转出廓璧

仿制年代：仿汉代　　材质：大理石

实验室教学用仿古（作伪）玉器标本

标本号：JW-2-29
尺寸：长23.5cm，宽10.0cm，厚0.6cm
颜色及作沁色：青色，褐色仿沁色

名称：光素无纹玉戈
仿制年代：仿夏-商　　材质：软玉

标本号：JW-2-30
尺寸：长19.5cm，宽4.6cm，厚0.6cm
颜色及作沁色：白色，褐黄色仿沁色

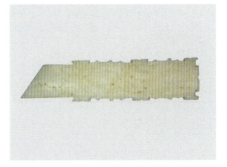

名称：双勾线轧法凤鸟纹带齿牙玉璋
仿制年代：仿春秋战国时期　　材质：软玉

标本号：JW-2-31
尺寸：长19.0cm，宽5.0cm，厚0.5cm
颜色及作沁色：褐绿色，红褐色仿沁色

名称：光素无纹玉牙璋
仿制年代：仿商代　　材质：软玉

标本号：JW-2-32
尺寸：长12.0cm，宽1.9cm，厚1.5cm
颜色及作沁色：青灰色，褐色仿沁色

名称：阴刻浮雕勾连云纹圆雕龙首玉带钩
仿制年代：仿汉代　　材质：软玉

标本号：JW-2-33
尺寸：长7.0cm，宽2.2cm，厚0.5cm
颜色及作沁色：白色，土褐黄色仿沁色

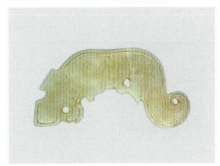

名称：阴刻双阴线云纹玉虎形璜
仿制年代：仿春秋战国时期　　材质：软玉

标本号：JW-2-34
尺寸：长6.7cm，宽6.5cm，厚0.4cm
颜色及作沁色：青绿色，褐色仿沁色

名称：透雕螭龙纹凤纹阴刻勾连云纹玉鸡心珮
仿制年代：仿汉代　　材质：软玉

标本号：JW-2-35
尺寸：外径5.5cm，厚1.4cm
颜色及作沁色：青黄色，褐色仿沁色

名称：阴线浮雕勾连云纹阴刻绳纹浮雕涡纹玉剑首
仿制年代：仿汉代　　材质：岫玉

标本号：JW-2-36
尺寸：长5.8cm，宽4.5cm，厚0.6cm
颜色及作沁色：灰白色，白色仿沁色

名称：浮雕童子玩莲纹玉牌形珮
仿制年代：仿明清时期　　材质：软玉

标本号：JW-2-37
尺寸：长8.5cm，宽3.0cm，厚0.5cm
颜色及作沁色：青黄色，褐、墨绿色仿沁色

名称：阴刻透雕玉犀牛形璜
仿制年代：仿汉代　　材质：软玉

标本号：JW-2-38
尺寸：长7.8cm，高6.8cm，厚0.7cm
颜色及作沁色：白色，土褐黄色仿沁色

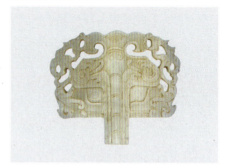

名称：透雕双龙纹浮雕双凤兽面纹玉铺首
仿制年代：仿汉代　　材质：软玉

标本号：JW-2-39
尺寸：长8.8cm，宽2.9cm，厚0.4cm
颜色及作沁色：青黄色，褐色仿沁色

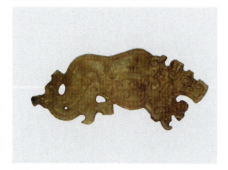

名称：透雕片状玉琥
仿制年代：仿战国时期　　材质：软玉

标本号：JW-2-40
尺寸：宽4.7cm，内径2.5cm，高4.9cm
颜色及作沁色：青色，褐色仿沁色

名称：阴刻弦纹、人（兽）面纹玉琮
仿制年代：仿良渚文化　　材质：软玉

标本号：JW-2-41
尺寸：高6.8cm，宽3.9cm
颜色及作沁色：白色，土黄褐色仿沁色

名称：阴线浮雕勾连云纹玉杯
仿制年代：仿秦代　　材质：软玉

标本号：JW-2-42
尺寸：长13.8cm，厚0.5cm
颜色及作沁色：白色、褐色，无仿沁色

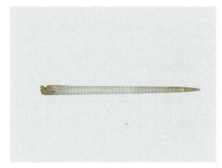

名称：圆雕龙头玉簪（笄）
仿制年代：仿商代　　材质：软玉

标本号：JW-2-43
尺寸：长11.5cm，宽5.6cm，厚0.4cm
颜色及作沁色：绿黄色，白色仿沁色

名称：线刻、浅浮雕兽面纹玉冠状饰
仿制年代：仿良渚文化　　材质：软玉

标本号：JW-2-44
尺寸：长11.9cm，外径3.5cm，内径2.1cm
颜色及作沁色：青绿色，褐红色仿沁色

名称：阴刻、浅浮雕兽面纹弦纹玉多节琮
仿制年代：仿良渚文化　　材质：软玉

标本号：JW-2-45
尺寸：长5.3cm，内径2.3cm
颜色及作沁色：青色，浅褐黄色仿沁色

名称：浮雕兽面纹玉鞢
仿制年代：仿商代　　材质：软玉

标本号：JW-2-46
尺寸：长10.7cm，宽3.2cm，厚0.4cm
颜色及作沁色：青色，褐黄色仿沁色

名称：阴刻（双勾线轧法）凤羽冠人形玉珮
仿制年代：仿商代　　材质：软玉

标本号：JW-2-47
尺寸：长9.5cm，宽3.2cm，厚0.4cm
颜色及作沁色：褐色，褐色仿沁色

标本号：JW-2-48
尺寸：外径4.6cm，内径3.7cm，高2.8cm
颜色及作沁色：褐白色，褐白色仿沁色

名称：阴线刻（双勾线轧法）玉鹦鹉珮
仿制年代：仿商代　　材质：软玉

名称：光素无纹镯式琮
仿制年代：仿西周时期　　材质：软玉

参考文献

[1] 白峰. 玉器概论. 北京：地质出版社，2000.
[2] 陈重远. 古玩史话与鉴赏. 北京：国际文化出版公司，1990.
[3] 杜晓辉. 珠宝鉴赏. 北京：国际文化出版公司，1990.
[4] 高大伦. 玉器鉴赏. 桂林：漓江出版社，1993.
[5] 李学勤. 东周与秦代文明. 上海：上海人民出版社，2007.
[6] 李学勤. 李学勤集. 哈尔滨：黑龙江教育出版社，1989.
[7] 李建丽，陈丽凤，李秀珍，徐志芬. 实用文物收藏指南. 北京：地质出版社，1993.
[8] 李劲松，赵松龄. 中国宝玉石发展史. 南阳：南阳大学，1989.
[9] 李英豪. 鉴别古玉. 沈阳：辽宁画报出版社，2000.
[10] 梁白泉. 国宝大观. 上海：上海文化出版社，1993.
[11] 栾秉敖. 怎样鉴定古玉器. 北京：文物出版社，1984.
[12] 栾秉敖. 中国宝石与玉石. 乌鲁木齐：新疆人民出版社，1989.
[13] 孟宪松，吴元全. 中国独山玉. 郑州：河南人民出版社，2004.
[14] 邱东联，谈雪慧，王建宇. 中国古代玉器目录. 海口：南方出版社，1999.
[15] 沈追鲁. 中国玉雕. 北京：经济日报出版社，1991.
[16] 唐延龄，陈葆章，蒋壬华. 中国和阗玉. 乌鲁木齐：新疆人民出版社，2000.
[17] 王璧. 文物的辨伪与收藏. 北京：地质出版社，1995.
[18] 王根元. 珠宝名品历史鉴赏. 武汉：中国地质大学出版社，1997.
[19] 王时麒，赵朝洪，于洸，员雪梅，段体玉. 中国岫岩玉. 北京：科学出版社，2007.
[20] 王曙. 珠宝玉石和金首饰. 北京：中国发展出版社，1992.
[21] 杨伯达. 中国美术全集·工艺美术编9玉器. 北京：文物出版社，1986.
[22] 杨伯达. 中国和阗玉—玉文化研究文萃. 乌鲁木齐：新疆人民出版社，2004.
[23] 张蓓莉. 系统宝石学. 第2版. 北京：地质出版社，2006.
[24] 张广文. 玉器史话. 北京：紫禁城出版社，1989.
[25] 张景鲲. 汉玉研究. 南京：江苏广陵古籍刻印社，1991.
[26] 张兰香，钱振峰. 古今说玉. 上海：上海文化出版社，1997.
[27] 张荣，张健. 掌中珍玩鼻烟壶. 北京：地质出版社，1994.
[28] 张锡瑛. 中国古代玺印. 北京：地质出版社，1995.
[29] 赵桂玲. 中国玉器. 上海：上海古籍出版社，1998.

[30] 赵汝珍. 古玩指南. 北京：中国书店，1984.
[31] 赵永魁. 中国玉器概论. 中国地质报社、南阳大学、南阳宝玉石学会联合出版，1989.
[32] 周国平. 宝石学. 武汉：中国地质大学出版社，1989.
[33] 河南省质量技术监督局. 独山玉. 河南省地方标准DB41/T 435—2006，2006.
[34] 北京银冠电子科技公司制作. 中国古玉精华（CD）. 北京：人民美术出版社，1996.
[35] 北京银冠电子科技公司. 中国美术全集.工艺美术编玉器（CD）. 北京：文物出版社，1997.
[36] 浙江省文物考古研究所. 良渚文化玉器. 文物出版社、两木出版社，1990.
[37] 中国南阳玉文化编委会. 中国南阳玉文化. 北京：中国轻工业出版社，2004.
[38] 中国社科院考古研究所. 殷墟妇好墓. 北京：文物出版社，1980.
[39] 中国社科院考古研究所. 殷墟玉器. 北京：文物出版社，1982.
[40] 中外珠宝大观编委会. 袁嘉骐绿松石雕集. 香港新华通讯出版社. 1995.
[41] 袁胜文. 中国古代玉器. 天津：南开大学出版社，2012.
[42] 方泽. 中国玉器. 北京：清华大学出版社，2014.
[43] 杨伯达. 杨伯达说玉器. 上海：上海辞书出版社，2011.
[44] 杨伯达. 中国玉器全集. 石家庄：河北美术出版社，2005.
[45] 吴海棠. 中国古代玉器. 北京：科学出版社，2012.
[46] 古方，李红娟. 古玉的器形与纹饰. 北京：文物出版社，2009.
[47] 古方. 中国出土玉器全集. 北京：科学出版社，2005.
[48] 常素霞. 中国玉器发展史. 北京：科学出版社，2009.
[49] 殷志强. 说玉道器. 南京：南京大学出版社，2011.